교양으로 읽는 유럽 역사 이야기

교양으로 읽는

유럽역사 이야기

차영길

토 헬레니카를 찾아서

세계 제국 로마의 비밀

로마 제국의 문화와 종교

중세란 어떤 시대인가?

중세인들이 믿은 것과 두려워한 것

가까이서 보는 중세 멀리서 보는 중세

르네상스를 찾아서

장기 16세기와 약진하는 유럽

새로운 시대로 국제무대에 서는 유럽

혁명은 세상을 발전시키는가?

현대로 가는 길목

현대의 단기지속의 과제들

인류의 장기지속의 과제와 미래

경상국립대학교출판부

책을 내면서

'인간은 자기 시대 속으로 태어난다.'

독일의 중세사가 호르스트 푸어만(H. Fuhrmann)이 중세를 다룬 한 책에서 한 말이다. 역사를 가르치고 배우는 목적은 정말 자기 시대의 특징을 알기 위한 것이 아닐까? 몇 년 전인가, 푸어만 교수의 『중세로의 초대』란 책을 읽은 감흥이 너무 커서 나도 언제 그런 책을 한번 써 볼 수 있으려나 생각한 적이 있다. 그러던 와중에 거기에는 미치지 못하겠지만, 올해 들어서 강의에 필요한 교재를 새로 만들어야 할 상황이 생겨 집필을 결심하게 되었다.

이 책은 지난 10여 년간 부산 경남 지역의 대학생들을 위해 인터넷으로 진행하고 있는 〈유럽의 역사와 문화〉란 강좌에 한편으로는 교재를 제공하면서, 또 다른 한편으로는 나 자신의 교안도 한번 정리해 볼 생각으로 계획, 집필된 것이다. 그런데 막상 책을 써 나가기 시작하는 시점에서는 엉뚱한 곳에서 아이디어를 얻었다. 바로 쟈크 르 고프(J. Le Goff)의 『청소년을 위한 유럽역사 이야기』이다. 평소 추천하고 싶은 책 중의 하나로 항상 생각하고 있었는데, 어느 날 수업 시간에 소개를 할 기회가 있었다. 그때 문득 이 책의 서술 방식이 상당한 장점이 있겠다는 생각이 들었다. 사실 문답법과 쉬운 이야기체 서술 형식의 글은 굳이 소크라테스의 문답법이나 플라톤의 대화편을 예로 들지 않더라도 분명 교육적으로 장점이 있는 것이 사실이다. 이 책의 주제 분류와 전체 콘텐츠는 오랫동안 강의를 진행하면서 차곡차곡 쌓인 것이지만, 그것을 전달하는 방식이나 글로 풀어내기는 쟈크 르 고프 식의 전달 방식이 도움이 되겠다는 생각을 하였다. 물론 이 책은 대학에서 교양 수업을 듣는 대학생들을 염두에 둔 것이므로, 당연히 그 콘텐츠의 수준에 있어서 르 고프의 청소년용 책보다는 수준이 높을 수밖에 없고, 또한 푸어만의 중세 책보다도 그 다루는 범위가 넓고 양도 방대할 수밖에 없다. 그러나 이 책은 푸어만의 한 시대, 한 국면, 한 인물을 상세하게 잘 들여다봄으로써 그 결과물로 파생되는 세세함 속에서 전달되는 역사 읽기의 감동이라든가, 또한 쟈크 르 고프의 산 정상에서 굽이굽이 펼쳐지는 산등선이나 저 먼 지형을 조망하듯이 역사의 한 시대, 한 문명을 거시적으로 쉽게 비교해 내는 설명 방식의 장점을 모두 본받아 보려는 시도가 분명히 있었다.

옛날 라틴어 속담에 '가르치는 것이 배우는 것이다(ducere est docere)'라는 말이 있다. 사실 학생과 만나는 강의에는 연구실에 처박힌 연구자로서 느끼는 어떤 성취감과는 또 다른 그 어떤 뿌듯함이 있는 것이 사실이다. 이 책의 부족함을 잘 알면서도 책의 출간을 진행하는 것 역시 그런 희망을 잠시 그려 보기 때문이다. 그래서 이 책이 학생들이 유럽, 그리고 더 나아가서 유럽이 중심이 된 오늘날의 세계문화를 이해하는 데 조금이라도 도움이 되기를 기대해 보면서, 역사란 '선택된 과거'라는 말이 있듯이, 이 책의 내용이나 서술 방식 역시 다소간에 선택의 문제가 갖는 한계성을 지니고 있음도 인정하지 않을 수 없다. 그럼에도 불구하고 이 책 역시 어떤 주관적인 편견은 잘 극복이 되고 나름의 '과학적 역사학'의 객관적인 장점이 잘 발휘되어서, '사실충실성'(factfulness)이 넘쳐나는 그런 류의 책이 되기를 간절히 희망해 본다. 그리고 우리는 우리 시대에 매몰되는 것이 아니라, 좀 더 멀리서 자기 시대를 바라볼 수 있는 그런 관점을 갖게 되기를 희망해 본다.

2019년 8월의 푸르름 속에서

차영길 씀

차례

이야기 셋

인류의 '장기지속'의 과제와 미래

프롤로그

이 책은 〈유럽의 역사와 문화〉를 다룬다. 이 제목에는 3단어가 결합되어 있다. '유럽', '역사', '문화'란 각각의 단어를 잘 이해하게 되면, 이 책에서 다루고자 하는 내용이나 범위가 보다 분명하게 드러난다.

첫 번째 키워드는 유럽이다. 유럽이란, 오늘날의 지리적 개념으로 이야기를 하면 대체로 유라시아 대륙의 한쪽 끝에 붙어 있는 작은 땅덩어리를 가리키는 개념이다. 그런데 아메리카 대륙의 미국, 캐나다 혹은 호주와 같이 유럽인들이 이주한 땅 역시 유럽 문화권이다. 그래서 넓은 의미의 유럽은 유럽 문화가 확산된 지역까지 포함한다. 이렇게 유럽이라는 개념은 시간이 가면서 변화하는 역사적 용어이다. 유럽은 지리적 용어이면서 동시에 역사적, 민족적 개념을 가리키는 말이다. 유럽의 어원은 그리스 신화에서 유래한다. 바로 에우로페(Europe) 신화이다. 신화의 내용은 제우스 신이 황소로 변신을 해서 페니키아의 공주 에우로페를 등에 태운 채, 소아시아에서 바다를 건너 크레타 섬으로 넘어가서 미노스 왕을 낳았다는 것이다. 이 신화가 보여 주는 것은 오리엔트 문화가 서쪽으로 전파되는 과정인데(문화전파설), 유럽이라는 개념이 시간이 가면서 변한다는 사실을 함축하고 있다. 예컨대, 시간이 가면서 나중에 고대 말기에 이동한 게르만인들이 이룬 중세의 세계 역시 유럽이라 불린다. 오늘날의 유럽의 어원은 멀리 고대 그리스 신화(에우로페 신화)에까지 올라가지만 현대의 유럽 개념은 중세 때인 11세기에 형성되었다. 11세기에 이르러 4가지 요소, 즉 (i) 그리스·로마 문화의 전통 (ii) 게르만의 인적 요소 (iii) 기독교적 세계관 (iv) 이슬람의 과학기술, 이 4가지가 결합되어 오늘날의 유럽이 탄생한 것이다. 이렇게 유럽이라는 말은 언뜻 지리적 개념으로 보이지만, 그 말 자체에 역사적으로 변화해 온 역사적 개념을 담고 있음을 알 수 있다. 이런 각각의 시대 변화를 우리 책에서는 '4시대 구분법'에 따라 고대·중세·근대·현대의 총 4부로 나누어 살펴볼 것이다.

두 번째 키워드는 역사이다. 역사란 말은 어떤 특징을 지니고 있을까? 바로 '시간에 따른 변화'란 속성을 지니고 있다. 흔히 영어로 historical analysis는 '역사적 분석'으로 번역되는데, 그 말 속에는 시간에 따른 분석 방법이란 말뜻을 담고 있다. 곧 시간에 따라 변화하는 어떤 현상을 분석하게 될 때, 우리는 그것을 역사적 분석이라고 말한다. 곧 유럽의 역사를 본다는 것은 바로 유럽을 하나의 대상으로 하여 거기서 일어난 시간에 따른 변화를 살펴본다는 것이다. 물론 이런 역사적 분석에도 그 방법론은 시대에 따라 다양하다. 그 각각의 관점이나 방법론은 우리가 다루려는 주제에 따라 각기 다양하게 선택되겠지만, 그 기본적인 전제는 20세기 역사학의 합의, 즉 '과학적 역사'를 추구하는 것이다. 여기서 '과학적 역사'란 콜링우드에 의하면, 과거 인간의 행위를 대상으로 하여 그것에 대한 구체적 의문을 제기하고 그것을 증거에 의해 밝혀 나가는 것을 가리킨다.

세 번째 키워드는 문화이다. 문화(culture)란 말에는 좁은 의미와 넓은 의미의 말뜻이 있다. 좁은 의미의 문화란 인간의 어떤 정신적 활동에 의해서 표현된 부분이 문화라고 보는 '정신적 관점'(mentalist view)의 문화 개념이 있다. 다른 하나는 "인간의 삶 전체가 다 문화"라고 넓게 보는 '전체적 관점'(totalist view)의 문화 개념이 있다. 그런데 우리가 인간 활동의 모든 부분을 다 볼 수 있는 것은 아니기 때문에, 결국 학문적으로 다루게 되는 것은 정형화되어 있거나 대표적인 어떤 특징, 즉 정신적 표현으로서의 문화 현상이 대상이 된다. 결국 우리가 다루게 될 역사나 문화 모두 불가피한 '선택'의 과정을 거치게 되는 것이다.

이렇게 선택된 내용들은 대부분 필자 자신의 자의적 선택이라기보다, 현재에 이르기까지 앞선 선행 연구들의 도움을 받는 것이다. '거인의 어깨 위에 올라선 작은 난장이', 바로 학문 하는 길의 특징을 잘 지적한 중세 이래의 유명한 경구이다. 선학들의 도움을 받아 선택된 내용을 좀 더 쉽게, 잘 살펴보기 위해 최근에는 인터넷 사이트의 도움도 받을 수 있다. 역사와 관련하여 가장 유명한 곳은 페르세우스(perseus) 사이트이다. 여기는 특히 근대 르네상스 부분이 잘 되어 있지만 유럽의 역사 전반에 대한 주제별 자료들이 잘 분류되어 있고, 데이터도 잘 갖추어져 있다. 그리고 온라인 백과사전인 위키피디아(www.wikipedia.org)도 기본적인 학습에는 매우 유용하다. 또 항상 새롭고 신선한 주제를 추구하는 테드(Ted) 강의라든가, 스탠포드 대학이 중심이 된 인터넷 대학 강좌 코세라(Coursera) 역시 세계의 명문 대학의 정규 대학 강의를 공개 온라인으로 수강할 수 있다. 코세라를 본떠 옥스퍼드 대학도 티톡스(T-Talks)라는 인터넷 강좌를 만들었듯이, 우리나라에서도 개방형 인터넷 강의들을 올리는 사이트를 개발했고 그것이 K-Mooc로 알려져 있다. 이 책의 토대가 된 인터넷

강의 역시 K-Mooc에서 볼 수 있다. 이밖에 유튜브(YouTube)등 여러 유용한 동호회 사이트들을 학습에 잘 활용할 수 있을 것이다. 이러한 온-오프라인의 여러 다양한 강좌들을 잘 이해하는데 이 책이 도움이 되기를 기대한다.

이야기 하나

어떻게 볼 것인가?

1. 역사와 문화의 말뜻

여기서는 '역사와 문화의 개념' 이야기를 시작하고자 한다. 먼저 개념 문제이다. 사실 모든 학문에서 개념 문제는 대단히 중요하다. 역사와 문화의 개념을 이해하는 것은 우리 강좌가 어떤 강좌인지 또 어떤 것을 다루게 될지를 이해하는 데에도 매우 중요하다. 그러면 역사의 개념에 대해서 한번 살펴보자. 역사란 무슨 뜻일까? 자, 여러분도 스마트폰을 가지고 있으니 어플리케이션으로 한번 찾아보라. 그러면 아마 네이버 사전 등에 역사의 말뜻이 두 가지 뜰 것이다. 역사의 사전적 의미는 두 가지인데 하나는 '역사는 쓰여진 기록'이라는 뜻이다. 그리고 또 다른 하나는 '역사는 과거 그 자체'라는 뜻이다. 그중에 우리가 흔히 보는 역사는 대체로 전자인 '쓰인 기록'이다. 그것을 다른 말로 바꾸면 곧 역사책이 된다. 사실 우리가 타임머신을 타고 과거로 가서 직접 볼 수는 없다. 그래서 책을 통해서 역사를 알게 되는 것이다. 결국은 상당히 조심스러운 이야기지만 '역사책을 통해서 역사가 만들어진다'는 말을 할 수 있다. 그러면 우리 역사책을 통해서 역사가 만들어지고 역사책을 통해서 우리가 역사를 아는 것이라면, 역사책은 어떻게 만들어지는 것일까?

역사의 개념과 관련해서 역사, 역사학이 가지고 있는 아주 중요한 속성이 숨어 있다. 그리고 우리는 과거를 어떻게 받아들여야 될까? 과거를 어떻게 알 수 있는 것일까? 역사에는 정말 진실이 있는 것일까? 그렇다면 역사의 진실은 무엇일까? 이런 물음들이 역사란 개념의 아주 폭넓은 내용에서 많은 부분을 이룬다고 할 수 있다. 그 가운데 한 가지 중요한 첫 번째 물음, 역사책이 어떻게 만들어지는가에 대한 이야기를 잠깐 해 보자. E.H. 카의 『역사란 무엇인가?』란 책은 대학 신입생의 교양 필독서로 흔히 추천되는 책이다. 이 책의 제1장은 '역사책은 어떻게 쓰이는가?'이다. 여기에 있는 내용은 20세기 역사학의 특징을 그대로 담고 있다고 할 수 있다. 이 책은 시간이 되면 한번 읽어 보길 바라며 여기에서는 1장의 요점을 한번 살펴보도록 할 것이다.

사실(事實)과 사실(史實)이라는 개념이 있다. 앞의 사실은 fact, 뒤의 사실은 historical fact, 즉 '역사적 사실'로서의 사실이다. 그래서 앞의 사실과 뒤의 사실, 이 두 가지를 놓고 본다면 역사책은 어떤 사실로 쓰이는 걸까? 여러분은 어느 쪽인가? 앞의 사실(事實), fact인가, 아니면 뒤의 사실(史實), historical fact인가? 정답은 뒤의 사실(史實), 즉 역사적 사실이다. E.H. 카는 "역사책은 뒤의 사실, historical fact로 쓰인다"고 말한다. 그래서 그것을 '역사적 사실'이라고 부른다. 역사적 사실이라는 단어는 대단히 중요한 의미를 지니고 있다. E.H. 카 이전에는 역사적 사실이라는 단어는 학술용어가 아닌 보통 명사였다. '역사적 사실'은 이제 역사학에서는 중요한 학술용어가 되었다. E.H. 카가 만든 학술용어인 것이다. 거기에는 중요한 의미가 담겨 있고 20세기 사람들이 공동으로 생각하는 내용이 담겨 있다. 우리가 '20세기 역사학의 합의'라고 말하는 개념이다. "역사책은 역사적 사실로 만들어진다." 그렇다면 역사적 사실이란 무엇일까? 역사적 사실은 '사실(팩트로서의) + 해석(역사가의)'이다. 팩트는 과거의 사료나 기록 같은 것이 보여 준다. 그런 팩트가 있다면 역사가가 그것을 보고 해석을 도출해 낸다. '과거의 사실과 현재의 역사가의 해석이 만나는 것'이다. E.H. 카의 너무도 유명한 말이 있다. "역사는 과거와 현재의 대화이다." 과거의 팩트, 즉 과거의 사실과 현재의 역사가의 해석의 만남. 그 둘 사이의 끊임없는 대화, 끊임없는 만남이 역사가 만들어지는 과정이라는 것이다.

E.H.Carr, 역사책은 어떻게 쓰여지는가?

事實과 史實 / 史實(역사적 사실)=事實+해석
49 B.C.시저(Gaius Julius Caesar)가 루비콘 강 건넌 사례
"역사는 과거와 현재의 대화이다."

E.H. 카는 『역사란 무엇인가?』 제1장, '역사책은 어떻게 쓰이는

가?'에서 유명한 사례를 들고 있다. 바로 시저가 루비콘 강을 건넌 이야기이다. 기원전 49년에 로마의 장군이었던 시저가 군대를 이끌고 이탈리아 본국과 북쪽 갈리아 속주의 경계선이었던 루비콘 강을 건너서 현대의 표현으로는 쿠테타를 감행했다. 이 사건으로 공화정이었던 로마는 이제 한 사람의 권력자가 등장하는 사실상의 황제 시대로 넘어가게 되었다. 즉, 시저가 루비콘 강을 건넌 이야기는 당시의 로마인이 봤을 때도 엄청난 사건이었고 오늘날의 현대 역사가가 봐도 매우 중요한 사건이다. 왜냐하면 이 사건이 공화정의 로마가 제정의 로마로 넘어가는 역사적인 전환점이었기 때문이다. 그래서 시저가 기원전 49년에 루비콘 강을 건넌 사례를 E.H. 카가 예로 든 것이다. 그런데 기원전 49년에는 시저만 루비콘 강을 건넜을까? 아마도 수많은 로마인들이 루비콘 강을 무수히 건넜을 것이다. 지금도 사람들이 건널 것이다. 그러니까 팩트로서는 루비콘 강을 건넌 무수하게 많은 팩트가 있는데 역사책에 등장하는 것은 시저가 루비콘 강을 건넌 팩트만 등장한다. 이것이 바로 어떤 팩트에 한 역사가가 아주 중요한 사건이라는 해석을 하게 되고 그것이 동료 역사가들의 동의를 받게 되면, '역사적 사실', 즉 historical fact로 되어 역사책에 등장하는 것이다. 역사책은 이렇게 쓰이는 것이다. 바로 팩트와 해석의 만남, 이것이 E.H. 카가 강조한 요점이다.

여러분은 이제 어떤 생각이 드는가? 우리가 배우는 역사책은 역사가들의 해석이 담긴 결과물이라는 생각이 드는가? 그래서 역사책은 절대적 진실을 담고 있다고 할 수 없다. 역사책에 담긴 것은 결국 상대적 진실이다. 어떤 역사가는 이렇게 설명을 하고 어떤 역사가는 또 다르게 설명을 한다. 그래서 학계의 합의 또는 다수설이 우리 역사책에 등장하는 것이다. 역사의 진실은 상대적 진실이므로 '역사의 진실은 부분적 진실이 무한히 축적되어 가는 과정'이다. 그러면 역사의 진실이 상대적이고 부분적 진실이 무한히 축적되어 가는 과정일 뿐이라고 한다면, 진실은 알아도 그만이고 몰라도 그만인 것일까? 그렇지는 않다. 동양의 고전인 논어에도 '역사를 왜 배우느냐, 그것은 온고이지신(溫故而知新), 즉 옛것을 배워서 새로운 것을 미루어 아는 지혜를 구하기 위함'이라 했다. 서양에서 '역사의 아버지'라 불리는 헤로도투스도 이와 비슷하게 말하고 마키아벨리도 이런 식으로 말한다. 역사를 왜 배우는가? '교훈을 얻기 위해서'이다. 그런데 문제는 그 교훈이 진실에 맞는 이야기라야 한다. 꾸며낸 이야기, 가짜 이야기에서 교훈을 얻으면 안 된다. 역사는 진실에 바탕을 둔 이야기라야 한다. 그래서 '과학적 역사'라는 기준이 중요하다.

20세기 역사학에서는 역사는 '과학적 역사'이어야 한다고 말한다. 17세기의 데카르트나 베이컨 같은 사람들은 역사란 단지 이야기일 뿐이고 역사는 과학일 수 없다고 생각하였다. 그러나 20세기에는 역사는 진실을 담고 있고 그 진실을 우리가 알 수 있으며 그런 방법에 따라 '과학적 역사'가 가능하다고 생각한다. 대표적 학자가 콜링우드(Collingwood)이다. 콜링우드는 과학적 역사가 성립하기 위한 조건을 4가지 제시하였다.

Collingwood, '과학적 역사'의 4조건

구체적 의문의 제기
과거 인간의 행위를 대상으로 한다.
증거에 의한 해석
나는 누구인가를 알기 위함

첫 번째, 구체적 의문이 제기되어 있어야 한다. 즉, 궁금한 것이 구체적으로 있어야 한다. 아는 것을 막 쓰는 것은 과학이 아니며, 그것은 역사책이 아니다. 과학의 전제조건은 구체적 의문의 제기라는 것이다. 두 번째는 과거 인간의 행위를 대상으로 해야 한다. 세 번째는 과거 인간의 행위에 대한 구체적 의문을 '증거를 통해' 밝혀 나가야 한다는 것이다. 과학적 역사는 증거에 의한 해석이 중요하다. 과거 인간의 행위를 대상으로 해서 구체적 의문이 들면 그것을 증거에 의해서 해석해 나가는 것, 즉 서술해 나가는 것이 과학적 역사의 중요한 조건이다. 네 번째는 '나는 누구인가'를 알기 위해서 하는 것이다. 이것이 과학적 역사의 4가지 조건이고, 이런 생각은 20세기의 역사가라면 누구나 공통적으로 가지고 있는 생각이다. 그래서 "역사학은 과학이다"라고 할 수 있다.

2. 유럽의 어원과 특징

이번에는 유럽의 어원과 특징에 대해서 살펴보자. 유럽이란 말은 어디에서 온 것일까? 또 유럽이란 말에는 무슨 뜻이 담겨 있을까? 그리고 유럽이라 하면 어떤 특징을 보여 주는 것일까? 곧 유럽이란 말에는 어떤 정체성이 있는 것인가? 여기서는 이런 의문들을 중점적으로 살펴보도록 한다.

西洋과 유럽(Europe)

한자어에서의 서양과 동양
어원으로서의 에우로페 신화

먼저 서양과 유럽이라는 개념을 살펴보자. 우리나라에서는 유럽보다는 한자어 서양(西洋)이란 개념이 훨씬 더 익숙하다. 한자어로서 서양이라는 단어는 중국 당나라 때 만들어졌다고 한다. 서양과 동양 그 경계선은 대체로 현재 태국에서 말레이 반도로 이어지는 선이었고 그 서쪽이 서쪽바다, 동쪽이 동쪽바다로서 서양과 동양으로 구별되었다고 한다. 그렇게 따지면 한자어에서 서양과 동양은 우리가 오늘날 생각하는 유럽의 개념과는 약간의 차이가 있다고 할 수 있다. 유럽이라는 단어의 어원은 그리스의 '에우로페(Europe) 신화'에 바탕을 두고 있다. 폼페이에서 발견된 에우로페 신화를 담은 한 부조에는 한 여인이 소의 등을 타고 그 밑에 두 명의 시녀가 서 있다[뒤의 38쪽 이미지 참조] 말 탄 여인은 상당히 기품이 있어 보이고 고귀한 신분으로 보인다. 신화의 내용은 다음과 같다. 페니키아의 에우로페 공주에게 제우스가 황소로 변신해 가까이 다가가자 공주가 황소의 등에 타려고 한다. 시녀가 옆에서 공주를 말리지만 공주는 황소의 등에 올라탄다. 그런데 에우로페 공주가 황소의 등을 타자마자 제우스는 쏜살같이 내달려 바다를 건너 크레타 섬으로 넘어가 버린다. 그리고 두 사람이 크레타 섬에서 아들을 낳는데, 이 아들이 미노스 왕이라는 미노스 왕의 탄생에 관한 신화이다. 이 그리스어 '에우로페'에서 영어 유럽이 나오게 된다. 이렇게 유럽이란 말의 어원은 그리스 신화에서 유래하고, 이 신화는 오리엔트에서 유럽 쪽으로 선진 문명이 전파되는 모습을 담고 있다. 자료 화면으로 나오는 부조는 크레타 섬의 미노스 궁전에서 발견된 것이다. 아주 색감이 아름답고 선이 부드러운 부조로 에우로페 신화를 담고 있다.

그렇다면 유럽이란 어떤 특징을 지니고 있는가? 역사에서는 지리나 지형이 상당히 중요한 역할을 한다. 아날 학파의 페르낭 브로델(F. Braudel)은 변화하지 않는 구조, 즉 '부동의 구조(inmobilité)'로 지형의 중요성을 강조한 바 있다. 사실 유럽이라는 지형의 특징이 가지고 있는 '장기지속의 구조'는 오랫동안 유럽 역사의 형성과 전개에 영향을 미친다. 물론 유럽 문화에도 영향을 미친다. 구글 어스를 통해서 유럽 지형의 자료 화면을 한번 살펴보자. 구글 어스에서 위성사진으로 찍은 유라시아 대륙과 유럽의 지형이다. 아래쪽에 아프리카가 위치하고 오른쪽으로 아라비아반도 소아시아 터키 반도가 자리한다. 그 옆으로 그리스 반도와 이탈리아 반도, 스페인, 중부 유럽, 영국, 스칸디나비아에 북부 유럽까지 지형이 잘 나와 있다. 그리고 오른쪽 편으로 유라시아 대륙이 펼쳐지고 그 아래 인도까지 보인

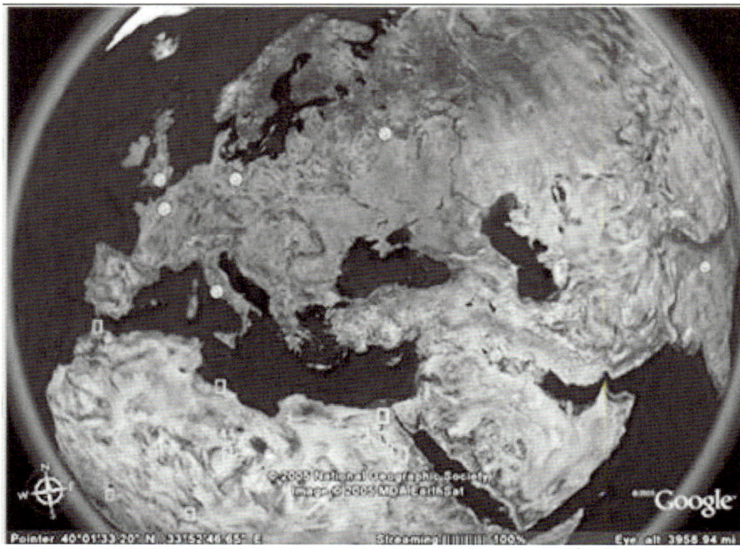

• 인공위성으로 본 유럽 지형

다. 이것이 바로 유럽의 지형적인 특징이다. 한마디로 이야기하면 유라시아 대륙에 붙어 있는 반도와 같은 성격이 유럽이라는 지형의 특징이고 또 바다로 빙 둘러 접해 있다. 바다는 사람들이 이동하기 편한 공간을 제공한다. 그리고 소통의 공간이고 문물이 교류되는 공간이다. 그래서 유럽의 지형적 특징은 '다양성'과 함께 '개방성'이라고 할 수 있다.

지금까지 이야기한 것을 정리를 해 보자. 유럽이란 말은 그 어원이 그리스 신화에서 유래했다. 그 에우로페 신화에 담겨 있는 의미는 바로 문명이 동쪽에서 서쪽으로 전파되는 모습을 담고 있다. 유럽이라는 개념은 고정된 개념이 아니라 변화하는 개념이다. 그리고 그것은 역사적으로 변화하는 개념이다. 그래서 유럽은 역사적 개념이다. 유럽의 경계나 범위는 시간에 따라 공간에 따라 변화한다. 그래서 유럽은 첫 번째 그리스 로마 문명의 영향, 두 번째는 기독교적 세계관, 세 번째는 게르만의 인적 요소, 네 번째는 이슬람을 통해서 전달된 그리스 과학기술, 이 4가지가 결합되면서 11세기에 오늘날의 유럽의 모습을 갖추게 되었다. 이러한 유럽의 전체적인 특징은 지형이 바다로 열려 있는 개방적인 형태에서 보듯이 개방성이다. 또한 유럽에는 다양한 작은 국가들이 많은데 현재 40여 개의 국가들이 있기 때문에 다양성 역시 유럽의 특징이라 할 수 있다. 이렇게 '개방성'과 '다양성'을 지닌 유럽은 역사 속에서 어떻게 변화했는지 그 모습을 찾아가 보도록 하자.

이야기 둘

어떻게 다른 것인가?

1. 나일 강변의 문명과 다른 점

유럽 문명을 거시적인 시각에서 본다면 이집트 문명과 유럽 문명을 비교해서 이해할 수 있다. 역사학에서는 이것을 비교사적 방법이라고 한다. 간혹 이집트 문명을 다루다 보면 어딘지 모르게 설레기도 하고, 때로는 상당히 놀라기도 한다. 정말 이집트 문명의 신비라고 할까. 여기서는 이집트인이란 누구인가? 이집트인들은 세계를 어떻게 생각했고 삶과 죽음의 문제를 어떻게 인식했는가? 그리고 이집

• 기자의 피라미드

트 문명은 유럽 문명과 어떻게 다른가 하는 문제를 살펴보려고 한다.

여기 피라미드 사진이 한 장 있다. 유명한 기자의 피라미드이다. 기자의 피라미드는 이집트 고왕조 시대의 유명한 피라미드들이다. 사진을 보면 맨 앞쪽 쿠푸 왕의 피라미드 앞에 3개의 작은 왕비들의 피라미드가 같이 있다. 사진상으로는 상당히 거리가 가까워 보이지만 실제로는 피라미드 간의 거리가 상당히 멀고, 또 모래사막 언덕이어서 많은 관광객들이 낙타를 타고 이동한다. 필자 역시 낙타를 타고 모래 언덕 길을 움찔움찔 이동했던 기억이 나는데 낙타를 타고도 제법 한참을 올라가야 다음 피라미드로 이동한다. 이중 가장 높은 쿠푸 왕의 피라미드는 높이가 150m에 달한다. 각각의 돌들도 한 개가 2톤이 넘는 돌들이 많다. 현재의 기준으로도 그렇지만 기원전 2700년이란 당시의 기준으로 보면, 피라미드 건축은 정말 불가사의에 가까운 일이다. 이런 건축물을 지은 사람들은 무슨 생각으로 지

• 이집트인의 세계관-파피루스

었을까? 그들이 인식한 세계는 어떤 모습이고 그들이 생각한 삶과 죽음이란 어떤 것일까? 현존하는 파피루스에 그 증거가 남아 있다.

위의 파피루스 이미지는 헬리오폴리스(Heliopolis)에서 발견된 것이다. 파피루스에 그려진 신들의 모습이 상당히 특이하다. 아래에 땅을 상징하는 Geb 신이 누워 있고 위로 하늘을 상징하는 Nut 신이 지붕처럼 덮고 있다. 바로 땅의 남신 겝(Geb)과, 하늘의 여신 누트(Nut)이다. 그리스 신화에서는 보통 땅(대지)은 여신으로 예컨대 헤라, 하늘은 남신 예컨대 제우스로 표현되는데 이집트는 다르다. 이집트인들은 이 두 신이 만나면 밤이 되고 떨어지게 되면 낮이 된다고 생각했고, 이것이 이집트인의 우주관의 큰 틀이다. 그래서 낮 동안에는 둘 사이의 간격을 떨어뜨리기 위해서 밀어내는 신들이 있다. 왼쪽에 있는 것이 바로 공기, 대기, 바람의 신인 슈(Shu)이다. 그리고 오른쪽에 있는 것이 아침이 되면 그 신들 사이에 이슬을 내리고 습기를 차게 해 두 신 사이의 간격을 벌리는 신 테프누트(Tefnut)이다. 이런 착상은 강가에 사는 사람들이 아니면 생각하기 힘든 발상이다. 그리고 하늘의 여신과 땅의 남신 사이에 머리에 동그란 것(붉은 원)을 쓰고

The theogony of Heliopolis

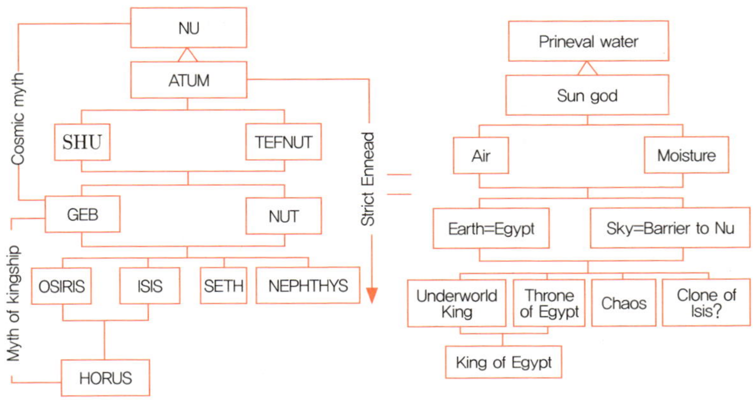

• 〈표1〉 헬리오폴리스의 신의 계보

있는 신이 하나 있는데 바로 태양신이다. 그 둘 사이가 벌어지면 태양신이 뜨게 되어 낮이 된다. 둘 사이에서 태양신이 태어난다는 생각, 그리고 저녁이 되면 다시 또 없어지므로 곧 죽었다가 아침에 다시 태어난다는 죽음과 탄생의 끊임없는 부활, 즉 이것은 이집트인의 우주관과 내세관을 잘 보여 주는 헬리오폴리스의 신화를 담은 파피루스이다.

여기서 현대 학자들의 해석을 한번 살펴보자. 위로 하늘의 여신 누(또는 누트)가 있고 아래에 땅의 남신 갭이 있다. 그 사이에 태양신 아툼이 있고, 왼쪽에는 공기와 바람을 불어넣는 대지의 신이자 공기의 신인 슈가 있고, 오른쪽에는 습기와 이슬의 신인 테프누트가 있다. 바로 이러한 모습이 이집트적인 우주관의 큰 틀이고 갭과 누트 사이에서 태어난 자식들이 이제 인간 세계를 관장하는 신들이 된다.

갭과 누트 사이에 자식이 4명 태어나는데, 오시리스와 이시스, 그리고 세트와 네프티스이다. 그 계보를 도표로 그리면 앞의 〈표1〉과 같다.

이 중에 가장 중요한 신이 오시리스(Osiris)와 이시스(Isis)이다. 오시리스는 내세와 죽음을 관장하고, 이시스는 나일 강의 여신으로 생명의 탄생과 나일 강의 범람을 관장한다. 이 둘 사이에서 태어난 자식이 바로 호루스(Horus)로, 인간의 형상으로 지상에 내려와 세상을 통치하는 파라오였다. 이 3명의 신이 이집트에서 가장 중요한데 기독교의 삼위일체 사상도 이 3주신 사상의 영향을 받은 것으로 알려져 있다.

다음 파피루스는「사자의 서」의 일부이다. 이집트인은 죽으면 그것으로 끝나는 것이 아니라 죽고 난 다음에 신 앞에서 자기가 산 인생에 대해서 '최후의 심판'을 받는다고 생각했다.

신 앞에 가서 각 신에게 한 번씩 질문을 받고 대답을 못하면 돌아가서 다시 공부해서 다음 관문을 통과하는 식으로 46명의 신을 모두 통과한 다음에야 최종적으로 신들의 왕이자 죽음과 부활을 관장하는 오시리스(Osiris) 신 앞에서 최후의 심판을 받게 된다. 먼저 죽은 자의 심장과 타조의 깃털을 천칭의 양쪽에 달아 보고 거짓말을 많이 한 심장이라면 검고 무거워서 균형이 무너지게 되는데, 그때 옆에 서 있던 상상 속의 괴물이 심장을 먹어 버린다. 그러면 부활을 하지 못한다고 생각했다. 한편, 이 과정을 모두 통과하게 되면, 오시리스 신 앞에서 최후의 심판을 받게 되는데 오시리스 신이 부활의 기회를 주게 되면, 영원한 생명의 본질인 카(Ka)가 날아가서 다시 영혼, 바(Ba)을 심어 주게 되어 육신인 아크트(Akt)가 다시 부활한다는 것이

• 사자의 서 125장. 사자의 심장의 무게 달기

이집트인의 내세관이었다.

이제 이집트 문명과 유럽 문명의 차이를 비교해 보자. 먼저 떠오르는 것이 "이집트 문명은 나일강의 선물"이란 그리스 역사가 헤로도투스의 말이다. 6000km가 넘는 나일강의 경사는 상류부터 하류까지 9도밖에 되지 않는다고 한다. 마치 멈추듯이 흐르는 강이라고 할 수 있다. 그래서 나일강은 무려 4개월 동안 천천히 흐르면서 많은 것을 용해해서 엄청난 영양분을 강가에 뿌려 준다. 헤로도투스의 「이집트 여행기」를 보면, 이집트인들은 진짜 쉽게 농사를 지었던 것으로 보인다. "강물이 범람하고 홍수기가 끝나면 그때 범람한 땅에 씨를 뿌리고 돼지들만 풀어놓으면 돼지가 막 누워서 뒹굴고 하면서 밭갈이가 저절로 된다." 나일 강변이 얼마나 비옥했는가를 보여 주는 기록이다. 정말 이집트 문명은 '나일강의 선물'이었다. 그래서 이집트인이란 '나일 강가에 사는 사람들'이고, 이집트인이란 '나일강의 강물을 먹는 사람들'이란 오늘날 이집트인들의 생각 역시 오랜 세월 동안 자연스럽게 형성된 '나일강 정체성'의 표현이라 할 수 있다.

한편, 파라오의 권력은 '피라미드 권력'이다. 칼 비트포겔

(K.Wittfogel)은 『동방적 전제정(Oriental Dispotism)』이란 책에서 홍수기의 수력 조절과 관개 농업 때문에 여러 사람의 협업이 필요하게 되었고 관료제가 발달하여 거대한 파라오 권력이 생겼다고 말한다. 물론 다른 설명도 가능하다. 예컨대, 넉 달 동안 천천히 흐르면서 범람해 강가에 비옥한 토양을 뿌려 주는 강은 전 세계 어디에도 없다. 이것은 한편으로 비옥함의 혜택이기도 하지만, 또 다른 한편에서는 국가적 위기 상황이기도 하다. 예컨대, 지배자의 입장에서는 거의 넉 달 동안 일을 하지 않는 백성이 있다면 결코 간단한 문제가 아니다. 뭔가 일거리도 주어야 할 것이고, 그러다 보면, 뭔가 자꾸 가져다 쌓기도 할 것이고, 그러다가 피라미드 같은 것이 만들어졌을 가능성도 전혀 배제하기 힘들다. 헤로도투스 말처럼 피라미드가 파라오 권력의 거대한 모습을 과시하기 위한 것일 수도 있지만, 일종의 농한기 국가 프로젝트의 산물일 가능성도 제기되고 있다.

영국의 역사가 토인비는 이집트 문명의 특징을 가리켜 '화석화된 문명' 이라고 불렀다. 이집트의 폐쇄적인 지형 역시 개방적인 지형의 형태를 이루고 있는 메소포타미아나 유럽 지역과는 다른 모습이다. 그것이 역사의 발전 과정에도 영향을 미친 것으로 보인다. 예컨대, 나일 강변의 폐쇄적인 지형 속에서는 어느 정도의 발전 단계에 도달하게 되면, 지속적인 성장을 이끌어 낼 만한 어떤 동적인 역사 발전의 동력이 없었던 것이다. 그것이 이집트 문명이 어느 발전 단계에 이르러 마치 '화석' 처럼 역사의 발전이 멈추어 버린 현상을 설명해 줄 수 있다.

2. 메소포타미아 문명과 다른 점

유럽 문명은 메소포타미아 문명과도 차이가 있다. 메소포타미아는 두 강 사이, 즉 '티그리스 강과 유프라테스 강 사이의 땅'이란 그리스어에서 유래한 단어이다. 그래서 메소포타미아 문명에 대해 살펴보려면 지형적인 특징에 대한 이해가 우선되어야 한다. 지형이 이곳의 문명에 어떤 영향을 미쳤는가? 거기서 형성된 우주관과 세계관은 어떤 모습인가? 그리고 초기 문명인 수메르 문명의 특징은 무엇인가를 살펴보아야 한다.

수메르 문명은 인류 최초의 도시 문명이다. 수메르 문명은 티그리스와 유프라테스가 만나는 하류 부분, 즉 두 강이 페르시아 만으로 흘러 들어가는 늪지대의 소택지에 형성되었다. 이 문명의 전성기는 〈길가메시 서사시〉를 남기는 시기, 즉 기자의 피라미드가 지어질 시기부터 약 사오백 년간이다. 두 강이 만나는 하류에 수메르 문명의 도시 유적지, 우르(Ur)와 우르크(Urk)가 있다. 과거 이곳은 두 강이 만나서 페르시아 만으로 흘러 들어가는 지역이었다. 그러나 지금은 강 하류에 퇴적이 많이 진행이 되어서, 유적지들이 내륙으로 깊이 들어와 있는 모습이다.

수메르 문명을 이야기할 때 반드시 언급되는 것은 〈길가메시 서사시〉이다. 길가메시는 기원전 2600년경에 우르크에 살았던 젊은 왕으로 부조에 묘사되어 있듯이, 사자를 한 팔에 감싸 쥐고 꼼짝 못하게 할 정도로 용감하고 큰 키에 신체 건장한 인물로 알려져 있다. 길가메시 서사시의 내용은 니네베에서 발굴된 11개의 점토판에 전하는데, 친구 엔키두의 죽음으로 영생을 찾아 나섰던 길가메시가 결국 인간은 죽을 수밖에 없다는 운명을 깨닫고 현세의 삶을 즐기게 된다는 것이 줄거리이다.

길가메시 서사시가 주목을 받게 된 것은 홍수 이야기 때문이다. 이곳의 홍수는 지형과도 관계가 있다. 티그리스와 유프라테스의 두 강은 아나톨리아 고원 지대에서 비가 오거나 눈이 녹으면서 생긴 물로 강물을 이루었다. 그래서 폭우나 폭설이 내리면 그 해나 그 다음 해에 엄청나게 큰 홍수가 일어난다. 그리고 강물은 유속이 매우 빨라 상류에서 하류를 지나 페르시아 만으로 빠져나가는 데 채 한 달도 걸리지 않는다. 나일 강과 달리, 강물이 페르시아 만으로 쓸고 내려가기 때문에 말 그대로 홍수이다. 이 지역에서는 대홍수가 자주 일어나 홍수 신화가 곳곳에서 나타난다. 길가메시 서사시를 담은 점토판이 해독되자, 사람들이 가장 놀랐던 부분이 바로 홍수에 대한 기록이다. 제작 시기가 구약 성경보다 빠른 것으로 추정되는 점토판에는 "6일 낮 6일 밤, 비가 내렸다"라고 기록되어 있다.

한편, 이집트에서는 나일 강의 범람을 신의 축복이라고 생각하지만 메소포타미아에서는 강의 범람을 신이 인간에게 주는 형벌이라고 생각했다. 게다가 지형적인 특성상 북쪽은 고원 지대, 남쪽은 개방적인 지형이다 보니, 북쪽의 야만적인 유목민 집단이 항상 남쪽의 풍요로운 농경 지대를 공격하는 일이 늘상 반복되었다. 그래서 메소포타미아 문명은 교체 주기도 짧고 빈번하다는 특징이 있다. 물론 홍수 신화도 여러 곳에서 나타난다. 노아의 방주보다 훨씬 더 오래된 길가메시 서사시의 점토판에 이런 내용이 남아 있다.

6일 낮과 6일 밤 동안 남쪽의 폭풍이 토지를 휩쓸고 가자
바람이 홍수를 밀어냈다.
일곱째 날 남쪽의 폭풍이 전투를 마친 군대처럼 사그라들자
홍수는 전장에서 가라앉았다.
바다는 조용해졌으며 폭우도 잠잠해지고 범람도 멈추었다.
날씨를 보았다. 평온함이 자리를 잡았다.
그리고 모든 인간이 흙으로 돌아갔다.
주위 경관을 보니 마치 평평한 지붕처럼 평평하게 되어 있었다.
나는 갑판 문을 열었고 빛이 나의 얼굴에 쏟아졌다.
고개를 깊이 숙이고 앉아서 울었다.
눈물이 얼굴을 타고 흘러내렸다.

나는 바다의 광활한 수면에서 해안선을 바라보았다.
14곳의 각 지역에서 산이 솟아올랐다.
니쉬르 산에 이르러서 배가 꼼짝도 않고 멈추었다.
6일 동안 배는 니쉬르 산에 붙잡혀 있었다.

일곱째 날이 오자, 나는 비둘기 한 마리를 날려 보냈다.
쉴 만한 곳이 없었기 때문에 비둘기는 다시 돌아왔다.
그 다음에 나는 제비 한 마리를 날려 보냈다.
제비는 앞으로 날아갔으나 다시 돌아왔다.
쉴 만한 곳이 없었기 때문에 다시 돌아왔다.

그 다음에 나는 갈까마귀 한 마리를 날려 보냈다.

• 루브르 박물관의 길가메시 부조

갈까마귀는 앞으로 날아가서 물이
빠진 것을 보고 먹고,
빙글빙글돌고 까악까악 우짖고는
다시 돌아오지 않았다.
그때에야 나는 4개의 문을
모두 열어 젖혔다.
그리고 희생 제물을 바쳤다.

- 길가메시 서사시-

3. 유럽이란 언제, 어디서부터인가?

유럽 문명은 언제 시작하고, 어떻게 발전했을까? 일반적으로 그 출발점은 에게 문명에서 찾고, 그 내용을 잘 담고 있는 이야기는 '에우로페 신화'이다. 신화의 내용은 이렇다. 페니키아의 아름다운 공주 에우로페 이야기가 소문이 나자, 제우스는 황소로 변신하여 바닷가에 산책을 나온 공주에 접근한다. 호기심에 찬 공주가 경계심을 풀고 등에 올라타자 쏜살같이 내달려서 바다 건너 크레타 섬으로 들어가 둘 사이에서 미노스 왕을 낳았다. 이러한 전승은 오리엔트에서 바다 건너 크레타 섬으로, 즉 '동에서 서로' 선진 문명이 전파되는 과정을 담고 있는 것으로 보인다. 에게 문명은 메소포타미아 문명이나 이집트 문명보다 약 2~3백 년 정도 늦게 시작된 것으로 추정되는데, 기원전 3000년경부터 시작된 청동기 문명이다. 그런데 문제는 이 시기를 보여 줄 수 있는 문헌기록이 없다는 것이다. 그리스의 경우, 문헌기록은 기원전 8세기의 호메로스의 『일리아드』가 암흑시대를 밝히는 유일한 등불이다. 그래서 에게 문명은 대부분이 (선사)고고학의 영역이다.

현재, 크레타 섬을 여행하게 되면 크노소스에 거대한 궁전이 복원되어 있는 모습을 볼 수 있다. 이 궁전은 아더 이반스(A.Evans)가 발굴하고 복원한 것이다. 사진 자료는 2013년 5월 크레타 대학의 학회에 참석했다가 크노소스 유적을 답사할 때 찍은 사진인데, 사진 속 벽화는 미노스 문명을 상징하는 대표적인 벽화이다. 아마 사제였을 것으로 추측이 되는 한 남자의 모습으로 출토 당시의 모습을 복원

• 폼페이 출토의
에우로페 부조

• 크노소스의 미노스 궁전 벽화

한 것이다. 이 벽화는 넓게 벌어진 어깨, 잘록한 허리, 그리고 원색적인 색감으로 미노스 문명의 특징을 잘 보여 주는 걸작이다. 그런데 자세히 보면 벽화 주변에 콘크리트가 발라져 있다. 그래서 고고학자 아더 이반스가 크노소스의 왕궁을 발견하고 미노스 문명을 세상에 소개한 공적에도 불구하고, 그 복원 기법의 한계 때문에 유적지 훼손('콘크리트 고고학')이란 거친 비판을 받기도 한다. 비판에도 불구하고 벽화 자체는 아주 뛰어나다. 색감 자체도 아주 밝고 원색적이다. 또 벽화 속의 남자를 보면 상당히 영양 상태도 좋아 보이고, 머리를 치장한 모습은 한껏 모양을 내고 멋스럽게 삶을 즐겼던 당시 사람들의 흔적을 엿볼 수 있다. 이 벽화 외에 다른 벽화들에도 수확한 곡식과 잡은 생선들이 풍족하게 그려져 있는데, 이런 모습 역시 미노스 문명이 평화롭고 풍요로웠던 문명임을 생생하게 보여 준다.

에게 문명은 어떤 특징을 지녔을까? 먼저, 그 규모가 작았다는 점을 꼽을 수 있다. 수메르 문명의 지구라트 신전은 크기가 30m밖에 안 되지만 바빌로니아의 지구라트는 60m 정도 된다. 그러나 에게 문명에서는 이 정도 크기의 건축물이 없다. 물론 그리스 반도의 내륙에 상륙한 보다 더 후기의 미케네 문명에서도 그 정도 크기는 나타나지 않는다. 모두 청동기 문명들이다. 그런데, 에게 문명은 그리스 문명일까? 답은 '그렇다'이다. 청동기 문명에서 철기 문명으로 넘어오는 과정에서 그리스 문명에는 이른바 그리스사의 '암흑시대'라 불리는 과도기가 있었다. 대략 기원전 1150년에서 기원전 750년에 이르는 약 4세기 동안으로 이 시기에 그리스 문명이 철기 문명으로 넘어가게 된다. 한편, 앞선 청동기 문명은 암흑시대로 넘어가기 전에 멸망하는데, 바로 미케네 문명의 멸망이다. 그런데 지금도 미노스 문명의 전형적인 건축 형태가 유럽의 많은 궁전이나 유적지에 남아 있다. 건물의 가운데에 중정을 두고 빙 둘러서 건물이 지어있는 건축 형태이다. 이렇게 주거 형태뿐만 아니라 많은 부분에서 그리스 문명에 남아 있는 에게 문명의 흔적을 발견할 수 있다.

한편, 에게 문명을 시대 구분해 본다면 초기, 중기, 후기로 나눌 수 있다. 초기 문명은 에게 해의 섬들을 중심으로 이루어진 평화로운 문명으로 곧 미노스 문명이다. 바다 한가운데 있는 섬이어서 외부의 적이 쳐들어 올 위협도 없기 때문에 성벽을 쌓지 않은 개방적인 문명이다. 또 벽화에서 보듯이 아주 파란색이나 진한 붉은색 같은 매우 원색적인 색감을 많이 사용하고 있다. 또한 아주 평화로운 일상생활의 모습을 주로 벽화에 담고 있어서 미노스 문명이 삶의 여유가 있는, 제법 풍요롭고 평화로운 문명이었음을 짐작할 수 있다.

미케네 문명은 그리스 반도의 내륙에 상륙해서 육지를 중심으로 펼쳐진 문명이다. 독일의 고고학자 하인리히 슐리만(H.Schuliemann)이 발굴하고 호메로스의 『일리아드』에서 따온 이름이다. 청동기 시대의 에게 문명의 후기 국면으로 미케네의 유적지들은 단단하게 잘 지은 성벽들로 둘러싸여 있다. 견고한 성벽들에서 보이는 바와 같이 미케네 문명의 특징은 강하고 호전적이며 폐쇄적이다. 미케네의 무덤을 발굴한 고고학 자료에 따르면 당시 사람들의 키는 평균 175cm 정도라고 한다. 호메로스가 『일리아드』에서 '지상에서 가장 싸움을 잘하는 부족'이라고 묘사하였듯이, 정말 신체 건장한 전사들이 중심이었다. 부장품 역시 전쟁 관련 부장품이 많고, '금이 풍부한 미케네'란 말처럼 황금 마스크와 같은 금 부장품들이 상당히 많이 나오는 것도 미케네 유적의 특징이다. 그리고 유골들은 관절염을 많이 앓았던 것으로 밝혀졌다. 무거운 갑옷투구에 전투 장비를 지닌 채 산악지대를 누빈 사람들, 그들이 미케네 문명의 주역이었던 것이다. 기원전 1450년경에는 미케네 인들이 크레타 섬의 미노스 문명을 정복한 것으로 보인다. 이후 약 300년간은 미케네가 그리스 반도의 내륙과 에게 해의 섬들을 지배하는 전성기였다. 그리고 에게 문명의 사회경제 체제는 상당한 자급자족 체제였던 것으로 보인다. 크노소스 궁전은 방이 1440개에 이르는 거대한 궁전으로 알려져 있는데, 그 지하에 엄청난 미로가 있고 거기에 성인의 키보다 더 큰 항아리들이 수없이 많이 있다. 이것은 곡물을 세금으로 받아서 저장한 다음, 그것을 다시 나누어 주는 일종의 '재분배 경제체제'를 가지고 있었다는 증거이다.

마지막으로 에게 문명의 종말에 관해서는 여러 해석이 있지만, 가장 유명한 것은 이른바 '아틀란티스의 전설'이다. 플라톤이 전하기를 예전에 그리스의 현자 솔론이 이집트에 갔더니 한 사제가 말하기를 아주 옛날에 고도로 발달한 대륙만큼 큰 섬의 문명이 있었는데 어느 날 갑자기 멸망해서 사라져 버렸다고 한다. 기원전 1627년, 오늘날의 산토리니(당시의 테라) 섬에서 화산 폭발이 일어났다. 인류가 문명화 시대로 들어온 이래 최대의 화산 폭발이라고 알려진 이 사건으로 테라 섬은 절반 이상이 하늘로 날아가 버리고 지중해에는 100m가 넘는 해일이 일어나 해변을 덮쳤다고 한다. 아마 이 일이 미노스 문명의 쇠퇴에 영향을 미쳤을지 모른다. 한편, 미케네 문명의 쇠퇴에는 여러 요인이 복합적으로 작용을 한 것으로 보인다. 현재 많이 거론되는 것이 기원전 12세기 '바다 사람들의 침입설'이다. 이것은 성경에도 나오는 이야기인데 그 실체는 아직 모른다. 그런데 히타이트도 그때 멸망을 하고 이집트도 공격을 당하고 미케네 문명 역시 멸망을 하게 되는 시기이므로 아마 이 요인이 미케네 문명의 멸망과 관련이 있었을 것으로 추정된다. 물론 바다 사람들이 어떻게 형성되었는지, 어디에서 왔는지(흑해 연안, 소아시아 또는 레반트 지역) 누구도 알지 못하지만, 한 가지 분명한 것은 당시 지중해에 엄청난 가뭄이 장기적으로 지속되어 대규모의 집단 약탈이 수시로 일어난 상황인 것은 분명하다. 요컨대, 미케네 문명은 기후적 요인과 외부 침입으로 인해 멸망한 것이다.

한편, 이 시기를 보여 줄 수 있는 유일한 문헌적 기록은 호메로스의 『일리아드』이다. 호메로스의 트로이 전쟁은 오랫동안 문학적 허구로 알려져 있었으나, 1871년에 하인리히 슐리만(H.Schliemann)이 소아시아 히살리크 언덕을 발굴하면서 역사적 배경이 있음이 밝혀졌다. 『일리아드』는 구전 서사시 형태로 내용을 전하고 있으므로 약간 과장된 부분이 있다. 작품의 소재가 된 트로이 전쟁은 기원전 1215년경에 일어난 역사적 사실로 보이지만*, 그것을 전하고 있는 작가 호메로스는 그보다 훨씬 후기인 기원전 750년 무렵에 살았던 인물로 추정된다. 그래서 현대의 호메로스 최고 전문가인 핀리(M.I.Finley) 교수는 호메로스의 『일리아드』에 담긴 사회 모습은 트로이 전쟁 당시인 기원전 12세기의 그리스가 아니라, 그보다 훨씬 후기인 기원전 9세기의 그리스 사회라고 주장한다. 이 시기는 '암흑시대'가 끝나가면서 곧 이어 폴리스 문명이 등장하고, 그와 더불어 우리가 아는 고전적인 그리스 문명이 만들어져 가는 시기로 넘어가는 전환기이다.

---

* 히살리크 언덕을 15년동안 발굴한 고고학자인 튀빙겐 대학의 Manfred Korfmann 교수는 2004년의 보고서에서 호머의 일리아드와 기원전 13세기 또는 12세기의 트로이는 고고학적으로 관계 없어 보인다고 말한다.

고대 그리스·로마로의 여행 • • • 1

이야기 하나

'토 헬레니카'를 찾아서

1. 먼저 물어보는 12가지 질문

그리스 문명 문답

1. 그리스 사를 간단히 시대구분 한다면?
2. 암흑기를 벗어나 그리스 역사가 시작되는 것은 언제인가?
3. 고졸기에는 어떤 일들이 있었을까?

여기서는 12개 정도의 주제를 가지고 그리스 문명을 개관을 해 보고자 한다. 첫 번째, 그리스 역사에서 시대 구분은 어떻게 이루어지는가? 일반적으로 역사에서는 시대 구분이 상당히 중요한 의미를 지닌다. 우선 거시적으로 전체를 파악하는 데에는 시대마다 다른 특징들이 중요한 준거가 된다. 그리스 역사는 일반적으로 3시기로 구분된다. 그 기준이 되는 것은 페르시아 전쟁과 알렉산더의 동방원정이다. 그리스의 폴리스 문명이 기원전 750년부터 시작되었다고 본다면, 페르시아 전쟁이 일어난 490년까지를 제1기 고졸기(古拙期, Archaic Age)라고 부른다. 두 번째, 페르시아 전쟁 이후 알렉산더의 동방원정이 일어날 때, 즉 기원전 490년에서 334년까지를 고전기(古典期, Classic Age)라고 부른다. 즉, 기원전 5세기인 이 시기가 그리스 문명의 가장 전성기이다. 세 번째, 알렉산더의 동방원정으로 폴리스 문명과는 다른 새로운 시대가 열리는데 이른바 헬레니즘(Hellenism) 시대이다. 기원전 334년에서 로마가 이집트를 정복한 기원전 30년까지 약 300년간을 헬레니즘 시기로 구분한다.

두 번째, 그리스의 암흑기는 언제이고 이 시기에 무슨 일이 일어났는가? 그리스 문명의 본격적인 역사는 암흑기를 지나면서 시작되었다. 암흑기 동안에 외부의 선진 문물을 받아들여 '폴리스 문명'이 시작된다. 대략 기원전 750년경으로 흔히 8세기 중엽을 가리켜 학자들은 '그리스의 르네상스 시대'라고 부르기도 한다. 이 시기에는 3가지 특징이 나타나는데, 첫 번째는 인구 증가이다. 고고학적인 증거를 보면 무덤 기록들, 특히 무덤 유적이 750년경부터 비행기가 하늘을 날아오르듯이 '도약' 한다. 이 시기에 상당히 급격한 인구 증가가 있었던 것이다. 그와 관련해 가옥의 수가 급격히 늘어난 점 역시 이를 뒷받침한다. 이 시기에 인구가 급격히 증가했다는 사실은 주변 지역과의 교류도 활발해졌을 것이라는 사실을 추정하게 한다. 마지막으로 새로운 정치 단위가 이 사회에 나타나는데, 흔히 도시국가로 번역되는 폴리스(polis)이다. 그래서 그리스 역사의 시작을 기원전 750년경으로 보는 것이 학계의 통설이다. 역사가 중에는 올림픽이 시작되었던 해, 즉 기원전 776년을 그리스 역사의 출발점으로 보기도 한다. 그러나 다수설은 기원전 750년경이다.

세 번째, 고졸기(Archaic age)에는 어떤 일이 일어났는가? 이 시기에 일어난 일들은 (i) 폴리스의 출현 (ii) 식민 활동의 시작 (iii) 중무장 보병 제도의 도입 (iv) 성문법의 제정, 이 4가지로 이야기해 볼 수 있다. 그리스의 새로운 정치 단위로서 폴리스가 출현하고 증가한 인구는 지중해 각처로 해외 식민 활동에 나섰다. 물론 근대의 식민지 활동과는 달리 농경 식민지를 개척한 이주 식민 활동이다. 그 다음으로 일반 농민들이 공동체를 지키기 위해 중무장보병 제도를 도입하였고, 그 결과 전쟁터에서 공동체를 지킨 농민의 정치적 발언권과 정치적 권리도 신장되었다. 그리고 이러한 권리를 보장하기 위한 성문법도 제정되었다. 이런 바탕 위에서 고전기에 페르시아 전쟁을 치른 다음부터 알렉산더가 등장할 때까지 폴리스의 전성기가 나타났다.

그리스 문명 문답

4. 그리스 역사에서 참주정의 역할은?
5. 아테네의 국가 체제와 스파르타의 국가체제는 어떤 점에서 차이가 있는가?

다음 질문은 참주정이란 어떤 정치 형태인가이다. 그리스의 폴리스들은 일반적으로 '왕정–귀족정–민주정'이란 정치 패턴을 보인다. 귀족정에서 민주정으로 넘어가는 중간 단계에 참주정이 나타난다. 참주정이란 말뜻은 티라노스(tyranos), 즉 참주가 지배하는 독재 정치의 한 유형인 지배 형태인데, 아리스토텔레스는 '왕정이 타락한 형태'가 참주정이라 했다. 곧 티라노스란 바실레오스(Basileos)의 왕정이 타락한 형태이다. 바실레오스의 왕정이 합법적·세습적 왕정이라고 한다면, 티라노스의 참주정은 폭력적·비합법적 정치 형태이다. 일반 민중은 귀족정에 불만을 느끼지만 민중의 힘만으로는 귀족정을 타도하기 힘들 때, 그때 민중의 지지를 등에 업고 등장하는 새로운 독재자, 즉 참주가 생기게 된다. 참주의 역할은 귀족정을 타도했다는 점에서 역사 발전에 긍정적 역할을 하지만 그 방식이 폭력적이란 점에서 폐단이 있다. 따라서 참주정이란 친 민중적 정치 개혁을 하는, 그래서 민주정으로 넘어가는 과도기적 정치 형태로 폴리스 문명에서는 자주 나타난다. 대표적 사례로는 아테네의 페이시스라토스의 참주정이 있다.

다섯 번째, 아테네와 스파르타는 어떻게 다른가? 폴리스 전성기의 지중해 연안에는 1,500개 정도의 폴리스가 있었다고 한다. 작은 마을 정도의 폴리스까지 다 합해서 그 정도였겠지만, 모든 폴리스가 아테네나 스파르타처럼 큰 규모는 아니었다. 또한 아테네나 스파르타가 모든 폴리스의 특징을 대표하지도 않는다. 물론 역사책에는 아테네와 스파르타를 많이 다룬다. 이들을 다루는 가장 큰 이유는 가장 강성했을 뿐만 아니라 기록도 많기 때문이다. 게다가 이 두 폴리스가 서로 성격이 다른 특징을 지니고 있다는 점도 현대 역사가들의 관심을 끌었다. 민주정과 왕정, 개방성과 폐쇄성, 농민 중심의 시민 개병제 군대와 직업적 전사 집단 중심의 군국주의적인 국가 형태, 해군 중심의 해양적 성격의 폴리스와 육군 중심의 내륙적 성격의 폴리스 등 모든 점에서 두 폴리스는 매우 다른 성격을 지니고 있었다. 그런데 한 가지 중요한 특징은 이 두 폴리스가 노예의 예속노동에 크게 의존을 했다는 점이다. 아테네의 경우에는 인구의 1/3 정도가 노예로 가재노예제(노예가 재산인 노예제) 중심의 '노예제 사회'였다. 스파르타의 예속노동자인 헬로트(Helote)는 국가에 예속되어 시민이 전쟁을 하고 훈련과 병영 생활을 할 수 있게 경제적으로 부양을 해 주는 역할을 담당했다. 그리고 칼 포퍼(K.Popper)가 지적하였듯이, 그 사회가 개방적인 '열린 사회'인가, 아니면 폐쇄적인 '닫힌 사회'인가도 중요한 의미가 있다. 아테네는 아고라(agora)의 '자유발언대'가 상징하듯이, 비판적 토론이 있는 개방적인 사회였고 스파르타는 아고게(agoge)로 대표되는 폐쇄적인 사회였다.

그리스 문명 문답

6. 아테네 민주정은 어떻게 수립되었는가?
7. 아테네 민주정이 오늘날의 민주정과 다른 점은?
8. 아테네 민주정의 경제적 기반은?
9. 노예제에 대해 알아본다면?

여섯 번째, 아테네 민주정은 어떻게 발전했을까? 이것은 대단히 큰 주제이다. 아테네 민주정은 1789년의 프랑스 대혁명처럼 어느 날 갑자기 혁명이 일어나서 한 사회가 급격히 변화한 그런 모델은 아니고, 무려 100여년에 걸쳐서 서서히, 그리고 천천히 발전한 형태이다. 아테네는 왕정-귀족정-참주정을 거쳐서 민주정으로 발전을 해 갔고, 그 민주정으로 발전해가는 과정에는 대표적인 몇몇 개혁들이 있었다. 기원전 594년의 솔론의 개혁, 502년의 클레이스테네스의 개혁, 460년대의 에피알테스의 개혁과 페리클레스의 개혁이다. 그리고 마침내 페리클레스의 시대에 와서 민주정이 꽃을 피우게 된다. 그 과정은, 혈연 중심의 귀족 정치에서 재산 중심의 솔론의 개혁으로, 그 다음에 데모스 중심의 클레이스테네스의 사회 개편으로 이어지고, 또 급진적인 민주정을 도입한 에피알테스의 개혁을 거쳐, 수당제와 추첨제를 도입한 페리클레스의 개혁으로 이어진다. 이런 과정이 거의 한 세기에 걸쳐서 점진적으로 몇 개의 단계로 이루어진다는 것이 아테네 민주정의 특징이다.

일곱 번째, 아테네 민주정과 현대 민주정의 차이는 무엇인가? 흔히 세 가지가 거론된다. 먼저 대의제 문제이다. 오늘날 민주정은 대부분 대의제이다. 아테네의 경우 추첨으로 관리를 선출하므로 직접 참여에 의한 '직접민주정치'이다. 이는 아주 급진적인 방식이다. 물론 서양 역사에서 대의정치에 의한 대표로 의회를 구성(신분제 의회)하는 것은 13세기 중세에 일어난 일이다. 다음으로 신분과 성별에 따른 참여의 제한이다. 18세 이상의 성년 남자 시민만이 완전한 참정권을 행사하고 여성, 외국인, 노예는 배제되었다. 마지막으로 직업 공무원제가 아니란 점이다. 아테네 민주정은 아마추어리즘을 선호한 정치 형태이다. 추첨에 의해 관리가 선출되므로 직업 관료제가 발달한 것도 아니고 누구나 다 직접 정치에 참여하는 형태였다.

여덟 번째, 아테네 민주정의 경제적 기반은 무엇이었는가? 현대에는 노예제와 제국주의 문제 두 가지를 언급한다. 아테네 민주정은 노예제에 의존했다. 아리스토텔레스는 노예가 노동을 해주므로 시민이 정치를 할 여유가 있었다고 한다. 전성기의 아테네에는 전체 인구의 1/3 정도가 노예였고, 그들이 경제적으로도 중요한 노동을 했다. 또 아테네 민주정이 제국주의에 기생했다는 비판도 살펴보아야 한다. 펠로폰네소스 전쟁사를 쓴 투키디데스(Thucydides) 역시 이런 비판을 가한다. 페리클레스 시대에 활발한 정치 참여가 일어난 경제적인 배경은 수당제, 즉 급료 제도의 도입이었다. 누구나 관리가 되면 하루 4오블루스를, 민회 참석에는 2오블루스의 수당을 받았다. 당시 4오블루스는 숙련 수공업자의 하루 일당에 해당한다. 그러니까 그런 수당을 받으면 일을 하지 않아도 가족 부양이 가능하기 때문에 정치 참여 활동이 가능했던 것이다. 이렇게 아테네 민주정이 꽃을 피우게 되는 데에는 1년에 197탈렌트라는 거금이 필요하다. 이것은 간접세에만 의존하던 당시 아테네 국고로는 감당할 수 없는 돈이었다. 결국 델로스 동맹 기금을 유용한 사실이 숨어 있다. 파르테논 건축도 델로스 동맹 기금의 60%를 유용한 결과라고 한다. 그래서 아테네 민주정은 '제국주의 정책'이라 비판받는다. 요컨대, 아테네 민주정은 직접 참여의 급진적 민주정이었는데, 그것은 성인 남자 시민을 위한 것이었고 노예제와 제국주의에 기생한 결과였다고 할 수 있다.

아홉 번째, 노예제 문제이다. 그리스 로마 사회는 노예제에 의존했다. 전성기의 아테네 인구 가운데 1/3 정도가 노예였다고 한다. 로마는 특히 이탈리아 반도에서 노예 비중이 높았고 로마시는 그 비중이 더욱 컸다. 기원전 1세기 이탈리아 반도는 노예 비중이 40%에 육박하므로 인류 역사상 노예 비중이 가장 높았던 '노예제 사회'였다. 1860년 링컨의 노예해방령 당시, 미국 남부의 노예 인구는 33% 정도로 추정되고, 기원전 5세기 아테네의 상황과 비슷한 정도였다. 폴리스 문명은 노예제에 의존했다고 할 수 있지만, 노예만 노동한 것이 아니고 자유인도 함께 노동을 했다. 결국 폴리스 문명은 노예와 자유인의 공동 협력에 의한 문명이라 할 수 있다. 물론 그리스 로마의 노예제는 오리엔트의 노예제와는 상이하다. 오리엔트의 경우 노예는 토지에 예속된 존재이지만, 그리스 로마의 경우에는 '인간에 예속된 존재'이다. 곧 주인에게 예속된 것이다. 로마 12표법에도 노예란 법적으로 매매의 대상인 주인의 물건, 즉 동산(res)이었다. 아리스토텔레스 역시 노예를 가리켜서 '말하는 가축'이라 하여 그 인격성을 부정했다.

그리스 문명 문답

10. 페르시아 전쟁과 펠로폰네소스 전쟁에 대해 논평한다면?
11. 그리스 종교의 특징은?
12. 그리스의 예술과 문화의 특징은?

열 번째, 전쟁은 폴리스 사회의 변화에 어떻게 작용하였는가? 인류 역사에서 전쟁이 역사 변화의 가장 큰 변수가 된 사례는 바로 고대 문명이다. 페르시아 전쟁, 펠로폰네소스 전쟁, 또 포에니 전쟁은 각각의 사회를 엄청나게 변화시킨다. 역사가 헤로도투스(Herodotus)는 페르시아 전쟁을 '그리스의 민주정 대 페르시아의 전제정의 싸움'이라고 이야기한다. 물론 현대 학자들은 좀 더 냉정하게 동부 지중해에서의 제해권 싸움으로 좀 더 현실적 이유를 보기도 한다. 역사에서 흔히 반복되는 일종의 패권 다툼인 셈이다. 하여튼 당시의 초강대국 페르시아를 작은 나라들인 몇몇 폴리스 연합이 이겼다는 사실은 정말 놀라운 일이다. 그렇기 때문에 그리스 사회는 엄청난 자긍심과 자부심 그리고 사회발전의 계기를 잡게 되지만, 워낙 초강대국과 계속해서 적대 관계를 유지해야 하므로 결국 여러 폴리스들이 힘을 합치는 연합체의 결성이 필요하게 된다. 그것이 델로스 동맹이고 그 중심에 아테네가 있었다. 결국 아테네 번영의 역사적 배경이 된 것이다. 한편, 기원전 431년의 펠로폰네소스 전쟁은 또 다른 모습을 보여 준다. 역사가 투키디데스는 전쟁의 원인을 '아테네의 번영에 대한 스파르타의 질투심' 때문이라고 말한다. 현대 역사가들은 좀 더 냉정한 시각에서 페리클레스 시대의 아테네의 제국주의 정책이 주된 원인이라고 본다. 그런데 전쟁을 계기로 여기에 연루된 폴리스들은 공동 몰락의 길로 가게 된다. 결국 북쪽의 마케도니아에 의해서 폴리스 문명들이 정복당하는 계기를 만든 것도 이 전쟁의 귀결이다. 영국의 역사가 토인비의 말처럼, 이 전쟁은 '폴리스 문명이 쇠퇴하는 시발점'이 되었다. 이렇게 한 전쟁은 폴리스를 발전시키는 계기로, 또 다른 전쟁은 폴리스를 쇠퇴하게 만드는 전환점으로 작용을 하는 모습을 우리는 역사에서 종종 보게 된다.

열한 번째, 그리스에서 신이란 어떤 존재인가? 신화에서 보듯이 그리스인의 종교관은 다른 종교와 상이한 모습을 보인다. 그리스 종교는 일신교가 아니라 다신교라는 특징을 지니고 있다. 또한 그리스 종교에서 나타나는 특징은 로마와도 약간 다른 모습을 보인다. 그리스의 신은 어찌 보면 평범한 신으로, 어떤 초월적인 존재가 아니라 인간보다 약간 더 힘이 세고 약간 더 능력이 있는 정도의 존재이다. 다만 그리스인이 생각하는 신은 인간과 다른 점이 두 가지 있다. 힘이 강하다는 점과 죽지 않는 불사의 존재란 점이다. 이 부분을 빼면 신도 인간처럼 사랑하고 질투하고 갈등하며 또 싸우고 하는 그런 존재일 뿐이다.

그래서 그리스인들은 신의 강한 힘을 빌리기 위해서 어떤 의식을 거행했다. 일종의 종교의식이지만, 그 의식은 로마와 달리 상당히 축제적 성격을 가지고 있다. 우리가 잘 아는 동물들, 즉 양, 염소 등을 바치고 그 보답을 기대한다. 기도 역시 이런 모습으로 나타나지만 종교행사에 항상 빠지지 않는 것이 축제였다. 로마인들은 신에 대한 두려움으로 어떤 경건함이 있었다. 예컨대, 로마의 많은 신전은 대부분 평지에 두지 않고 두세 계단 위에 지어졌다. 신에 대한 두려움과 경외감으로 로마인의 종교 의식이 좀 더 경건했다면, 그리스인의 종교의식은 상당히 축제적 성격을 가지고 있었다. 올림피아 제전, 판아테나 제전, 그리고 많은 희극/비극 경연대회 등, 현재까지 남아 있는 데메테르 축제나, 종교 경연이 발달한 올림픽 경기의 사례들은 신에 대한 그리스인의 인식을 잘 보여 준다. 물론 행사를 하다 보면, 다소 경박해지기도 하고 실수할 수도 있다. 그래서 상당히 조심하려고 했으며 그리스인의 종교 관념에서 불경죄에 대한 인식은 다른 종교보다 더 강했다. 신을 가깝게 느끼지만 신에 대한 불경죄는 설령 실수라 하더라도 용서되지 않았다. 그래서 그리스의 재판에서는 항상 그 첫 구절이 '신을 모독한 것인가', 그러면 '어떤 행동으로 그렇게 하였다' 하는 식으로 시작한다. 소크라테스의 재판에서도 죄명은 '신을 모독하고 젊은이의 정신을 타락시켰다'는 것이었다. 핵심은 젊은이의 정신을 타락시켰다는 부분인데 그 앞에 '신을 모독하고'란 의례적 수사가 항상 붙는다. 그리스인들은 모든 유죄 판결에서 이렇게 신에 대한 불경죄를 지어서는 안 된다는 항목을 붙인 것이다. 사실 불경죄는 개인과 신의 관계라기보다 공동체와 신의 관계에서 발생하는 것이다.

그리스 종교의 또 하나의 특징은 사제 계급이 없다는 점이다. 이집트의 사제들은 사회적으로 매우 우월한 신분이었는데 그리스에는 이런 계급이 없었다. 필요할 경우 관리가 잠깐 사제 역할을 수행하는 정도였다. 막스 베버(Max Weber)는 이런 종교적 특징을 가리켜 "그리스 로마 사회에서는 종교가 세속에 지배되었다"('종교의 세속화')고 지적하였다.

이밖에 다른 특징을 하나 든다면 그리스인은 신도 숭배하지만 영웅도 숭배하였다는 점이다. 아킬레스, 헤라클레스 등 많은 영웅이 신과 인간 사이에서 태어난 존재인데, 그들은 상당히 강한 힘을 가지고 있지만 신과는 달리 결국 죽는 존재였다. 죽어서 영웅으로 숭배되는 것이다. 신이 힘도 강하고 불사의 존재라고 한다면 영웅은 힘은 강하지만 죽는 존재이다. 이렇게 신과 영웅에 대한 숭배가 많이 나타나는 것이 그리스 종교의 특징이다. 그리고 그리스의 예술을 보면 정말 짧은 시기에, 예컨대 기원전 5세기, 한 세기 동안에 고대 그리스에서 일어났는데 이 일들이 이후 인류의 역사에 그토록 오랫동안 영향을 미치고 있다는 사실은 아주 놀랍다. 철학의 소크라테스, 플라톤, 아리스토텔레스, 역사의 헤로도투스, 투기데데스, 크세노폰 그리고 수많은 희극 작품들, 또 사포의 서정시라든가, 히포크라테스의 의학서, 밀로의 비너스의 조각상까지 우리는 얼마나 많은 부분을 고대 그리스인들에게 빚지고 있는 것인가?

2. '토 헬레니카'란 무엇인가?

고대 그리스어로 토 헬레니카(To Hellenica)란 '그리스적인 것'이란 뜻이다. '그리스적인 것'이란 무엇인가? 무엇이 그리스적인 것이란 말인가?

먼저 폴리스에 관해서 살펴보자. 폴리스(pólis)는 그리스어 폴리스(πόλις)의 영어 차음이다. 흔히 폴리스는 도시국가(city-state)로 번역되는데 도시가 하나의 국가를 이루었던 독특한 국가 형태이다. 그래서 규모는 크지 않다. 우리가 흔히 국가의 유형을 도시국가, 지역국가, 제국 등 이렇게 구분한다면 폴리스는 상당히 작은 규모의 국가라 할 수 있고, 고대에 그리스 반도, 소아시아, 에게 해의 섬들, 이탈리아 반도의 남부 및 시실리 섬 등에서 발달하였던 국가 형태였다. 기록상에 폴리스란 단어는 기원전 750년경에 나타난다. 사실 초기 폴리스에는 국가란 개념이 없었고, 국가란 개념이 형성된 시기는 기원전 6세기이다. 즉, 폴리스는 기원전 8세기부터 공동체를 가리키는 개념으로 시작되었지만 기원전 6세기에 와서 국가 개념으로 발전했다고 할 수 있다. 그 수를 보면 대체로 동부 지중해 연안에 약 1,500개 정도의 폴리스가 있었던 것으로 알려져 있다. 플라톤은 폴리스에 대해 지중해에는 '우물가에 개구리가 모여 있는 것처럼' 폴리스가 모여 있다고 비유했는데 아주 재미있는 표현이다. 폴리스의 규모에 대해서는 플라톤은 대충 아크로폴리스의 높은 곳에 섰을 때 '사물을 구별할 수 있을 정도의 범위' 안에 들어오는 것이 폴리스의 적절한 크기라고 했다. 이는 대략 직경 4km 정도 되는, 결코 큰 크기는 아니다. 물론 이보다 더 큰 폴리스도 있었으나 대부분의 폴리스는 인구

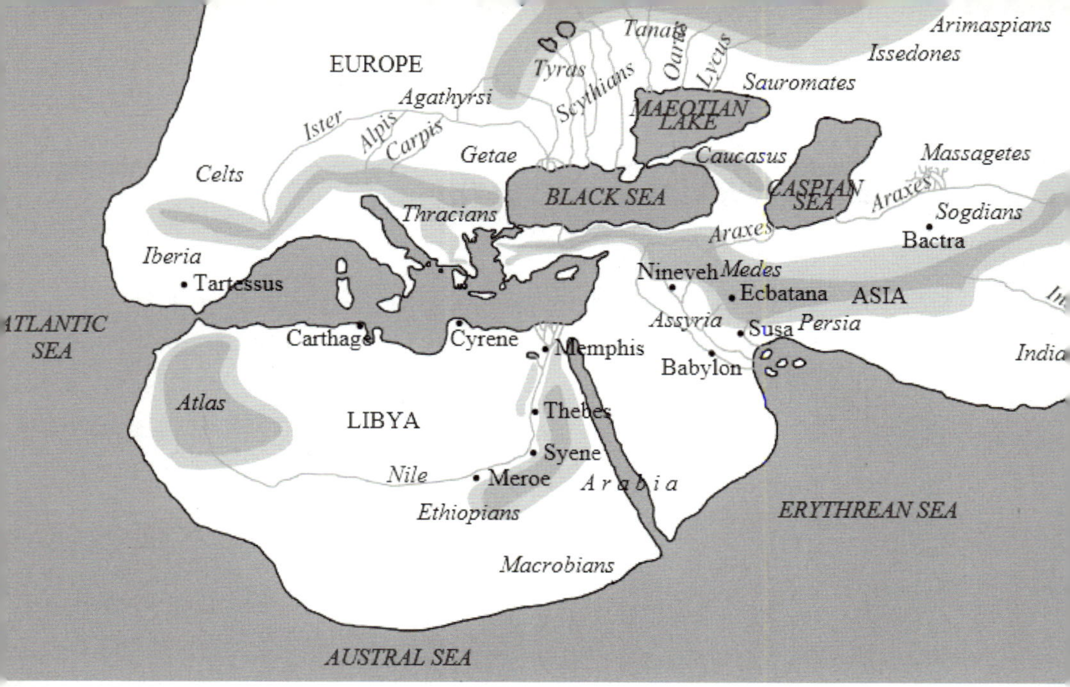

• 헤로도토스의 세계지도

2,000~20,000명 정도 사이였던 것으로 보인다. 물론 아주 예외적으로 아테네의 경우 인구가 20만 명, 최고 전성기에는 34만 명까지 된 경우도 있다. 요컨대, 폴리스는 결코 크지 않았고 인구도 많지 않았던 그런 정도의 규모였다고 할 수 있다. 폴리스의 전형적인 특징은 가운데 높은 구릉지(acro)를 중심으로 주변 평야까지 합쳐서 하나의 공동체를 이루는 모습이다.

폴리스의 특징으로 여러 가지를 거론할 수 있겠지만, 키토(Kitto) 교수는 그리스인의 '생활공동체'라고 규정한 적이 있다. 키토의 지적처럼 폴리스는 그리스인들의 생활공동체였다. 아리스토텔레스도 폴리스의 특징은 두 가지, 즉 이소노미아(isonomia)가 실현되고 아우타르케이아(autarkeia)가 이루어지는 것이라고 말했다. 이소노미아는 오늘날로 이야기하면 '정치적 평등'을 말한다. 모든 사람들이 다 정치에 참여하는 것, 참정권을 행사하는 것이다. 그리고 아루타르케이아란 경제적으로 '자급자족'하는 것, 다시 말해 경제적으로 자급자족하는 도시로서 정치공동체가 실현되는 것이 진정한 폴리스라고 보았다. 로마도 도시국가에서 제국으로 발전을 하였지만 흔히 도시국가라 하면 그것이 운영되는 정치적 원리가 있다. 예컨대, 도시국가에서는 흔히 3기구, 즉 사람들이 전체가 다 모이는 모임으로서 민회, 1년 임기의 선출직 관리들, 원로원과 같은 상임위원회들로 정치가 이루어진다. 이것을 베를린 대학의 로마사 교수를 지낸 알렉산더 데만트는 '도시국가의 운영 원리'라고 부른다.

그리고 아리스토텔레스의 설명에 따르면, 이소노미아가 잘 실현된 정치 형태가 바로 민주정이다. 아테네에서 민주정이 가장 전형적으로 발달한 것은 기원전 5세기였다. 그렇지만 기원전 6세기부터 아테네의 기록에는 '민주정 정치가들', '민주정적인 사람' 등 이런 표현이 등장한다. 민주정이라는 개념이 서서히 형성되고 그것이 하나의 정치 형태로 모습을 드러낸 것은 기원전 5세기라고 할 수 있다. 그것을 교과서적으로 이야기한다면 기원전 502년의 클레이스테네스의 개혁으로 민주정은 제도적으로 완성되었다. 그렇지만 제도만으로 항상 운영이 잘 되는 것은 아니다. 그것을 잘 운영한 사람이 페리클레스였다. 그의 시대에 아테네 민주정이 황금시대를 맞게 된다. 아리스토텔레스는『정치학』에서 그리스의 정치형태에 대해 군주정-귀족정-민주정으로 발전했다고 하면서 3가지 정치 유형을 언급했다. 아테네에서 민주정이 발달한 것은 기원전 480년 페르시아 전쟁 이후이다. 그때부터 431년 펠로폰네소스 전쟁이 일어날 때까지 전성기를 구가했다고 할 수 있다. 아테네 민주정의 전성기는 약 50년 정도인데 그것을 주도한 페리클레스의 시대가 아테네 민주정의 전성기라고 할 수 있다.

한편, 아테네 민주정의 발달 과정을 다루는 문제는 큰 주제이다. 간단히 이야기한다면 솔론의 타협적인 개혁을 거쳐서 클레이스테네스의 제도적 완성을 이루고 그것이 페리클레스 시대에 잘 운영되었다고 할 수 있다. 솔론의 개혁은 정치에 참여하지 못하던 사람들을 정치에 끌어들인 것이다. 재산 정도에 따라서 투표권을 주는 '금권정치'를 도입했다. 재산에 따른 참정권 행사는 당연히 한계가 있었다. 그래서 모든 사람이 다 참여하는 정치 형태로 오픈한 것이 클레이스테네스의 개혁이다. 클레이테네스는 추첨에 의한 관리 선출을 도입하였으니, 정말 급진적인 정치 형태를 도입한 셈이다. 현대 어느 사회도 이런 정치 형태를 유지하는 사례는 없다. 현대와 고대의 민주정의 중요한 차이는 대의제이냐 아니면 직접 참여이냐 하는 것이라고 할 수 있지만 급진적 정치 형태란 점에서도 차별화된다. 그리고 그것이 페리클레스 시대에 상당히 잘 운영이 되었다는 점도 주목해야 한다. 추첨에 의해 관리로 선출되어도 생계 문제 때문에 일을 할 수 없는 계층도 있다. 페리클레스는 이 문제를 해결하기 위해서 수당제를 도입했다. 이는 모든 계층의 정치 참여를 효율적으로 이끌어낸 수단이었다.

그러나 아테네 민주정 역시 한계성을 지니고 있었다. 가장 중요한 것은 성년 남자 시민만이 정치에 참여했다는 사실이다. 아테네 민주정은 성년 남자 시민의 직접 민주정치였다. 당시 성년 남자 시민은 총 인구 30만 중에서 약 4만 정도였으니 소수의 사람만이 정치에 직접 참여한 것이다. 총 인구의 1/3 정도에 해당했을 여성과 외국인도 제외되었다. 또 10만 명 정도의 노예 인구 역시 소외되었다. 결국 '성년 남자 시민의 직접 민주정치', 이것이 아테네 민주정의 특징이자 한계였다.

그리고 노예제에 의존했다는 점 역시 아테네 민주정과 관련하여 많이 논의되는 사항이다. 예컨대, 아리스토텔레스의 말처럼 "노예가 노동을 해 주기 때문에 자유 시민이 정치를 할 여유가 있었다"는 것이다. 분명히 노예 노동에 의존한 부분이 크다. 여기에 더해 제국주의 문제도 현대에 많이 논의된다. 예컨대, 페리클레스가 도입한 수당제의 재원 문제이다. 고대 아테네 사회는 오늘날과 같은 조세 제도가 잘 발달하지 않았다. 간접세에만 의존하는 국가 재정이었기 때문에 재원이 아주 취약했다. 결국 수당을 지급하기 위한 재원이 델로스 동맹의 기금이 유용된 것이란 주장이다. 즉, 동맹의 공금을 빼서 자신의 정치적 기반이 된 관리의 수당을 지급했다는 것이다. 역사가 투키디데스도 이를 아주 비도덕적이고 폭력적이라고 비판했다. 그뿐만 아니라 현대 학자들 역시 제국주의 정책이라 비판한다. 바로 아테네 민주정의 또 다른 한계는 '노예제와 제국주의에 기생했다'는 점이다.

그렇다면 그리스인이 생각했던 '그리스적인 것'이란 것은 과연 무엇일까? 즉, 토 헬레니카란 무엇을 가리키는가? 그것은 아마 '그리스적 정신'이란 무엇이냐는 질문과 같을 것이다. 몇몇 키워드를 살펴보자. 먼저 아레테(arete)이다. 아레테란 그리스인들이 생각하기에 '뛰어나거나' '탁월한 것'이다. 예컨대, '저 나무에 아레테가 있다, 저 달리기 선수에게 아레테가 있다' 이런 식으로 말한다. 누구의 아레테, 무엇의 아레테 이런 식이다. 그래서 아레테란 가장 뛰어난 속성이나 성격 또는 자질 등을 가리킨다. 아마 우리말의 탁월함, 뛰어남과 가까운 말일 것이다. 그런데 문제는 이렇게 아레테를 강조하다 보니 아테네 사회는 결국 경쟁과 최고만을 추구하는 사회가 된다. 올림픽 경기에서도 1등만 상을 주지 2등부터는 상이 없었다. 당시의 기록을 보면 2등부터는 귀가 시 사람들을 피하기 위해서 골목길로 돌아갔다고 한다. 정말 최고만을 추구한 완벽주의는 한 사회를 경쟁적으로 만드는 한계가 있다. 예컨대, 아테네와 로마는 여러 점에서 흔히 잘 비교된다. 아레테에 해당하는 로마식 덕성이 비르투스(virtus)였는데 그것은 '공동체에 헌신하는 열정'이었다. 로마에서는 한 개인의 우수성 보다 공동체 전체의 발전을 위해서 각 개인이 헌신하는 태도를 강조했다. 그것이 로마가 '세계 제국'을 이룬 비밀이 아닐까?

두 번째 키워드는 호모이오이(homoioi)이다. 호모이오이는 일종의 평등주의이다. 호모이오이가 가장 대표적으로 나타나는 것이 스파르타이다. 스파르타인들은 모두 똑같이 군대에 가야 하고 똑같이 먹고 똑같이 자야 하고 똑같이 생활하고 똑같이 정치적 권리도 행사해야 한다는 생각이다. 극단적 평등주의이다. 예를 들면, 아고게(agoge) 제도이다. 아고게 제도는 우리가 잘 알고 있듯이 7세가 되면 함께 기숙 생활을 시작하고 함께 훈련받고 함께 생활하는 것이다. 이런 집단생활과 극단의 평등주의는 한편으로는 공동체 의식을 강화하는 장점이 있다. 반면에 외부자에 대한 배타적, 적대적 인식도 키우게 된다. 예컨대 폴리스 밖의 다른 집단을 가리키는 말인 '바르바로이(barbaroi)'는 야만족, 이방인이란 뜻을 지니고 있는데, 단지 자기네 말을 못하고 "바바바바바…." 거린다고 하는 말투에서 유래한 것이다. 그렇게 말하는 사람이란 뜻의 바르바로이에서 야만족이란 의미가 파생된다. 이렇게 호모이오이는 공동체 의식의 발달과 타인에 대한 배타성을 동시에 보여 주는 이중적 의미를 지닌다.

세 번째는 이소노미아(isonomia)이다. 아리스토텔레스가 폴리스는 이소노미아가 실현되고 아우타르케이아가 실현되어야 한다고 언급했는데 바로 이 이소노미아는 '정치적 권리에서 평등'을 말한다. 페리클레스에 의해 아테네에서 추첨에 의해서 관리를 뽑는 급진적 민주정이 발달한 것을 정말 전형적인 사례라고 이야기할 수 있다. 오늘날 '법 앞의 평등'이라는 개념도 이소노미아에서 시작한 것이다. 그래서 이소노미아는 정치적으로 평등한 권리를 가져야 한다는 생각이다. 그에 비한다면 스파르타의 호모이오이는 생활도 평등해야 한다고 생각하므로 훨씬 더 극단적인 평등이라고 할 수 있다.

네 번째는 디케(dike)이다. 디케는 '정의'라고 번역된다. 그런데 디케는 오늘날의 정의 개념과는 약간 다르다. 라틴어의 justitia나 영어의 justice가 모두 디케를 어원으로 하지만, 오늘날의 정의 개념과는 다르다. 예컨대, 계층 간의 불평등을 해소한 정의란 개념은 없다. 고대 아테네에서는 계층 간의 불평등에 대해서는 관심이 없었기 때문이다. "자신의 신분에서 자신의 업무에 전념하는 것, 그러면 정의가 실현된다." 소크라테스도 그렇게 이야기했다. 즉, 당시의 정의는 신분적 평등 개념이 아니었다. 이것이 그리스인의 디케이므로 오늘날의 불평등 문제와는 관계가 없었다.

다섯 번째는 테오스(theos), 즉 라틴어로는 데우스(deus)이다. 테오스는 신, 즉 god이라고 번역된다. 그리스의 신 관념은 일신교의 신에 대한 관념과는 달리 구원의 믿음이 없다. 신의 존재가 구원을 얻으려고 하는 신앙의 대상이 아니었기 때문이다. 그리스인이 생각한 신은 단지 뛰어난 존재, 특히 인간보다 뛰어난 존재였다. 그가 가진 힘이 뛰어나다든지, 그가 가진 아름다움이 뛰어나다든지, 아니면 죽지 않는 불멸의 존재라든지, 하여튼 인간과는 다른 어떤 뛰어난 속성을 가진 존재를 그리스인들은 신이라고 표현했다. 사실 그리스인이 생각한 데우스란, 스스로 설명할 수 없거나 이해할 수 없는 어떤 자연 현상을 표현하는 심리 상태이기도 했다. 그것은 인간보다 탁월한 능력이나 재능 또는 기능을 가리키는 용어였다고 할 수 있다.

여섯 번째, 그리스인은 영웅 '아킬레스의 환영'에 시달렸다. 즉 아킬레스를 영웅의 롤 모델로 생각했다고 할 수 있다. 아킬레스는 호메로스의 작품『일리아드』의 주인공이다. 그래서 아킬레스를 닮으려고 하고 아킬레스와 같은 [불멸의] 명예를 추구하는 것, 이것이 그리스인들에게는 하나의 이상형이었다. 유명한 '테르모필레의 300인 전사', 즉 페르시아의 대군을 막으려고 테르모필레의 협곡을 죽음으로 지키다가 전사한 스파르타 군인들의 모습에서도 현실의 실리보다는 긍지와 명예를 추구했던 그리스인의 전형을 볼 수 있다. 올림픽 경기도 최고의 명예를 추구한 것이다. 올림픽은 우승자만을 위한 경쟁이었다. 그래서 당시의 올림픽에는 오늘날과 같은 올림픽 정신은 없었다. 올림픽 경기 역시 바로 아킬레스와 같은 명예욕에 대한 추구였고,『일리아드』에서 보여 주듯이 그리스인이라면 으레 가지고 있던 생각이었다.

일곱 번째는 판타 레이(panta rhei), 즉 '모든 것은 변한다'이다. 이는 철학자 헤라클레이토스의 말이다. "세상에 모든 만물은 유전한다." "모든 것은 변한다." "누구도 똑같은 물에 발을 두 번 담글 수는 없다." 이와 같이 어떤 변화를 생각하는 것이 분명 그리스적인 생각이었다고 할 수 있다.

여기까지 그리스 문명을 이해하기 위한 몇 가지 키워드를 중점적으로 살펴보았다. 그 중 하나는 폴리스이고, 다른 하나는 토 헬레니카이다. 여기서 간략히 정리를 해 본다면 폴리스란 그리스인의 '생활공동체'였고, 토 헬레니카란 '그리스적 정신'을 가리키는 것이다. 그리스적 정신이란 경쟁을 추구하고 최고가 되려고 하며 또 자신의 직분에 충실하면서 정치적 권리는 함께 나누어 갖는, 즉 형이상학적 이상을 추구하고 영웅적 명예도 찾으려고 하는 것이라고 할 수 있다. 이것이 바로 토 헬레니카, 즉 그리스인의 생각이자 삶에 대한 태도이다. 그러므로 아레테와 더불어 토 헬레니카는 고대 그리인을 이해하는 중요한 키워드라 할 수 있다.

3. 파르테논에서 보게 되는 것들

그리스, 특히 아테네 하면 꼭 한 번 가 보고 싶은 곳이 있다. 바로 파르테논이다. 런던의 대영 박물관에 가면 파르테논의 대리석을 보고 그 사실적인 모습에 놀라기도 하는데 실제로 파르테논에, 또 아크로폴리스의 언덕에 올라가 보면 또 다른 감흥을 느끼게 된다.

파르테논은 아테네 여신을 모시기 위해서 페리클레스 시대에 지었는데, 아테네 문명의 전성기를 기념하기 위한 건물이었다. 당시만큼의 모습은 아니지만 지금도 당시의 흔적은 찾아볼 수 있다. 또 아테네의 중심에 있기 때문에 아크로폴리스에 올라가면 아테네 시가 한눈에 들어와 색다른 장관을 볼 수 있다. 또 그 주변의 유적들, 파르테논이 있는 아크로폴리스의 언덕을 마주보고 있는 또 다른 돌산인 아레오파고스 언덕과 내려오는 비탈길에 넓게 펼쳐진 아고라 광장도 빼놓을 수 없는 곳이다. 아고라에서 사람들이 모여서 물건도 팔고 민회도 열고 재판도 하고 했던 고대의 모습을 상상해 보면, 파르테논을 여행하는 기쁨을 제대로 만끽하고 폴리스 문명의 모습을 정말 생생하게 볼 수 있다.

아테네가 있는 동부 지중해의 지도를 잠깐 보면, 에게 해를 중심으로 많은 섬들이 있고 크레타 섬까지 다 합쳐서 키크라테스 군도라고 불리는 것을 알 수 있다. 오른편에는 소아시아가, 왼편에는 아티카 반도의 아테네가 보인다. 경비행기를 타고 이집트로 가다 보면 아테네에서 크레타 섬까지 1시간 걸린다. 거기서부터 1시간을 더 가야 이집트의 카이로에 도착한다. 요즘은 구글 지도가 워낙 발달해 비행기에서 내려다보는 실제 지형과 구글 지도의 모습이 너무 똑같아서 놀라울 정도이다.

2013년 5월 파르테논에 올라갔을 때의 일이다. 아크로폴리스의 언덕길을 올라 파르테논까지 가는데 햇빛이 너무 강해서 중간중간 그늘을 찾아 햇빛을 피하기도 하고 잠시 쉬어가기도 하면서 올라갔다. 많은 관광객들이 햇빛을 피해 신전 그늘에서 쉬고 있는 모습도 여행길의 추억이었다. 당시에도 파르테논은 복원 공사하기에 바

• 아레오파고스 언덕에서 본 아크로폴리스

쁜 모습이었다. 1970년대 후반부터 유네스코의 지원을 받아서 파르테논을 복원했다. 40년이 넘었는데도 아직 공사 중이다. 파르테논은 열주식 기둥으로 지은 신전이다. 원래 작은 신전이 있었는데 기원전 480년 페르시아 전쟁 때 불타고 파괴되어 페리클레스 때 15년에 걸쳐서 당시 지중해 세계 최고의 장인이었던 페이디아스를 중심으로 아테나 여신을 모시기 위해 새로 지은 신전이다. 신전의 기둥은 아주 독특한 건축물로 원반처럼 생긴 기둥을 도넛처럼 쌓아 올리고 가운데에는 철심을 박아 만든 돌기둥이다. 열주식 기둥이고 착시 효과를 이용하기 위해서 가운데 부분은 약간 불룩하게 만든 엔타시스 기둥이다. 신전 복구 공사에는 많은 크레인이 동원되어 있는데 신전 뒤편 절벽 언덕 아래에서부터 크레인으로 돌을 끌어올린 다음, 레일에 실어서 이동한다. 지금도 정상으로 돌을 올리는 것이 이렇게 힘든데 옛날에는 어떻게 올렸을까 상상해 보는 것도 참 재미있다. 파르테논의 건설은 아테네의 영광을 구현하기 위한 페리클레스 당시의 국가 프로젝트였다.

파르테논 반대편 절벽 밑에 파르테논 박물관이 있다. 2013년 5월 무렵이었으니 개장한 지 얼마 안 된 시기이다. 2008년에 파르테논에 갔을 때는 이 박물관이 아크로폴리스 정상에, 파르테논 신전 옆에 있었는데 절벽 아래로 이전했다. 새로 지은 박물관은 미국의 스미스소니언 박물관처럼 밖에서 보이는 투명한 구조로 아주 멋지게 잘 지어졌다. 혹시 파르테논에 가게 된다면 이 박물관에 방문하기를 추천한다. 파르테논의 유물은 이곳에 다 옮겨져 있다. 폼페이에 가면 나폴리 박물관을 가 봐야 하는 것처럼 파르테논 박물관에는 아크로폴리스의 파르테논 신전과 함께 많은 부조나 조각 출토품이 전시되어 있어 볼거리들이 풍부하다.

파르테논 박물관 1층에는 아크로폴리스를 연대별로 복원한 모형들이 있다. 기원전 480년 크세르크세스가 아테네를 공격했을 때 역사가 헤로도투스가 너무 놀라 500만이 쳐들어왔다고 했는데 현대 역사가들은 그 규모가 1/10도 안 되는 정도라고 추정한다. 페르시아인들이 아크로폴리스를 함락하고, 신전을 파괴하고 불을 질렀다. 현재 파르테논은 1차 대전 때 파괴된 모습으로 남아 있고 주변의 디오니소스 극장이나 제우스 신전 역시 파괴된 터만 남아 있다.

오른 편의 모형은 기원전 480년 페리클레스 시대의 아크로폴리스 모습이다. 페리클레스 시대 때는 올라가는 입구가 직선 경사로로 바로 올라갔지만 지금은 옆으로 빙 돌아서 올라가도록 되어 있고 내려올 때올라갔던 것으로 보인다. 사진의 파르테논 맞은편 앞쪽에 있

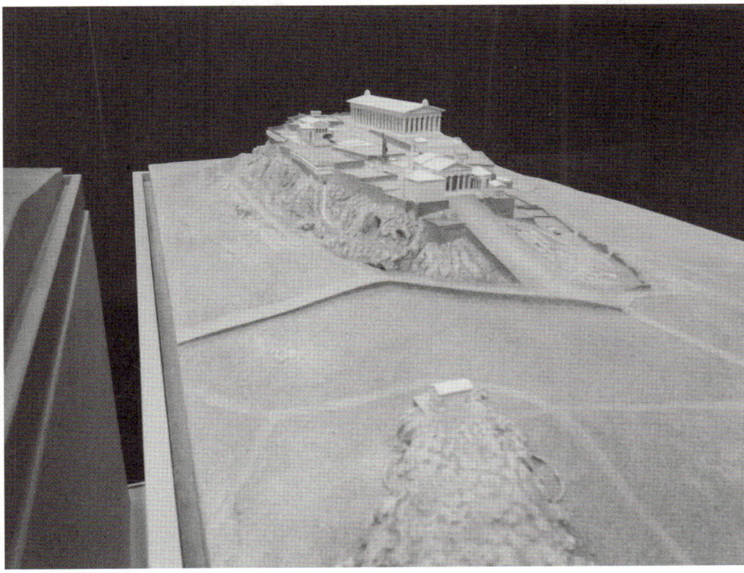

• 페리클레스 시대의 아크로폴리스와 아레오파고스 언덕

• 아테나 여신과 포세이돈

는 것이 아레오파고스 돌산이다. 여기에서 귀족들이 원로원 회의를 했고 당시 형사 범죄에 대한 사형을 집행했다. 절벽 돌산에서 등을 떠밀어 버리면 떨어져서 그대로 즉사했다. 로마도 카피톨 언덕의 절벽에서 그렇게 했다. 바로 그 아레오파고스 언덕인데 중세에는 여기에 교회도 지었는데 지금은 다 철거 하고 현재는 건물이 없다. 대신 지금은 많은 사람들이 돌산에 올라가서 바닥이 아주 미끄럽다. 반들반들한 대리석 돌산이 된 것이다. 거기서 보면 아크로폴리스가 멀리 잘 보이고 파르테논도 잘 보인다. 파르테논의 맨 왼쪽에 있는 것이 에렉테이온 신전이다. 원래 이곳에 있던 아테네 여신을 파르테논을 크게 지어 그곳으로 옮긴 것이다. 아레오파고스 언덕이 귀족정치의 중심이었다고 한다면 파르테논이 있는 아크로폴리스는 시민들, 즉 민주정치의 상징이다. 이 두 언덕 사이에 아고라 광장이 계곡을 따라 펼쳐지는 것이 아크로폴리스를 중심으로 한 아테네 도시 구역의 모습이다.

앞의 사진은 아테나 여신과 포세이돈이다. 아테나 여신과 포세이돈 조각상은 아테네 고고학 박물관 소장품이다. 아테네 폴리스의 수호신인 아테나를 모시기 위해 파르테논을 지었다. 페리클레스 시대에는 파르테논 신전 한가운데에 12m 높이의 여신상이 우뚝 서 있었다고 한다. 신전의 한쪽 삼각형 지붕의 페디먼트를 보면, 가운데 부조에서 포세이돈과 아테나가 싸우는 장면이 조각되어 있다. 도시의 수호신 자리를 놓고 둘이 싸웠다는 신화를 재현한 것이다. 부조들은 현재 대영 박물관에 소장되어 있지만, 조각의 의미는 아테나 여신을 기념하는 것이기도 하고 또 아테네인의 정체성을 확인하는 장면이기도 하다. 아테나 여신의 뒤쪽으로 많은 조각상들이 아테네인의 정체성을 상징하는 조각들로 채워져 있다. 그래서 파르테논은 한편으로는 아테나 여신을 섬기는 장소이기도 하지만 또 다른 한편으로는 아테네인이란 누구인가 하는 자신의 정체성을 확인하는 장소이기도 하다. 한편 도자기에도 아테나와 포세이돈이 경쟁하는 모습이 그려져 있다. 도시의 수호신 자리를 놓고 다툴 때 포세이돈은 삼지창으로 아크로폴리스의 땅을 쿡 내려찍으며 자신을 수호신으로 섬기면 아테네에 샘물이 샘솟게 해 주겠다고 약속한다. 한편, 아테나 여신은 올리브 나무를 심어서 올리브를 키울 수 있게 해 주겠다고 약속하자, 아테네인들은 올리브 나무를 선택했다는 신화의 내용들이 그려져 있다. 그래서 파르테논에 올라가면, 에렉테이온 신전 앞에 지금도 성스러운 올리브 나무 한 그루가 우뚝 서있다.

파르테논의 조각상들은 현재 대부분이 대영박물관에 소장되어 있다. 19세기 영국의 귀족 엘긴이 가져간 '엘긴 마블스'이다. 1990년대 초에는 이 엘긴 룸에서 사진을 못 찍게 했는데 2000년대에는 관광수입 때문인지, 엘긴 룸의 사진 촬영이 허락되었다. 사진이나 동영상 속에 보이는 파르테논 말 조각상들은 실제 포효하는 것처럼 아주 생동감 있다. 정말 숨찬 말의 코에서 힘찬 콧바람이 막 나오는 듯하다. 여신들이 입고 있는 옷의 주름도 아주 사실적이다. 조각상의 아주 사실적인 모습은 돌로 빚은 것이 맞는지 의심케 만든다. 지중해의 많은 유적들은 그리스의 조각상들을 포함해서 돌 조각의 섬세함이 정말 감탄을 자아낸다. 경주에 가보면 신라 금관의 하늘하늘한 영락이 정말 놀라운데 사실 이런 금세공 작품은 지중해의 어느 유물에서도 그만한 솜씨를 구경하기 힘들다. 그런데 대리석 조각만큼은 그리스인들만한 솜씨가 세계 어디에도 없다. 로마인들이 모조품

• 로만아고라와 아크로폴리스

을 만들었어도 대부분 노예가 조각을 했기 때문에 그리스 장인들처럼 생생하고 사실적이면서 창의적인 작품은 거의 없다. 정말 파르테논의 대리석조각은 인류의 중요한 유산이고, 그리스 문명의 절정기를 상징하는 것이다.

사진에는 아고라를 건너서 멀리 아크로폴리스가 보인다. 아크로폴리스 언덕 위의 에렉테이온 신전도 작게 보인다. 그 왼쪽 편에 파르테논 신전의 모습도 보인다. 사진의 앞쪽으로 언덕에서 내려오는 길에 관광 기념품을 파는 건물들이 쭉 있고 철책 뒤편이 아고라이다. 이것은 로마 지배 시대의 아고라(agora)를 복원한 모습이다. 이곳은 말 그대로 광장이다. 고대에는 사람들이 모여서 물건을 사고파는 시장이 서기도 했고 또 만남과 교류의 장소이면서 재판도 열리는 법정과 민회의 장소이기도 했다. 사진의 앞쪽으로는 또 하나의 언덕이 있다. 언덕 위에는 현재 관광객들을 위한 피자가게들이 있는데, 이 두 계곡 사이에 아고라가 펼쳐진 것이다. 그러니 아테네의 아고라 공간은 그리 넓지 않았다. 현대 학자들도 1만 명 이상이 모이기는 힘들었을 것으로 본다. 이것이 아테네 민주정의 한계를 보여 주는 증거이다. 페리클레스 시대의 전성기 아테네는 인구 34만인 도시국가였는데, 직접 민주정치를 실시한 이 사회에서 민회가 열릴 수 있는 공간으로는 아고라밖에 없었으니, 결국 정치 참여 문제에서 직접 민주정치가 얼마나 한계가 있었는지를 충분히 엿볼 수 있다. 대신 아고라는 그 공간이 지닌 의미만으로도 오늘날의 역사학에 스스로 말을 하고 있는 셈이다.

지금까지 파르테논의 공간과 유적을 살펴보았는데 유튜브 등 웹사이트에 상당히 잘 만들어진 동영상이나 여행기 등이 올라와 있다. 특히 영어로 아크로폴리스를 검색하면, 좋은 동영상들을 많이 찾을 수 있다. 아크로폴리스, 파르테논, 아레오파고스 언덕, 그리고 아고라 등 고대 그리스를 눈으로 보고 3D 영상으로 체험하면서 마음으로 느낄 수 있는 좋은 시대가 된 것 같다.

4. 폴리스 문명이 이룬 것과 남겨진 과제

소크라테스의 재판에 대해 한 번쯤 들어보았을 것이다. 이번에는 소크라테스의 재판과 죽음을 통해 당시 아테네의 상황이 도대체 어떠하였기에 그런 일이 일어났는지를 살펴보겠다. 무엇이 소크라테스를 죽음으로 내몰았고 그의 죽음은 공동체에 어떤 의미를 지닌 것이었을까?

기원전 399년의 아테네의 상황은 플라톤의 '대화편'에 많이 남아 있고, 또 소크라테스의 죽음 장면은 프랑스 화가 다비드(Jacques-Louis David)가 영웅적으로 묘사한 바 있다. 이 사진은 다비드가 그린「소크라테스의 죽음」이다. 새벽에 간수가 독약을 가지고 와서 소크라테스에게 주자, 소크라테스가 한 손을 내밀어 받으면서 친구와 대화를 나누는 그런 장면이다. 오른 편의 친구나 친척들, 왼쪽 구석의 소크라테스의 아내가 어린 아들을 데리고 감옥을 빠져 나가는 뒷모습, 전체적으로 슬픔에 잠긴 그런 분위기의 모습이다. 친구 크리톤이 소크라테스의 무릎에 손을 얹고 말한다. "여보게 친구, 자네 나이도 많고 나이 어린 아이도 있지 않는가. 새벽이 되면 간수가 독약을 가지고 올 터이니 지금 밤중에 도망을 가는 게 어떻겠는가?" 플라톤의 '대화편'에 나오는 한 장면이다.

그러자 소크라테스가 말한다. "아닐세. 나는 죽음을 두려워하지 않는다네. 여기서도 그랬듯이 천국에 가서도 오르페우스를 만나서 진리가 무엇인지를 나는 논할 것이야." 독약을 건네는 간수조차도 너무 안타깝고 참혹해서 아주 비통한 모습으로 그려진 이 작품에

• 다비드의 '소크라테스의 죽음'

서 정작 소크라테스 자신은 마치 순교자의 모습으로 승화되어 있다. 이런 작품이 나타나게 된 이유는 혁명으로 가는 프랑스 사회의 변혁기의 모습이 반영되어 있다는 것이 현대의 대부분의 평론가들의 해석이다. 과연 다비드의 작품이 '소크라테스의 죽음'의 역사적 의미를 함축적으로 잘 압축하고 있는 것일까?

다비드의 다른 작품으로 「마라의 죽음」이 있다. 프랑스 혁명기에 많은 글을 써서 혁명을 전파하고 확산하려고 했던 마라의 죽음의 순간을 그린 그림이다. 역시 순교자의 모습으로 그려져 있다. 자, 이제 기원전 399년의 재판의 내용으로 들어가 보자. 당시 소크라테스는 고소를 당했고 1차 재판에서 유죄 판결을 받았다. 501명 배심원 중,

1차 판결에서 281명이 유죄 판결을 내렸다. 이렇게 유죄 판결을 받았을 때, 당사자가 죄를 인정하고 선처를 요구하면 대부분 추방형을 당한다. 그런데 소크라테스는 "나는 잘못한 게 하나도 없다", "나는 유죄가 아니다" 이렇게 강력하게 항변한다. 결국 2차 재판에서 배심원들이 더 강경한 입장으로 많이 돌아섰고, 그 결과 361 대 140으로 소크라테스의 사형 판결이 내려진다. 어떻게 보면 격정적이고 감정적인 판결에 휩쓸린 당시 아테네 배심원들의 모습을 엿볼 수 있다. 그렇다면 무엇이 평균 수명이 18세밖에 안 되는 당시 아테네 사회에서, 70이 넘은 노인에게 이렇게 극단적인 사형 판결을 내리게 만들었을까? 사실 소크라테스보다 더한 국가반역죄의 경우에도 아테네에서는 대부분 10년간 국외 추방이란 판결이 흔히 내려지는데, 그런 점에서 보면 이 재판은 매우 특이한 재판이었다. 판결의 죄목은 '신을 모독하고 젊은이들의 정신을 타락시켰다'는 것이다. 그런데 신의 모독 부분은 모든 판결에 다 들어가는 형식적인 표현이라고 본다면, 진정한 판결 이유는 '젊은이들의 정신을 타락시켰다'는 것이다. 그렇다면 젊은이들의 정신을 타락시켰다는 것은 무슨 말인가?

플라톤은 『대화편』에서 스승인 소크라테스가 억울한 누명을 썼다고 말한다. 그 억울하다는 내용은 도대체 어떤 내용일까? 과연 진실은 무엇일까? 기원전 399년의 아테네의 상황을 잠깐 살펴보면 우선 두 가지 현상이 눈에 띈다. 하나는 아테네 사회에 새로운 변화가 나타났다는 것이다. 기원전 8세기경, 750년 이후부터 폴리스라는 공동체 중심의 그리스인의 '생활공동체'가 나타난다. 초창기 폴리스는 상당히 배타적이고 폐쇄적인 공동체 사회였다. 그런데 몇 세기가 흐르자 주변 지역과의 교류도 많아지고 다양한 직업적 분화도 생기다 보니 새로운 사회 변화를 요구하는 상황이 나타나게 되었다. 사실 소크라테스가 젊은 시절에 이탈리아에서 온 아주 유명한 철학자가 있었다. 바로 고르기아스이다. 고르기아스가 온다는 이야기에 청년 소크라테스도 가서 이야기를 듣곤 했다. 아테네 젊은이들이 몰려가서 이야기를 들었는데, 그 고르기아스가 바로 소피스트였다. 진리는 한 가지만 있는 것이 아니라 다양하게 해석될 수 있다는 진리의 상대성을 강조하는 것이 바로 소피스트들이다. 바로 이러한 새로운 세계관, 새로운 변화가 나타난 것이 당시의 시대적 상황이었다고 할 수 있다. 그래서 소크라테스는 아테네의 젊은이들에게, 많은 사람들에게 '너 자신을 알라'고 했다고 알려져 있다. 이 말은 원래 델로스 섬의 아폴로 신전 입구에 새겨져 있다. 신전에 들어갈 때 겸손하고 경건한 마음으로 들어가라는 의미의 말이었는데 소크라테스가 이 말을 할 때는 전혀 다른 의미로 와 닿았던 것이다. "그건 무엇인가, 너 자신은 무엇을 궁금해하고 무엇을 알 수 있는가, 너 자신에 대해서 자꾸 생각하고 자각해라"는 의미였다. 바로 개인에 대한 자각이고, 개인주의에 대해서 눈을 뜨게 한 말이다. 이러한 생각이 아테네 사회에 새로운 변화를 일으켰고 개인주의에 대한 자각을 소크라테스가 불러일으켰다는 것이다. 공동체적인 세계관을 가지고 있던 폴리스 사회에서 개인주의적인 생각, 즉 새로운 생각을 젊은이들에게 심어 놓았으니 이것이 젊은이들의 정신을 타락시켰다고 당시 배심원들이 본 것이고 당시 재판에 아테네 시민들의 생각을 반영한 것이다.

두 번째는 펠로폰네소스 전쟁의 후유증이다. 소크라테스 재판이 있기 약 32년 전인 기원전 431년에 아테네와 스파르타 간에 펠로폰네소스 전쟁이 발생했다. 도시국가들 사이의 전쟁이었는데 폴리스들이 배타적으로 경쟁만을 추구하다 보니 서로 최고가 되기 위해서, 서로 패권을 갖기 위해서 결국 전쟁이 일어난 것이다. 페리클레스의 아테네는 전쟁에 이길 줄 알았다. 그래서 페리클레스도 전쟁을 강력하게 주장했었다. 그런데 막상 전쟁을 하고 보니 아테네가 전쟁에 지게 됐다. 전쟁은 엄청난 후유증과 충격을 남겼다. 그런 전쟁에서 패배한 후유증 속에서 아테네는 어딘가에서 그것을 상쇄할 희생양을 찾으려고 했다. 사실 펠로폰네소스 전쟁이 던져준 시대적 과제가 있었는데, 그 시대적 과제를 찾는 것도 당시 아테네의 역사적 과제였다. 그랬다면 아마 폴리스 문명, 아테네 사회는 새롭게 발전하는, 새롭게 도약하는 계기가 됐을지도 모른다. 그러나 그것을 아테네는 외면했고 오히려 희생양을 찾았다. 그것이 바로 소크라테스라고 하는, 당시 아테네 사회에서 존경받지만 한편으로는 많은 사람들에게 시기심의 대상이 되기도 했고, 또 젊은이들에게 새로운 생각을 불러일으켜서 보수적인 중장년층, 노인층이 봤을 때 좀 문제가 많은 사람으로 보이는 소크라테스였다. 그렇다면 도대체 소크라테스가 어떻게 했기에 이런 과정이 생겼을까?

소크라테스가 찾으려고 했고 말한 것은 무엇이었을까? 첫 번째로 소크라테스를 이해하기 위해서는 고르기아스와 만난 이야기부터 살펴봐야 할 것이다. 고르기아스의 유명한 이야기가 하나 있다. 바로 뭔가 하면, '창던지기 시합에서 구경꾼이 창에 맞아 죽었다면 그 책임은 누구에게 있는가?'라는 질문이다. 고르기아스는 청중에게 묻고 각자의 대답을 듣는다. 고르기아스와의 대화에서 나타나는 많은 이야기는 이렇다. '투창 선수가 창을 던졌으니까 투창 선수에게 책임이 있다', '아니다. 창이 날아가서 구경꾼에게 맞았으니 창에 책임이 있다', '아니다. 심판이 관리를 잘못했으니 심판에게 책임이 있다' 등 다양한 곳에서 책임 문제가 생기는 것이다. 고르기아스가 이야기한다. "봐라. 결국 창던지기 시합에서 구경꾼이 죽었지만 그 책임은 어느 한 명에게만 있는 것이 아니라 여러 군데에 있다. 그러니 진리는 다양하다. 상대적인 것이다." 이것이 바로 우리가 흔히 얘기하는 소피스트들의 관점이고 진리에 대한 상대적인 생각의 특징이다.

젊은 시절의 소크라테스는 이 고르기아스의 영향을 상당히 많이 받는다. 그렇지만 고르기아스의 영향만을 받고 거기서 더 나아가지 못했다면 우리가 오늘날 보는 소크라테스라는 대철학자는 없었을 것이다. 그런데 소크라테스는 분명히 고르기아스 식의 설명 방식은 일리가 있는데, 아테네 사회의 문제를 해결하기 위한 해답은 아닐 거라고 생각했다. 즉, 소크라테스는 아테네 사회가 지금 필요로 하는 한 가지 해답을 찾아야 한다고 생각했다. 다양하게 접근할 수 있지만 해답은 한 가지를 찾아야 한다는 것이 소크라테스의 생각이었다. 그래서 소크라테스는 길에서 사람들을 만나면 그 유명한 대화법인 '소크라테스의 문답법'이라고 흔히 이야기하는 방법으로, 길에서 누군가가 자신에게 질문하면 그 질문을 연결해서 계속 한 가지 답을 찾을 때까지 길에 서서 토론을 하는 것을 시도했다. 그런데 이런 일에 문제가 있었다. 어느 날 길에서 두 사람이 토론을 하고 있다가 마침 소크라테스가 지나가자 둘 중 한 명인 니키아스가 소크라테스에게 물었다. "소크라테스여, 우리 아들이 군대를 가야 하는데, 군대를 가야 할까 가지 말아야 할까?" 소크라테스가 되물었다. "군대에 왜 가려고 하는가?" "군대를 가려는 것은 용기를 키우기 위해서지." "그러면 용기란 무엇이지?" 그러자 니키아스가 나름 자신이 생각하는 용기란 무엇인지 대해 대답했다. 소크라테스는 이런 식으로 형이상학적인 되묻기로 한 가지 답을 찾으려고 했다. 그러다 보니 결국에는 소크라테스와의 대화는 상당히 피곤하고, 막상 물어보긴 했지만 답을 얻을 수 없었다. 소크라테스와의 대화에서 항상 마지막에 나오는 말 'in aporia'란 "나도 모르겠다", 즉 자신도 혼돈 상태에 빠져 있다는 뜻이다. 추상적인 답을 계속 찾다 보면 철학적인 논의만 이뤄지고, 더 이상의 답은 나오지 않기 때문에 결국 '인 아포리아'가 되는 것이다. 그리고 나중에는 그러다 그냥 가 버려서 결국 사람들이 소크라테스에게 불만을 갖게 되었다고 한다. 소크라테스에 대해 세계적인 전문가였던 프린스톤 대학의 블라스토스(Vlastos)라는 학자는 이러한 소크라테스의 행동이 재판에서 결국 사형을 찬성하는 표가 많게 되었던 요인이라고 말한다.

어쨌거나 소크라테스가 찾으려고 했던 것은 하나의 진리였지만 그것이 너무도 형이상학적인 진리였기 때문에 당시 아테네 사회에서는 그것으로 설득하기 힘든 상황이었다고 할 수 있다. 소크라테스는 항상 황소 엉덩이에다가 침을 놓는 쇠파리처럼 자기가 "아테네라는 거대한 황소에 따끔한 침을 놓아 새롭게 정신을 차리게 하겠다"고 말하곤 했지만 한편으로 많은 사람에게 결코 긍정적이지만은 않게 나타난 것이다. 지금까지 기원전 399년 아테네의 상황을 살펴봤는데, 여기서 폴리스 문명 쇠퇴의 한 징표를 엿볼 수 있다. 폴리스 문명이 가지고 있던 폐쇄성, 즉 새로운 변화를 요구하는 시대적 상황 속에서 펠로폰네소스 전쟁 이후의 아테네는 새로운 변화를 추구한 것이 아니라, 오히려 소크라테스를 희생양으로 삼아서 시대적 과제를 외면하려 했다. 한때 도시국가 문명의 절정을 이루었던 아테네가, 서양 문명의 뿌리를 만들었던 그리스의 폴리스 문명이 어느 순간에 세계사의 중심에서 멀어지면서 변방으로 전락해 가는 과정, 즉 그 과정의 단초를 소크라테스의 죽음에서 엿볼 수 있는 것이다.

그러면 당시의 시대적 과제는 과연 무엇이었을까? 역사가 토인비는 『헬레니즘』(Hellenism)이라는 책에서 폴리스 문명에서 알렉산더의 헬레니즘 세계로 넘어가는 과정의 변화의 특징을 '폴리스적 세계관으로부터의 해방'이라고 지적하고 있다. 폴리스적 세계관으로부터의 해방이란, 폴리스 문명이 스스로 해결한 것이 아니라 외부로부터, 즉 마케도니아에 의해 도시국가를 넘어서는 보다 넓은 지역국가 체제의 세계관으로 해방된 것이다. 토인비는 알렉산더가 등장하는 장의 제목을 '폴리스적 세계관으로부터의 해방'이라고 정했는데 이는 역사의 통찰력이 담긴 제목이라 할 수 있다. 요컨대, 기원전 399년의 아테네 사회는 폴리스적 세계관으로부터의 해방이란 시대적 과제를 안고 있었으나, 그것을 회피하고 오히려 소크라테스를 희생양 삼아 새로운 변화를 거부했던 것이다. 한 시대의 갈림길에서 한 문명이 어떤 선택을 하는가, 그리고 그것이 역사적으로 어떤 결과로 이어지는가를 보여 주는 역사의 교훈의 현장이 바로 '소크라테스의 재판'이었던 것이다.

이야기 둘

'세계 제국' 로마의 비밀

1. SPQR과 라틴어 키워드

여기서는 몇몇 키워드를 중심으로 로마 역사와 로마 제국을 개관해 보려고 한다. 우선 크게, 즉 거시적으로 로마사를 살펴보고, 로마 제국의 역사를 하나의 문명권 개념으로 접근하여 문명사적인 시각에서 조망해 볼 것이다.

첫 번째는 SPQR이다. 이것은 Senatus Populusque Romanus의 머리글자 약자이다. 이 단어는 우리가 로마를 여행하면 도처에서 보

• SOQR과 라틴어 원뜻

게 된다. 택시에서도 보고 길거리에서도 보게 된다. 심지어 도로의 맨홀 뚜껑 같은 데에도 SPQR이라고 쓰여 있다. 그래서 로마에 처음 방문한 사람들은 '저게 뭐지?'라는 생각이 들 수 있는데 SPQR이 바로 로마 제국을 가리키는 말이다.

SPQR은 라틴어 약자로, S는 Senatus, P는 Populus, Q는 que라고 해서 영어의 and에 해당한다. 라틴어의 특이한 단어이다. 다음으로 R은 'Romanus'의 약자로 형용사이다. SPQR은 'The Roman Senate and Roman People'이라는 뜻이다. 즉 로마 원로원과 인민(로마 시민들)이란 뜻이다. 곧 로마에는 지금 imperator라고 하는 황제는 없고, 로마 원로원과 로마 인민이 곧 로마라는 로마인들의 사상이 깃들어 있다. SPQR은 로마를 상징하는 대표적인 단어로 옛날 고대 로마에서 전쟁시 SPQR이라는 깃발을 앞장세울 정도로 로마를 상징하고 로마에 대한 자긍심을 담고 있다. 순서를 보면 Senatus가 Populus보다 앞에 나오는데 로마 사람들은 S가 P보다 앞에 나와서 인민인 Populus보다 원로원이 더 중요하다고 생각했다. 그래서 나라의 주권자인 원로원과 인민을 가리켰지만 원로원이 주도하는 국가라는 의미도 담고 있다. 그래서 로마는 '원로원 주도의 신분제 사회'라고 이야기할 수 있는 단어이다. 이는 로마의 아주 중요한 특징 중 하나이다.

그 다음은 'res publica'이다. 라틴어 단어에 가장 많은 단어가 res, 즉 영어의 thing으로 '~하는 것'에 해당하는 단어이다. 그 res를 로마인들은 '사적인 것'(res privata)과 '공적인 것'(res publica)으로 구분하고, 공적인 것이 더 중요하고 더 우선한다고 생각했다. 이것이 바로 로마인들의 아주 기본적인 생각이었고 이렇게 사적인 것보다 공적인 것을 우선시하는 사람들을 로마인들은 칭찬하고 존경했다. 공사에 대한 엄격한 구별이 있었고 공적인 것을 사적인 것보다 우선한다는 것이 바로 res publica인데, 그 중에 모든 로마인들에게 공통된 것, 즉 모든 로마인들이 함께 갖는 공적인 부분이 바로 'res publica romana'이다. 그러니까 로마인들이 가장 소중하게 생각한 가치는 res publica romana, 즉 공화정을 지키는 것이라고 할 수 있다. 오늘날 공화정이란 영어 단어 Republic의 어원이 res publica이다.

이제 로마법을 살펴보자. '로마는 세계를 3번 정복했다'라는 말이 있다. 한 번은 군대로, 또 한 번은 로마법으로, 그리고 나머지 한 번은 기독교로 세계를 정복했다고 한다. 로마 법학자 예링의 유명한 말처럼, 오늘날 인류의 보편적 유산 중 하나는 바로 로마법이다. 오늘날의 대륙법 체계는 전부 로마법의 영향을 받았다. 예컨대, 독일은 중세 게르만의 로마법 계수를 통해, 근대 독일법을 발달시키고, 프랑스의 나폴레옹 민법전 역시 로마법을 모델로 해서 법이 만들어졌다. 우리나라 민법 2조의 '계약은 신의성실의 원칙에 따른다'라는 조항 역시 고대 로마의 12표법의 규정, 즉 "계약은 fides에 의한다"를 따른 것인데, 여기서 라틴어 fides가 '신의'란 뜻임을 알게 되면, 우리 민법 역시 로마법의 영향을 받고 있음을 알 수 있다.

로마의 12표법은 기본적으로 오늘날 우리가 보는 헌법과는 다르다. 로마는 헌법이 없었던 사회였다. 로마에는 헌법이 없었고 민법이나 형법, 상법, 종교법 이런 법들이 있었던 사회인데, 그런 법들이 12표법이란 형태로 뒤죽박죽 섞여 있었다. 그래서 12표법을 보면 이런 내용이 있다. 8표 1항에 "타인에게 장애가 남는 상처를 입히고도, 그 사람과 화해하지 않는 경우에는 상처를 가한 자에게 동일한 정도의 복수를 허용한다"라고 기록되어 있다. 함무라비 법전에 나오는 '눈에는 눈 이에는 이'라는 복수의 조항과 비슷하다. 물론 로마법에도 동일한 복수를 허용한다고 돼 있지만, 함무라비법과 로마법이 다른 이유는 바로 '화해하지 않는 경우'라는 단서 조항이 있기 때문이다. 그러니까 로마는 화해가 먼저고, 화해가 안 되면 그때 동일한 보복을 가하는 것이다. 함무라비 법은 화해와는 관계없이 동일한 보복을 가한다는 것이므로 로마법과는 다르다. 이렇게 로마는 당사자 간의 화해를 중시한 사회였다. 12표법은 기본적인 성격이 민법과 상법의 성격을 지닌다고 할 수 있다. 오늘날 형법에 해당하는 것도 당사자 간의 화해를 중시했다고 말할 수 있다. 이것이 로마법의 특징이므로 로마법에서는 법의 규정이나 내용보다 바로 사람들 간의 합의를 중요시해 로마 사회가 사람을 존중한 사회라 할 수 있다. 곧 로마는 당연히 법을 만들고 그 법을 준수하고 그것이 후대 서양 문명에 영향을 미쳤지만 그보다 더 바탕에 깔려 있는 사실은 로마 사회가 사람들 사이의 합의를 중시한 사회였다는 것이다. 법은 사람 간 합의 다음이었다.

또 로마를 이해하기 위한 중요한 키워드는 mos maiorum이다. 라틴어를 번역한다면 '선조들의 관습', '가문의 가풍'으로 번역할 수 있다. 이것은 로마인들이 가장 중요시한 개념이다. 로마는 기본적으로 개인중심 사회가 아니라 가문을 중시한 가문중시 사회였다. 그래서 선조들의 업적, 치적을 자랑스럽게 생각하고 본받으려고 했다. 로마인들이 가장 중시한 것도 선조의 명예였고, 그 선조의 명예로 나타나는 대외적인 한 집안의 가풍을 상당히 자랑스러워했고, 존중했으며 후손에게도 교육했다. 가풍에 걸맞지 않는 행위를 하는 것은 부끄러운 일이었다. 이것이 바로 로마 사회의 특징이다. 그리고 선조들의 명예를 지키기 위해 행동을 절제하는 태도, 이것이 바로 로마인들의 특징이기도 하다. 미셸 푸코 같은 현대 철학자도 로마인의 특징으로 '절제'를 꼽았다. 자제할 줄 알고 절제하기에 우리가 로마인을 떠올리면 하얀 토가를 입고 과욕하지 않고, 항상 절제하는 약간 근엄한 듯한 모습을 떠올리게 된다. 이것이 바로 mos maiorum에 젖어 있던 로마인의 모습이었다. 어릴 때부터 그렇게 교육받고, 성인이 돼서도 그걸 자랑스러워하고 자식들에게도 가르친다. 로마의 교육을 보면 기본적으로 가정에서 이뤄지는데 아버지는 주로 읽고 쓰기, 법률에 대한 공부, 말 타고 전쟁하는 훈련을 맡았다. 오전에는 지식 위주로 배우고 오후에는 말 타기나 전투 훈련을 했다. 시저도 오전에 글 읽고 공부하는 걸 별로 좋아하지 않았다. 자신은 오후에 말 타고 전쟁놀이 하는 것이 좋았다고 하는데, 이는 로마 귀족 자제의 전형적인 모습이다. 오전에 글쓰기를 공부하고 오후에 말 타기를 훈련하는데 대체로 아버지가 훈련을 많이 시킨다. 이런 지식 습득과 전투 훈련 외에 아버지가 아들에게 가장 중요하게 교육하는 것은 자식에게 가풍을 가르치는 일이다. 이게 바로 로마 교육의 중요한 부분이다. 그래서 로마 교육은 읽고 쓰기, 법률 교육, 무술 승마 교육, 가풍에 대한 교육으로 이루어진다고 할 수 있다. 그리고 이 교육을 아버지가 담당하는 것이다. 기원전 3세기의 로마의 시인 엔니우스는 "로마적인 것은 옛 사람과 옛 관습으로 이뤄져 있다"라고 노래했다. 이는 로마인들이 옛날의 관습과 관행, 선조들의 아름다운 행위를 얼마나 영광스럽게 생각하고 본받으려고 했는지를 잘 보여 준다. 결국 로마 사회는 새로운 변화보다는 전통을 중시하는 보수적인 사회였다.

그 다음으로 '보호자–예속민 제도'(Patron-Client System) 역시 로마를 이해하기 위한 또 하나의 중요한 핵심적인 키워드들이다. patrónus는 라틴어로 귀족, 보호자이고, cliens는 예속민, 피보호자가 된다. 법이나 국가의 제도가 보호할 수 없는 사회에서는 인간적인 관계에 의존하게 된다. 이것은 공적이기보다 사적인 인간관계이다. 대체로 보호자들은 경제적인 보호라든지 토지, 땅을 빌려 준다든지, 법률 분쟁이 생기면 대신 가서 변호해 준다든지 이런 보호관계를 제공하게 되고, 예속민은 이에 대한 반대급부로 충성심을 보인다. 예컨대 보호자가 선거에 나오면 열렬히 응원하고 박수치고, 보호자의 지지 계층이 되기도 하고 보호자가 전쟁에 참여하면 따라가서 전쟁을 함께했다. 대표적인 사람이 폼페우스 같은 사람이다. 폼페우스는 자신의 예속민을 데리고 전쟁에 나가서 승리하곤 했고 시저와 경쟁을 했다. 로마에서는 이런 사례들을 많이 볼 수 있는데 이것이 보호자 예속민 관계의 다양한 층위를 이루는 것이다. 작은 사적인 관계에서 크게 국가의 공적인 관계 역할을 대신하는 인간적 관계까지, 이것이 바로 로마 사회의 핵심을 이루고 있다고 할 수 있다. '권위로 세상을 통치하라'는 로마의 말처럼, 바로 권위에 의해 로마 사회를 끌고 가는 그러한 모습을 보호자-예속민 관계가 보여 준다.

다음으로 로마인들의 덕성virtus에 대한 이야기이다. 어느 사회나 덕성, 즉 virtue에 대한 강조는 모두 있지만 사회마다 다르다. 예컨대 그리스의 덕성은 '아레떼(arete)'라고 해서 뭔가 뛰어난, 탁월한 점을 찬양했다. 말하자면 최고를 추구했던 것이다. 그러나 로마인들은 한 개인의 뛰어나고 탁월한 능력을 찬양하진 않았다. 오히려 그 사람들이 공동체 안에서 공동체를 위해 얼마나 헌신할 수 있는지, 어떤 열정이 있는지와 같은 부분을 더욱 강조했다. 그래서 로마인의 덕성을 '위르투스(virtus)'라고 라틴어로 표현하는데 번역한다면 '열정'이라고할 수 있다. 예컨대, 마키아벨리는 피렌체의 역사를 다룬 책에서 옛날 로마를 발전시킨 힘이 무엇인지, 역사의 원동력이 무엇인지를 찾아보고 그것을 다시 자신들의 시대의 피렌체에서 꽃을 피워야 한다고 말한다. 그리고 바로 그 역사의 원동력은 virtu(위르투)라고 보았다. 앞서 라틴어 virtus가 주격이라 한다면, 이 virtu는 '~에 의해서'라는 부사격이 된다. 말하자면 '열정에 의해서'라 번역할 수 있다. 위루투스를 덕성, 열정 이렇게 번역한다면, 위르투는 '덕성에 의해서', '열정에 의해서'라는 부사구로 번역된다. 마키아벨리가 본 로마인의 덕성은 바로 공동체에 헌신하는 열정이라고 할 수 있다.

그래서 로마인들은 vir bonus, 즉 훌륭한 사람은 공동체에 헌신하는 사람이라고 생각했다. 로마인들이 생각하는 vir bonus는 강인하고 용감하며 신의도 있고, 귀족적이고 상당히 고귀한 혈통이며, 위엄도 지니고 있고 옛날 전통에 대한 자부심도 가지고 있으며, 미래에 대한 예견 능력을 가지고 있는 공동체에 헌신하는 사람이었다. 이러한 사람이 로마인이 생각하는 가장 이상적인 신사, 즉 vir bonus였다고 할 수 있다. 이러한 점에서 최고를 높이 평가하면서 경쟁을 추구했던 그리스 사회와는 다른, 바로 '공동체에 헌신하는 열정'을 강조했던 로마 사회의 모습을 엿볼 수 있다.

2. 제국의 구조와 운영 방식

이제 세계 제국, 로마 제국의 구조적인 특징을 살펴보자. 첫 번째 특징은 세계 제국이란 점이다. 세계 제국이란 말의 의미는 로마는 유럽, 아시아, 아프리카 3개 대륙에 걸친 지중해 제국이이라는 의미이다. 그 당시 인구 5000~6000만으로, 당시 세계인구가 2억 5000만 정도가 된다는 것을 본다면 세계 인구의 1/5을 가진 하나의 작은 세계였다. 그래서 우리가 로마를 세계 제국이라고 표현할 수 있는 것이다.

제국 전성기의 지도를 한번 보자. 이 지도는 기원전 180년 마르크스 아우렐리우스 황제가 사망할 당시 로마 제국의 영토이다. 지도에 보면 멀리 왼쪽으로는 영국 섬에서부터 스페인까지 오른쪽으로는 시리아와 요르단, 이집트, 그리고 아프리카 북부까지 닿는다. 로마 제국은 이렇게 광대한 지역이었다. 라인과 다뉴브로 이어지는 유럽의 북쪽 경계선까지 바로 로마 제국의 영토였다. 오늘날 여기 약 40여 개 가까운 국가가 들어가 있으니 로마 제국은 정말 하나의, 당시로서는 세계 그 자체였다. 동쪽의 요르단에서 저 멀리 로마 제국의 변방 영국 섬까지 가는 데는 우편배달부가 조랑말을 타고 가도 6개월은 족히 걸리는 거대한 제국이었고 여기에 약 5,000~6,000만 명이 살았다.

두 번째 구조적인 특징은 '팍스 로마나(Pax Romana)', 로마의 평화이다. 아우구스투스 황제부터 마르크스 아우렐리우스까지 약 200년간의 평화를 로마의 평화라고 이야기한다. 기원전 1세기, 많은 군인, 정치가들 사이에 있었던 내란을 아우구스투스가 평정을 하고 평화가 도래했다. 그러기 위해서 아우구스투스는 정규 군단, 상비군을 만들었는데, 로마의 평화는 약 30만 명 정도의 직업 군대로 지켰다고 말할 수 있다. 그렇지만 그 평화 비용은 예전에 전쟁을 하면서 치렀던 비용보단 적었다. 그렇지만 이 조용한 외적인 평화 속에서 안에서는 보이지 않는 새로운 변화들이 싹텄다. 그 중 하나는 2세기 동안 속주 경제가 발달하면서 이탈리아를 중심으로 하는 로마 경제와 경쟁을 해서 결국 로마 경제가 2세기 말부터 쇠퇴하게 되는 모습이 나타나게 되는 것이다. 또 속주가 발전해서 새로운 변화를 요구

GROWTH OF ROMAN DOMINIONS UNDER THE EMPIRE
AT THE DEATH OF CAESAR, 44 BC
TO DEATH OF AUGUSTUS, 14 AD
TO DEATH OF MARCUS AURELIUS, 180 AD
Wall of Antoninus
Hadrian's Wall
North Sea
BRITANNIA
Baltic Sea
Elbe R.
Teutoberg Forest
GERMANIA
Atlantic Ocean
Rhine R.
Seine R.
Trier
Rhine-Danube Wall
Loire R.
Danube R.
GALLIA
RAETIA
NORICUM
Bordeaux
Lyons
PANNONIA
Milan
DACIA
Iron Gate
ILLYRICUM
Nimes
Black Sea
Caucasus
Caspian Sea
HISPANIA
Pyrenees
Split
Tagus R.
Massilia
CORSICA
Rome
ADRIATIC SEA
THRACE
Byzantium
ARMENIA
BALEARIC IS.
ITALIA
MACEDONIA
BITHYNIA
SARDINIA
Capri
GALATIA
CAPPADOCIA
Mt. Vesuvius
EPIRUS
ASIA
PERSIA
M E D I T E R R A N E A N S E A
SICILY
Athens
Antioch
MESOPOTAMIA
MAURETANIA
Carthage
Syracuse
SYRIA
Palmyra (Tadmor)
NUMIDIA
AFRICA
RHODES
Atlas Mts.
Malta
Baalbek (Heliopolis)
Babylon
CYPRUS
Crete
Lebanon Mts.
Jerash
PALESTINE
Jerusalem
Arabian Desert
CYRENAICA
Alexandria
ARABIA
Memphis
Nile R.
0 Miles 500
EGYPT
Red Sea
© 1998 DAVID CAMDEN
• 로마 제국 전성기의 지도

하는 3세기가 나타나게 되는 과정이기도 하다.

세 번째, 제국의 구조적인 특징은 도시와 농촌간의 관계이다. 로마는 도시와 농촌의 차이가 컸다. 그래서 인구와 도시가 집중됐기보다는 광범위하게 분산되어 있었다. 도시와 농촌이 상당히 달랐고 삶의 질도 달랐다. 그래서 흔히 주인이 노예들에게 내리는 벌 가운데 도시 노예에게 '너를 농촌으로 보내 버릴 거야'라고 하면 노예들이 아주 두려워하는 벌 중의 하나였다. 삶의 조건 자체가 도시와 농촌이 상당히 차이가 났기 때문에 노예조차도 그러한 모습을 보였다.

다음으로 로마는 기본적으로 농업 국가인데 노예들의 경우에도 약 80%의 노예가 농업에 종사했다니 압도적인 농업사회라고 이야기할 수 있다. 농업은 대체로 건지 농업이었다. 그렇다 보니 농업 생산성이 상당히 낮은, 물론 토양 자체가 비옥한 중국의 양쯔 강 지대와 비교를 못할 정도로 토지 생산성이 낮았다. 토지 생산성이 낮으니까 노동 생산성을 높여야 했고, 노동 생산성을 높이려니까 기술의 발달이 없는 시대에서 인간의 노동력을 착취할 수밖에 없었다. 그게 바로 노예제가 나타난 이유가 되기도 했다. 로마가 노예제 사회를 이뤘던 이유도 이와 관련이 있었다.

이처럼 로마는 도시와 농촌 간의 격차가 커서 제국의 통합이 취약했다. 그래서 도시 중심의 제국의 중심부는 상당히 허약한 요소를 갖는 게 로마의 특징이었다. 그러다 보니 로마의 힘이 강하고 주변 지역이 약할 때는 큰 문제가 되지 않았는데 주변의 인구도 늘고, 우리가 잘 아는 야만족들인 게르만족의 이동하는 시기에 로마가 쉽게 공격당했던 것도 바로 도시와 농촌의 격차가 컸기 때문이다. 이는 제국의 통합성이 취약했기 때문에 나타난 현상이었다.

네 번째 구조적인 특징의 핵심 단어는 '마레 노스트룸(Mare Nostrum)'이다. 번역하자면 '우리들의 바다'란 뜻으로, 지중해를 가리킨다. 지중해를 빙 둘러싸면서 로마가 통일을 하게 되어 지중해가 로마의 호수가 된 셈이다. 지중해는 로마 정치 통합의 상징도 되었으나 로마 경제의 중요한 기능도 수행했다. 대표적인 것이 운송비 문제이다. 기원전 1세기 상황을 보면 물건을 실어 나르는데 바닷길로 60km 가는 비용과 육지로 1km 가는 비용이 거의 같았다. 비용 차이가 1:60이었던 것이다. 기원전 1세기 말에는 로마시 인구가 100만까지 육박해 밀을 외부에서 수입해 올 수밖에 없었다. 그런데 북쪽의 밀라노 평야에서 가져오는 것보다 저 멀리 바다 건너 아프리카의 이집트 알렉산드리아 항구, 아니면 흑해에서 싣고 오는 것이 훨씬 저렴했다. 바로 이것이 바다가 제국을 통합하는, 제국을 연결하는 모습이었다. 현대 학자들이 기원 1세기 로마 제국을 가리켜 '지중해 경제 공동체', 지중해를 중심으로 만들어진 제국, 즉 Mediterranean Empire, '지중해 제국'이라는 표현을 쓰는 것도 역시 그 핵심에 마레 노스트룸이 있었기 때문이다.

오늘날에 지중해에 가라앉은 배들을 조사하는 수중 고고학이 있다. 그 수중 고고학으로 배들을 조사해 보면 기원후 1, 2세기 때 배가 가장 많이 가라앉았다. 그 다음이 15세기 르네상스 때이다. 그런데 재미있는 것은 1세기, 2세기의 배들이 전부 크다는 사실이다. 물건을 다 선적하려면 백만장자가 아니면 싣기 힘들 정도로 아주 거대한 대형 배들이 많이 가라앉아 있다. 이를 통해 기원후 1세기에 지중해 바다에서 얼마나 교역이 활발했는가를 짐작할 수 있다. 일부 학자들이 이 시기를 '고대 자본주의'라고 부르는 것도 마레 노스트룸,

즉, 로마인들의 바다가 있었기 때문이다.

다섯 번째 특징은 도시가 띄엄띄엄 산재는 돼 있었지만 그 도시들 간에 하나의 연결고리, 즉 네트워크가 있었다는 것이다. 네트워크가 발달했던 가장 큰 요인은 강이었다. 재밌는 사실은 로마 제국에서 발달한 도시들을 지도에 찍어 보면 공통된 특징이 바다에서 들어가기 편한 연안의 항구나 강으로 연결된 도시들이었다는 것이다. 해상교통이 편리한 지역에 도시들이 발달했던 것이다. 그래서 로마 도시 네트워크는 해안도시 네트워크였다고 말할 수 있다. 알렉산드리아, 안티오크, 카르타고 이런 지역들이 인구 10만에서 50만 명까지 가는 거대도시로 발달했고 그 중심에 있는 로마는 인구가 100만 명까지 가는 도시였다. 이런 도시들은 대규모 인구에서 보듯이 생산도시가 아니라 행정 중심지이자 소비도시였다. 이런 점에서 고대 도시의 또 다른 특징을 보인다. 그래서 이런 도시 문화가 속주로 확산되는 것이 또 하나 로마의 모습이었다. 속주에서 건설되는 도시들은 로마시를 모델로 도로를 내고, 도로에 원형 경기장을 짓고 수로도 내었다. 이것이 바로 도시를 통한 '로마화'의 과정이고, 또 로마 지역에 도시 네트워크가 형성되어 가는 과정이었다.

여섯 번째 특징은 로마의 정치체제이다. 제국은 기본적으로 군주정의 정치 형태였다. 상당히 안정된 군주정이었지만 한편으로 허약하고 취약한 군주정의 형태였다. 그 속에서 일반 민중은 배제돼 있었다. 권리를 박탈당한 민중, 허약한 귀족정의 특징을 보인다. 그리고 그 속에서 황제는 자신의 강한 힘을 내세운다. 카라칼라라든지 네로라든지 하는 폭력적인 군주들이 등장한 것도 이 때문이다. 이는 한편으로 황제 권력의 허약함에 대한 반증이자 실패의 표시라고 이야기할 수 있다. 그 가장 큰 이유는 로마 중앙정부가 권력을 위임하는 형태가 아니라 중앙에 집중돼서 권력을 행사하려고 하는 형태이다 보니 당시 교통수단이나 통신수단, 제국의 광대한 구조로는 쉽지 않았기 때문이다. 이것이 바로 로마 정치체제의 큰 취약점 중 하나였다. 거기에 덧붙여 피지배층, 인민의 지지를 얻는 것에도 실패했다. 예컨대 게르만족이 이동해 올 때 로마의 일반 민중들은 열렬히 환영했다는 이야기도 전해진다. 그런데 어떻게 그들을 막아낼 수 있었겠는가? 이것이 바로 로마 제국의 실패한 모습이다. 로마 제국은 중심부와 주변부가 너무 괴리돼 있었다. 거기에다 로마는 속주를 로마화하는 데도 강력한 정책적 실행 의지가 결여돼 있었다. 또 정책 추진을 위한 재원이 부족한 것도 로마 정치체제의 취약성을 보여준다. 허약한 중앙정부, 이게 바로 로마 정치체제의 큰 특징이었다.

로마 제국의 또 하나의 구조적 특징은 세금이 낮았다는 점과 그 낮은 세금을 모두 로마 시민을 위해 썼고 속주를 위해 쓰진 않았다는 것이다. 조세 수입이 국내 총 생산량의 10%에 미치지 못했기 때문에 세금은 낮은 편이었지만 속주에 대해서만 세금을 부과하고 거기서 나온 세금은 전부 로마에서 쓰였다. 말하자면 주변부의 잉여가 중심부로 이동하는 전형적인 종속 구조였다. 게다가 세금은 로마 민족 화폐로 부과해서 화폐경제는 상당히 확산됐지만 화폐 역시 모두 로마에서 만들었다. 로마 화폐주조소에서 만들어진 주화가 지중해 전역에 융통되었다. 그러나 속주에서 거둬들인 세금은 로마 시민들을 위해 사용되었다는 점, 그래서 로마 제국은 시종일관 중심부가 주변부를 착취하는, 그런 착취 구조에 의존하는 경제구조였다고 할 수 있다.

여덟 번째 특징은 로마는 문자 해득률이 그렇게 낮지는 않았던 사회였다는 점이다. 오늘날 파이윰이라는 이집트의 촌락에 남아 있는 파피루스 기록들을 보면 인구의 10% 정도가 글자를 읽었던 것으로 보인다. 재밌는 사실은 파이윰에 있던 인구들이 라틴어를 배우려고 했다는 점이다. 가장 큰 이유는 로마 제국에서 재판을 할 때는 로마시의 법정에서 소송이 일어나기 때문에 속주 시민들도 라틴어를 읽고 쓸 수 있어야 했기 때문이다. 그래서 라틴어의 보급이 제국에 상당히 확산돼 있었다. 라틴어는 기본적으로 보통 로마 상류사회의 의사소통 수단이었고 속주의 엘리트들까지 포함해서 전체 엘리트를 통합하는 기능이 컸지만 라틴어가 상당히 확산되는 그러한 모습의 특징도 가지고 있었다. 다른 많은 고대 국가들이 문자 해득률이 5%가 안 되는 것에 비하면 로마는 문자에 의한 상하 계층의 문화적 통합이 이뤄졌던 지역이었다. 그래서 헤겔은 로마가 남긴 보편적인 유산으로 로마법과 기독교 외에 라틴어를 들었다. 바로 라틴어에 의해서 서양 문명이 통합될 수 있던 계기도 로마 제국의 구조적인 특징 중 하나였다. 거기에 덧붙여서 로마는 콘스탄티누스 황제 때 기독교를 채택하면서 이제 속주민들의 충성심을 끌어내려고 애를 썼다. 그런 콘스탄티누스의 기독교 정책이 아니었으면 서로마 제국은 좀 더 빨리 위기를 맞이했을 것이다. 그렇지만 다른 사회와 달리 로마 제국에서 기독교는 국가의 생존을 위한 이데올로기로 작동하기보다는 개인의 구원을 추구하는 종교로서 작동되었다. 바로 로마 제국이 가지고 있는 엄청난 모순된 구조때문이었다. 한때 가장 강성했던 대제국이 힘 없이 해체돼 가는 상황 속에서 사람들의 정신적인 공황, 그것을 메꾸는 역할로서 기독교가 구원의 종교로서 다가왔던 모습이 로마 제국에서 기독교가 가지고 있던 특징의 하나이다. 그래서 로마가 속주 지역을 군사, 문화적으로 정복했지만 사실은 속주의 종교였던 기독교가 또 로마를 정복한 모습이 제국의 또 다른 구조적인 특징이라고 얘기할 수 있다. '로마화(Romanization)'는 한쪽 방향으로 일어난 것이 아니라 양쪽 방향으로 일어난 것이다. 로마에서 속주로, 또 속주에서 로마로, 이렇게 로마화는 상호 교류의 움직임이었다.

이제 이야기를 좀 정리해 보자. 먼저 '세계 제국'이란 개념틀로 로마 제국을 다시 볼 필요가 있다는 점이 강조되어야 한다. 그리고 바다의 역할, 해상교통이 육상교통보다 훨씬 저렴해서 바닷길로 60km 가는 비용이 육지로 1km 가는 비용과 같아서 바다가 활발히 이용되었다는 것이다. 지중해가 큰 역할을 했기 때문에 로마는 지중해 연안을 중심으로 한 제국이었다. 그래서 '지중해경제공동체'였고, '지중해 제국'이었다고 할 수 있다. 이런 로마 제국의 구조를 살펴보면 황제 권력을 중심으로 한 제국의 중심부는 정치적으로나 경제적으로 상당히 취약했다. 또 도시와 농촌 간의 발전 격차가 상당히 커서 이것이 로마제국 멸망의 또다른 한가지 요인이었다.

그래서 로마 제국의 쇠퇴는 시간이 가면서 제국이 강성할 때 힘을 발휘했던 인프라들이 서서히 낙후하게 되고, 많은 속주 지역이 발전하면서 가속화되었다. 로마 제국이 진행되는 동안 로마와 속주와의 관계, '로마화'의 모습은 한쪽 방향으로 일어난 것이 아니라 양쪽 방향으로 일어났다. 속주는 로마를 모델로 해서 따르려고 했고, 속주에서 시작된 종교가 로마 제국 전체를 기독교화하기도 했다. 이처럼 로마화는 쌍방향의 상호 교류 과정이었다는 것이 우리가 로마 제국을 이해하는 전체적이고 개략적인 틀이다. 여기에 덧붙여 우리가 로마를 좀 더 들여다보려고 한다면 그들이 사용했던 라틴어, 언어 속에서 나타나는 중요한 개념들, 또 그들이 소중하게 생각했던 이념들, 가치들을 더 살펴볼 필요가 있다. 또 그들이 남긴 역사적 유산인 콜로세움 등을 통해 로마 사회를 들여다볼 수 있다. 로마는 다른 사회가 갖지 못한 인류 사회의 수많은 역사적 유산을 가지고 있기 때문이다. 어떻게 보면 역사적 비극이지만 바로 폼페이, 역사의 순시간이 정말 박제처럼 정지해 버린, 시간이 멈추어 버린 폼페이를 통해 로마인들의 삶과 죽음을 생생하게 살펴볼 수 있다.

3. 평균 수명과 가족의 성격

로마 사회의 평균 수명은 25세였다. 우리가 흔히 고대 아테네의 평균 수명을 18세라고 이야기하는데 로마 사회의 평균 수명은 25세라고 본다. 1980년대 이후에 현대 학자들이 많은 비문을 컴퓨터에 입력해서 통계를 내어 나온 결과이다. 지금 생각하면 평균 수명이 너무 낮다. 사실 서양 사회는 르네상스 시기에 오기까지 평균 수명이 40세를 넘지 않았다. 사실 19세기 와서야 40세를 넘겼다. 가장 큰 이유는 로마 때 의학 수준이나 19세기 서양의 의학 수준이나 비슷했기 때문이다. 의학의 발달, 약품의 개발 등이 인류의 평균 수명을 늘린 것이다. 물론 영양 상태의 개선 등 복합적인 원인이 작용하지만 가장 큰 원인은 의학의 발달이었다. 그래서 고대 사회는 유아, 영아의 사망률이 높았다. 그러다 보니 평균 수명이 낮은 사회였다. 평균 수명이 25세였던 로마 사회도 자유 시민들이 이 정도였고 노예는 그보다 낮은 20세 정도였다. 그러니까 삶의 환경 여건이 열악한 사람들은 수명이 더 짧았던 것이다. 그런 로마 사회에서 가족을 구성하는 과정 역시 결혼이나 출생이었다.

로마 사회의 평균 초혼 연령을 보면 여성은 대체로 12세~13세, 공화정 초기에는 12~13세였던 것이 제국 후기로 가게 되면, 18세~19세로 올라간다. 남자는 평균 수명이 30세, 공화정기에 30세 정도였던 것이 로마 제국 후기로 가면 25세 정도로 내려온다. 공화정기에는 신랑과 신부 사이에 나이 차이가 상당히 많이 벌어져 있었는데 후기로 가면 갈수록 좁아졌다. 바로 이런 어린 신부와 늙은 신랑, 이것을 우리가 흔히 '지중해형 결혼 모델'이라고도 부른다. 이러한 특징이 로마 결혼의 특징이라고 할 수 있다. 예컨대 30세 정도의 남자가 초혼으로 결혼했다고 보면 그 아버지가 살아 있을 확률은 대체로 19%, 20%가 안 된다. 아버지 5명 중에 4명은 죽은 것이다. 30대 정도에 결혼을 했을 때 아버지가 살아 있을 확률이 1/5, 19%밖에 안 되니까 결국은 로마 사회는 80%가 핵가족적 성격이었다. 할아버지-아버지-손주로 이어지는 3대 대가족이 구성되기는 힘든 사회였다. 그러니까 로마 사회는 핵가족적 성격이거나 아니면 현대 핵가족과는 약간 다른 성격이라고 하더라도 가족의 규모가 작았던, 소가족 규모의 사회였다. 시저의 경우에도 결혼했다가 이혼한 자기의 누이가 와서 집에서 함께 살았다. 그 누이의 딸의 아들이 유명한 옥타비아누스이다. 시저가 아들이 없다 보니 그 사람이 상속자가 돼서 로마의 첫 번째 황제가 된 아우구스투스 황제가 되었다. 이런 식으로 로마 사회는 결혼했다가 남편이 먼저 죽었다든지, 이혼했다든지, 아니면 전쟁터에서 죽었다든지 해서 돌아온 경우 형제들이 같이 살았다.

그렇기 때문에 오늘날에 부부와 미성년의 자녀로 이루어지는 순수한 핵가족의 모델이라기 보다는 가족의 규모가 작으면서 형제도 함께 사는[예컨대, 고모도 함께 사는] 소가족 형태의 모습을 보이고 있다. 1980년 이후에 현대 학자들에 의해서 컴퓨터 통계 처리 기술이 발달하면서 몇 십만 개나 되는 비문들을 다 입력해서 통계 처리해 보니 대체로 이러한 평균 수명과 가족 규모의 특징이 드러났다. 이것이 로마 사회의 특징이라고 이야기할 수 있다.

이야기 셋

로마 제국의 문화

1. 폼페이의 로마 문화

고대 로마에 대해 이야기할 때 언급되는 도시가 있다. 바로 기원 1세기 베스비우스 화산의 폭발로 묻힌 도시 폼페이이다. 한동안 화산재 속에 묻혀 있다가 그 모습을 드러내기 시작한 폼페이는 고대 로마 문화를 잘 보여 주고 있다. 폼페이에서 나온 유물들을 보면서 인류의 역사적 유적에 대한 보존 방법에 대해서도 한 번쯤 생각해 보는 계기를 마련해 보는 것도 좋을 것이다.

나폴리만 지도 전체를 보면 이탈리아 한 가운데 피레네 산맥이 있다. 이탈리아가 한반도와 비슷하지만, 한반도의 태백산맥과는 약간 다른 모습이다. 태백산맥은 동쪽으로 치우쳐 있어 동고서저의 형태이다. 이탈리아 반도의 가운데 중부쯤에 로마가 있고 그 남쪽에 나폴리가 있다. 그 나폴리만 인근에 활화산인 베스비우스가 있다.

베스비우스 화산 폭발로 인한 화산재와 용암의 영향을 받은 지역들이 있다. 화산이 폭발하면서 서쪽에 있는 헤르쿨라네움, 영어로 허큘리움이라고 부르는데, 이 헤르쿨라네움보다 오히려 남쪽에 있는 폼페이 같은 도시가 아주 크게 피해를 입었다. 폼페이의 유적에서 본 베스비우스 화산의 모습도 인상적이다. 이탈리아 여행을 가면 나폴리에서 폼페이로 갈 때 아주 좁은 협곡 레일의 기차를 타고 가는데 지나가는 길에 베스비우스 화산을 볼 수 있다.

기원후 79년 8월 24일 정말 뜨거운 지중해의 여름날이었다. 오전 일찍부터 산이 쿵쿵대고 연기가 솟기 시작하더니 오후 3시부터는 화산에서 세설암과 화산재, 연기가 함께 분출해서 하늘이 어두워졌다. 오후 5시 이후부터는 화산재에 완전히 덮여 밤과 낮을 구별할 수 없게 깜깜해졌다. 화산이 폭발한 것이다. 그 다음 날에는 33km까지 화산재가 지상으로 분출했다. 33km면 백두산보다 더 높다. 하루가 지난 오전에는 대규모 2차 폭발이 또 일어나 폼페이가 무려 6m나 되는 화산재에 묻혀 버리게 되었다. 베스비우스 화산 폭발의 장면을 보여 주는 동영상이 유튜브에 있는데, 화산 폭발의 정경을 이틀에 걸쳐 다루며 당시의 모습을 컴퓨터 그래픽으로 아주 생생하게 잘 복원했다. 2차 화산 폭발 다음 날 오전에 정말 해일처럼 화산재가 밀려와서 폼페이시를 덮쳐 버리는 장면을 보여 준다. 현재 18세기부터 발굴된 폼페이의 많은 유적지에는 신전, 주택, 상가, 도로,

원형경기장 등이 발굴되고 있고 출토된 유물들은 나폴리 박물관에 옮겨 전시하고 있다.

물론 아직 폼페이 전체가 발굴된 것이 아니라 일부만 발굴됐기 때문에 좀 더 발굴돼 봐야 알겠지만 현재 가장 눈에 띄는 유적으로는 그 당시에도 중심도로였을 것으로 추정되는 우마차도로이다. 사진(p. 102)의 도로를 보면 도로가 수레바퀴 같은 데 움푹 파인 흔적이 보인다. 또 가운데 징검다리처럼 돌들이 있는데 비가 와서 빗물이 흐르면 사람들이 그 위를 다닐 수 있게 해 두었다. 가운데가 볼록해서 양 가로 물이 흘러 배수도 될 수 있다. 어찌 보면 전형적인 '로만 로드'이다. 30cm 돌을 땅에 그대로 박아 돌로 만든 도로로 2,000년 이상 지났으나 여전히 튼튼하다. 현재까지도 이 도로를 그대로 쓰는 곳도 있다. 대표적인 도로가 로마에서 남쪽으로 내려오는, 우리나라의 경부고속도로에 해당되는 아피아 가도(Via Appia)이다. 로마 때 만든 아피아 가도는 노면 사정이 좋지 않아 물론 고속주행은 못한다. 오늘날 유럽의 많은 도로는 옛날 로마 사람들이 만든 '로만 로드' 위에 있다고 이야기할 정도로 항공 고고학으로 발굴해 보면 로마 사람들은 정말 엄청난 도로를(8만km) 만들었다. 미국의 고속도로 전체 길이를 합한 만큼 로마 사람들이 도로를 만들었다고 이야기하는데, 바로 로만 로드의 전형적인 모습이다. 양쪽으로 발굴된 집들이 있는데 대부분 잠가 놓지만 몇 군데는 개방하고 있다. 문 앞에 들어가면 대부분 바닥에 개를 모자이크 해 두었다. 외부에서 사람들이 오면 개가 짖듯이 셰퍼드 같은 큰 개를 모자이크 해 둔 집들도 있다. 이러한 폼페이의 집들을 이 거리에서 구경할 수 있다.

그리고 폼페이에는 고대 아테네에서 아고라로 불렸던 포룸(Forum)이

• 폼페이의 도로

• 목신 판의 집

있다. 바로 광장이다. 이곳은 사람들이 모여서 물건을 파는 시장이기도 하고, 재판을 하는 법정이기도 하고, 사람들이 모여서 민의를 하는 작은 모임이 열리기도 하는 장소였다. 서양 문명은 '광장 문명'이라고 이야기하는데 동양 사회와 다른 모습이다. 유럽에 배낭여행을 하면 광장을 많이 보게 되는데 이 광장은 고대 로마 때 광장이다.

폼페이에도 원형경기장이 있다. 로마시의 콜로세움과는 비교가 되지 않을 정도로 작다. 왜냐면 폼페이의 인구가 약 2만 명, 많아야 3만 명을 넘지 않았기 때문이다. 콜로세움을 지을 때 로마 인구는 100만 명이므로 규모에서 차이가 날 수밖에 없다. 로마의 많은 작은 도시나 속주에는 로마시에 있는 원형경기장, 콜로세움을 본 딴 작은 원형경기장이 많이 만들어졌다. 이는 일종의 '로마화'이다. 폼페이에도 흙으로 둔덕을 쌓은 원형경기장이 남아 있다.

폼페이에는 집이라든지 신전이라든지 원형경기장이라든지 도로라든지 하는 유물들이 많이 남아 있지만, 폼페이의 진정한 발굴은 생생하게 당시 사람들이 살아 있던 모습을 복원한 것이다. 그게 바로 19세기 이탈리아 고고학자였던 쥬세페 피오렐리가 그 작업을 해냈다. 그래서 폼페이 고고학은 쥬세페 피오렐리 이전과 이후로 나뉜다. 정말 감동적이고 생생한 살아 있는 고고학을 만들어 냈다. 바로 화산재에 의해 녹아 버린 빈 공간에다 석고를 부어서 당시 사람들이 죽어가던 마지막 모습을 복원해 낸 것이다. 폼페이에 가면 한쪽에 다 진열을 못해서 쌓아둔, 누워 있는 석고상들의 모습을 볼 수 있다. 화산이 폭발할 당시의 장면을 재현한 것을 보면 그 모습이 엎드려 있는 남자, 집으로 돌아가려고 하는 남자, 몸을 숙여 화산재를 피하려고 하는 사람, 어린 아이를 끌어안고 보호하려고 한 어머니 등

• 석고로 재생된 모습

• 알렉산더 모자이크

이런 모습들이 석고를 부어 만든 상으로 생생하게 재현돼 있다. 정말 참혹했던 폭발 현장의 순간을 타임머신을 타고 들어가듯이 복원한 모습이다. 이는 정말 쥬세페 피오렐리 고고학의 쾌거라고 할 수 있다. 이것을 가리켜 현대 학자들은 '감동적인 고고학'이라고 부른다. 당시 모습이 생생하게 다가와 정말 감동적이다.

폼페이의 복원된 곳들을 다니다 보면 몇 군데 큰 저택들이 있는데 그 중에 목신 판의 조각이 발굴된 집이 있다. 그래서 이 집의 이름을 편의상 '목신 판의 집'이라고 이름을 붙여 놓기도 했는데 들어가는 집 입구에 목신 판이 정말 솟아오르 듯이 서 있다. 아쉽게도 오리지널 조각품은 나폴리 박물관에 있고, 여기에 있는 것은 모조품이다. 입구에서 들어오면 하늘의 천장이 뻥 뚫려서 빗물이 들어오고, 그 빗물을 받아 분수도 켰다. 당시 대부분의 많은 저택의 구조는 안쪽으로 들어가면 정원과 오늘날 응접실 겸 거실로 이어져 가는 구조였다. 입구에서 들어가면 목신 판의 조각을 만나게 된다.

옆의 그림은 폼페이의 어느 한 집의 거실 앞 바닥에 있는 모자이크이다. 알렉산더 모자이크인데, 바로 이수스 전투 때 알렉산더의 모습을 다룬 장면이다. 이 작품 자체는 보통 학교 교실로 생각하면 한 벽면이 찰 정도로 큰 모자이크 벽화이다. 그대로 떼어낸 진품을 보려면 나폴리 박물관에 가야 되고, 폼페이에는 복제품을 바닥에 남겨 놓았다. 알렉산더와 관련된 조각이 아닌 상태로는 유일한 작품이다. 이수스 전투 때 다리우스 3세를 쫓아가는 알렉산더의 용감한 모습을 생생하게 표현한 뛰어난 작품이다. 가슴에는 그리스 신화를 새겨 놓았다.

다음은 나폴리 박물관에 보관돼 있는 폼페이의 프레스코화 중의 일부이다. 사진(p. 107)의 오른쪽 여성을 보면 당시 글을 쓸 수 있던 사람의 모습이니까 들고 있는 수첩은 오늘날로 얘기하자면 스마트폰이다. 나무에 밀랍을 발라 뾰족한 것으로 글을 쓰는 전자수첩 같은 나무 수첩이다. 상인들은 여기에 장사 기록을 하기도 하고, 다른 사람들은 메모를 하기도 한다. 왼쪽은 행복한 두 부부의 모습을 그린 프레스코화이고 아래는 일명 '비너스의 집'이다. 아주 생생하게 복원돼 있는 이 비너스의 집에 가면 벽화가 있는 반대편에 사당이 있다. 로마 때는 집집마다 제를 올리는 사당을 가지고 있으면서 자손의 번성을 비는 신들을 많이 모셨다. 불로부터 집을 지켜주거나 농사의 풍요를 비는 신들을 모시는 작은 규모의 사당도 만들었다. 폼페이의 여러 벽화에서 사당이 그려져있기도 하다.

기원후 79년 8월 24일 폼페이의 모습은 당시 로마로 타임머신을 타고 돌아간 것처럼 생생하다. 오늘날 그리스 저택은 복원이 불가능하다. 왜냐하면 그리스 사람들은 당시 나무가 귀해서 이사를 가면 나무로 된 문짝을 뜯어 갔다. 그래서 이미 그리스 시대에 훼손이 많이 됐으며 햇볕에 말린 벽돌을 많이 써서 내구성이 떨어졌다. 그러나 폼페이의 유적들을 통해 당시 로마의 저택은 잘 복원되고 있다. 특히 당시 오후 5시 이후에 화산 용암이 분출해 저녁 식탁에 있는 모든 것들이 그대로 녹아 버렸다. 이처럼 저녁 식탁의 모습도 생생히 알 정도로 기원 1세기 중엽에 로마 사람들이 뭘 먹었고, 뭘 마셨는지 이러한 모습까지 우리에게 잘 보여 주는 것이 바로 폼페이이다. 로마인의 일상생활과 삶을 그대로 타임머신을 타고 가서 보듯이 생생하게 보여 주므로 폼페이는 기원후 1세기 로마 문화를 보여 주는 하나의 역사의 창이라고 할 수 있다.

• 폼페이의 프레스코화 나폴리 박물관

• 폼페이 '비너스의 집'의 벽화

이렇듯 폼페이는 우리에게 상당한 기대감과 설렘을 함께 준다. 기원후 79년 8월 24일과 25일 이틀에 걸쳐 베스비우스 화산이 1차, 2차 폭발을 하면서 그 아래쪽에 있던 폼페이와 나폴리 만 쪽의 헤르쿨라네움이 화산재에 묻혀 버려 현재는 그 시기 로마인들의 삶과 생활상을 그대로 엿볼 수 있는 역사의 현장이 되었다. 18세기부터 발굴을 할 때는 실수도 많았으나 19세기 중엽 고고학자 주세페 피오렐리가 새로운 아이디어를 내서 당시 생생한 삶의 현장의 모습과 죽음의 참혹한 현장을 석고 인체상으로 그대로 복원했다. 그 뿐만 아니라 폼페이의 다양한 삶의 모습을 보여 주는 유물, 벽화 등이 나폴리 박물관에 가면 많이 전시되어 있다.

그렇지만 폼페이는 기원후 1세기 로마인들의 일상생활이나 삶을 보여주지만 관광객이 너무 많이 몰려 유적이 훼손될 위기이다. 수많은 사람들이 2,000년 전 로마인들이 걸었던 그 도로를 그대로 걸으니 훼손될 수밖에 없다. 또한 몇몇 집들의 바닥 타일에 개 그림이 그려진 모자이크들도 제대로 보존해야 한다. 이는 또 다른 숙제이자 인류의 공통된 과제이다. 그래서 어떤 학자들은 그대로 묻어 버리자고 주장하기도 하지만 그것 역시 완전한 해결책은 아니다. 사실 역사를 배우는 가장 큰 목적은 역사에서 교훈을 얻자는 것이다. 우리의 삶과 예전의 삶이 어떻게 달랐고 현재 우리의 삶의 그 먼 뿌리는 어디서 왔는가를 알았을 때 우리는 미래에 대처할 수 있다. 그렇기 때문에 폼페이 유적을 보존하고 전시하는 것은 인류 모두에게 아주 소중한 숙제라고 할 수 있다.

2. 콜로세움과 검투사 경기

이번에는 콜로세움을 살펴보자. 옛날에도 그러했고 지금도 그렇듯이, 로마 관광을 가면 꼭 가 보는 장소가 콜로세움이다. 그런데 콜로세움은 왜 세워졌고 무엇을 위한 건축물이었을까? 로마 황제들과는 무슨 관련이 있었을까? 콜로세움에서 열린 최대의 경기는 검투사 경기였는데, 그것이 갖는 역사적 의미는 무엇이었을까?

여기 콜로세움의 사진이 있다. 필자가 서 있는 자리의 지대가 높고 거리도 약간 떨어져 있어서 그렇게 높아 보이지 않지만 콜로세움 맨 위층이 4층에 해당한다. 그 아래층은 오토바이나 차에 가려서 잘 안 보이는 약간 낮은 지대이다. 콜로세움에는 벨라리움이라고 햇빛이 많이 나면 가리는 차양도 있었다. 차양에 깃발을 꽂으면 그 높

• 콜로세움

이가 대략 54m 정도 됐다고 하니 예나 지금이나 상당히 장관일 것이다. 현재 콜로세움은 긴 세월을 지나면서 지진 때문에 무너지기도 하고 일부 사람들이 석재를 뜯어가기도 해서 옛날 건물의 1/3 정도만 그 형태를 보존하고 있지만 돌로 지은 과거의 콜로세움 모습을 잘 보여 준다. 사진에서 보이는 여성들 뒤편에 있는 것이 2층인데 2층과 3층에도 1층과 동일하게 전형적인 로만 아치가 세워져 있다. 로만 아치를 세운 이유는 건축학적으로 공간도 확보하고, 아치 사이에 조각상들을 세워 놓기 위해서였다. 그리고 아치 사이에 반원형의 기둥이 있는데, 아치는 똑같은 형태이지만 기둥은 1층, 2층, 3층이 다 달랐다고 한다. 2층에 보이는 것이 이오니아식 기둥, 3층이 코린트식 기둥, 밑에 보이지 않는 1층이 도리아식 기둥이다. 콜로세움이 가지고 있는 의미를 보려면, 로마시와의 관계를 살펴봐야 한다. 로마시는 로마 제국의 통일의 상징이었고, 제국의 정신적·정치적·경제적 중심지였고, 전 제국의 시민을 끌어들이고 모아 놓는 중심이자 인공 펌프였다. 곧 로마시는 모든 제국에서 본받게 되는 도시건설의 모델이었던 것이고, 그 중심에 바로 상징인 콜로세움(원형경기장)이 서 있었다고 할 수 있다.

콜로세움도 많은 속주에서 그걸 본 딴 작은 원형경기장들로 세워졌다. 폼페이 유적을 봐도 콜로세움을 본딴 작은 원형경기장이 있다. 그래서 콜로세움은 한편으로 제국의 상징이자, 속주에 대한 로마화의 상징이었다고 할 수 있다. 콜로세움이란 말은 콜로수스(Colossus)에서 나왔는데 콜로수스는 '크다, 거대하다'라는 뜻을 가지므로 콜로세움은 거대한 원형경기장이라는 의미이다. 그러나 콜로세움이라 불린 것은 중세 때부터라고 한다. 콜로세움은 플라비우스 왕조 시기인 기원 80년 티투스 때 개장식을 했기 때문에 플라비우스 원형경기장이라는 말로 쓰였다. 테아트룸이란 말은 고대 그리스의 반원형의 극장을 가리킨다. 그리스는 구릉 지대에 극장을 만들었기 때문에 파르테논으로 올라가는 길에 있는 디오니소스 극장을 보면 비탈 쪽으로 계단이 나 있고, 앞에 무대가 있는 반원형의 극장 형태이다. 그것이 테아트룸이다. 그런데 '암피'라는 말은 '양쪽으로 그렇게 있다'란 뜻이다. 양쪽으로 있는 반원이니 합치면 원형이 된다. 암피테아투룸은 원형극장이므로 플라비우스 왕조의 원형경기장을 가리키던 말이다. 로마 때는 그렇게 불리다가 중세에 와서 '거대한'(collosus) 경기장이라는 뜻의 콜로세움이란 이름으로 불리게 되고, 오늘날의 콜로세움이란 이름을 갖게 된 것이다.

그렇다면 콜로세움은 왜 만들었을까? 콜로세움을 만든 이유는 네로와 관계가 있었다. 기원 64년에 로마시에 대화재 사건이 발생했다. 많은 주택들이 불탄 빈 땅에 네로가 초호화 궁전을 지었다. 이런 네로의 폭정에 저항해 스페인 총독이었던 갈바가 반란을 일으켰고 이 사건이 네로에 대한 반감이 폭발하는 계기가 되었다. 로마 원로원도 네로를 '국가의 적'이다, 조국의 적이라고 선언을 하자, 도망갔던 네로가 그리스에서 68년에 자살을 한다. 네로 사후에 군인들이 옹립하는 황제 4명이 경쟁하다가 기원 69년에 유대총독이었던, 원로원에서 상당히 평판이 좋았던 베스파시아누스가 유대 반란 진압 도중에 황제로 등극을 하게 된다. 그 아들 티투스에게 전쟁터를 맡겨 놓고, 로마로 돌아와서 황제가 되었는데 또 마침 그 다음 해인 70년에 티투스가 유대 반란을 진압하게 된다. 그리고 많은 약탈물을 로마에 실어 오고 포로들도 데리고 오는데, 당시 기록에 의하면 티투스가 유대에서 가져온 많은 약탈물을 실은 수레의 끝이 보이지 않았다고 할 정도였고 3만 명이 넘는 포로들을 노예로 잡아왔다. 그 유대 진압에서 가져온 약탈물과 노예 노동력으로 지은 것이 바로 콜로세움이라고 할 수 있다. 72년에 베스파시아누스가 네로를 쫓아내고 남은 네로의 황금 궁전을 허물어서 그 공간을 로마시민들에게 돌려주겠다고 하면서 모든 시민들이 즐길 수 있는 원형경기장을 지었던 것이다. 네로는 혼자 그 공간을 다 사용했지만, 이제는 그 공간을 로마 시민에게 돌려준다는 정치적 명분을 내세워서 원형경기장 공사에 착공했고, 8년 만인 80년에 개장하게 되었다. 그런데 79년에 베스파시아누스가 사망하고 그 아들 티투스가 황제로 즉위해 부친의 서거 1주년 기념 겸 거대하게 지은 원형경기장에서 100일간 유명한 축제를 열었다. 그 축제가 유명한 '티투스의 100일간의 콜로세움 개장 축제'였다. 모든 로마 시민들이 기다린 축제로 정말 장관이었고, 로마가 세계 최고이고 세계 지배자임을 확인하는 그런 순간들이었다.

기원 1세기 로마시와 콜로세움의 전경 사진은 여러 곳에서 쉽게 볼 수 있다. 아래쪽에 거대한 키루쿠스 막시무스 전차경기장이 보이고, 콜로세움에 이르기까지 수많은 신전과 건물이 빼곡히 들어서 있는 모습이 당시의 상황이었을 것이다. 사실 무솔리니 때, 티베르 강이 흐르는 로마 최고 전성기 때의 모습을 복원한 모델이 로마시의 박물관에 남아 있다. 이 시기의 로마 인구는 인구 100만에 육박했다. 서양 역사에서 인구 100만의 도시는 19세기 산업혁명 이후, 즉 2000년이 지나서야 나타났으니 당시 로마의 규모는 어마어마한 것이었다. 그 로마의 중심에 있는 거대한 원형경기장에서 벌어지는 축

• 고대의 콜로세움

• 현재의 콜로세움

제와 경기는 더욱더 장관이었을 것이다.

사진은 왼쪽이 고대 콜로세움이고 오른쪽이 현재의 콜로세움이다. 콜로세움은 중세 때 교회로 쓰이다가 르네상스 시대에 오면서 대리석이나 조각상 같은 많은 석재들이 도난당하고, 지진으로 파괴되기도 했다. 반면에 왼편에 있는 콜로세움은 경기를 할 때에 그 위에 햇볕을 가리는 차양막인 벨라리움이 배의 돛을 펼치듯이 펼쳐져 그 그늘 아래에서 사람들이 경기를 관람할 수 있었다. 그 다음은 태양의 신, 아폴로 신의 동상이 서 있는 모습이다. 그 다음 아래쪽은 지진에 의해 파괴된 지하가 드러난 콜로세움의 모습이다. 건립 초창기에는 티투스의 100일간의 축제 때 물을 채워 모의 해전을 하기도 했다고 한다. 이후 그 동생인 도미티아누스가 황제가 된 다음에는 물을 다 빼고 지하에 나무로 된 엘리베이터를 설치했다. 그리고 노예들이 도르레를 돌리면 어디서 나타나는지 모르게 땅 밑에서 사자가 솟아오르면서 검투사와 경기하는 멋진 장면을 연출했다. 그 지하가 지진이나 인간의 무력에 의해 1층이 파괴되어 드러나게 되었다. 사진을 보면 1, 2, 3층에 있는 자리들도 석재가 다 뜯기고 지진에 의해 파괴된 모습이 여실히 드러난다. 로마 제국 시절 콜로세움은 로마 사회의 축소판이라고 할 정도로 당시 사회 모습을 반영하고 있다. 경기장의 맨 아래층에는 원로원, 귀족들이 자리를 잡았고 그 위에 기사 계층, 그 뒤에 로마 시민들, 그 뒤로 여성들, 그 뒤로는 가난한 로마 시민의 여성들, 그리고 그 뒤로 노예나 해방 노예들, 외국인들이 자리 잡았다. 로마의 전성기 때는 콜로세움에 5만 명이 들어갔다고 한다. 콜로세움 출입구가 1층에만 76개 정도 되고 표마다 들어가는 출입구가 정해져 있어서 30분 정도면 5만 명이 출입할 수 있을 정도였다고 하니 얼마나 효율적으로 설계되었는지 짐작할 수 있다.

여기서 벌어진 가장 전형적인 경기는 검투사 경기였다. 검투사 경기는 원래 그 말의 뜻을 찾아보면 검투사들이 들고 있던 칼에서 유래했다고 한다. '글라디우스'라는 라틴어가 칼이란 뜻이다. 영어로는 글래디에이터고 라틴어로 gladiator가 검투사인데 칼에서 유래를 했다고 한다. 원래 이 의식은 북쪽 에투루리아 지방 사람들이 장례식이 이것이었다. 때 하던 행사의 한 의식이었다. 유력자가 죽으면 검투사 경기에서 죽은 검투사가 유력자의 호위무사가 된다는 장례식 의식이 로마에 들어와서 오락적인 검투사 경기로 발전한 것이다. 처음에는 포로들 간의 경기로, 노예와 동물들 간 경기를 하다가 인기를 얻자 자유인들 가운데에서 전문직 검투사가 된 사람도 있었다. 전문직 검투사 경기로 발전하면서 오늘날 연예인처럼 검투사가 당대 최고의 인기 직종으로 떠오르게 된 것도 기원 1, 2세기 로마에 나타난 특이한 모습이었다.

여기서 황제가 로마에서 왜 이런 거대한 행사를 주최했는지 질문을 던질 수 있다. 그 이유는 황제가 시민을 만날 수 있는 유일한 공간이 경기장이었기 때문이다. 또한 기원 1세기 로마는 인구 유입이 급증하면서 도시 빈민층이 형성되어 그 사람들에게 빵을 나눠 주고 볼거리를 제공해야 했다. 흔히 이야기하는 '빵과 서커스' 정치가 필요했다. 그래서 로마 최고 지배자들은 이것을 의무적으로 해야 했다. 그렇지 않으면 폭동이 일어날 수도 있기 때문에 이를 막기 위해 경기를 열었던 것이다. 즉 콜로세움은 황제가 시민들과 소통하는 정치적 기능을 가지고 있었다. 황제가 콜로세움에 들어올 때 일반 군중들이 환호하고 인기가 있으면 그 황제는 암살당하지 않았다. 반면 군중들의 반응이 싸늘하면 원로원 의원들이 황제 자리를 노리고 황제를 암살하기도 했다. 콜로세움은 황제와 시민들이 소통하는 장소였기에 이 공간에서 황제는 로마 군중들에게 잘 보여야 했다. 그래서 검투사 경기의 승리자에 대해 엄지손가락을 들어 생사 여부를 표시해 주는 것도 황제 혼자서는 의사 결정을 하지 못했다. 군중들의 반응에 따라서, 거의 군중들이 선택하고 황제가 그 의견을 대신 표시할 뿐이었다. 이렇듯 로마 군중과 황제와의 관계는 원형경기장에 그대로 나타났다. 로마 황제라도 마음대로 하지 못했던 것이다. 사실 티투스도 100일간의 축제를 연, 유대 반란을 진압한 영웅이었지만 로마 시민들의 반발로 유대에서 데리고 왔던 유대의 공주와 결혼

하지 못했다. 과거 시저가 외국인인 클레오파트라를 로마로 데려와 로마가 내란에 휘말린 경험이 있었기 때문에 로마 시민들은 유대 공주가 로마의 황후가 되는 것을 거부하고 반대했다. 그래서 황제도 자기의 애인이었던 유대의 공주를 결국은 고향으로 돌려보내야 했다. 그리고 티투스는 평생을 독신으로 산다. 티투스에게 아들 상속자가 없어 동생인 도미티아누스가 제위를 물려받게 된다. 이는 황제라 하더라도 자신의 마음대로 하지 못하는 정치적 상황을 보여 준다. 또 로마의 빈민구휼사업, 즉 '빵과 서커스' 정책이 결합된 이러한 모습은 원형경기장에서 검투사 경기로 표출되었다. 그래서 로마의 유력자들, 가이어스 율리우스 카이사르는 우리가 흔히 시저라고 하는 로마의 대장군 역시 검투사 경기장에 가서 편지를 썼다고 한다. 아우구스투스도 마찬가지로 할 수 없이 검투사 경기장에 갔던 그런 황제였던 것으로 보인다. 검투사 경기를 로마의 오락 경기로 가장 잘 승화시키고 황제의 권위를 주민과 소통하는 그런 정책으로 활용하는 사람은 티투스였다. 티투스 이래로 검투사 경기가 황제가 주도하는 '황제의 정치 무대'의 역할을 했던 것이다.

그러나 이 경기 역시 시간이 지나면서 변질되기 시작했다. 기원 1세기 로마 황제들 시대에 로마인들은 먹고 마시는 그 유명한 로마인들의 디너 파티를 열었다. 오후 3시부터 비스듬히 누워 먹고 마시다가 거의 쓰러져서 자는, 바로 이러한 "로마의 식도락과 검투사 경기에 로마인들이 미쳐 있다"고 기원 1세기의 로마의 시인 마르티알이 풍자를 하고 있다. 기원 1세기 티투스 황제 이후에는 이렇듯 검투사 경기가 로마시와 제국의 여러 속주에서 매우 성행을 했다.

그렇지만 시간이 흐르면서 사람들이 좀 더 자극적인 걸 원하고 좀 더 잔인한 경기를 원했기 때문에 검투사 경기는 폭력적이고, 잔인해지기 시작했고, 황제 역시 이것을 규제해야 할 필요를 느낀다. 그게 처음으로 나타나는 게 콘스탄티누스 황제 때이다. 콘스탄티누스 황제는 검투사 경기를 규제하려고 했는데 워낙 로마 시민들의 열광적인 지지가 있었기 때문에 결국은 기독교의 종교 자유를 공인했던 황제조차도 폐지하지 못했다. 그러다가 우연히 발생한 사건으로 규제가 시작된다. 동방에서 온 수도승인 텔레마코스라는 사람이 어느 날 검투사 경기가 열리는 경기장에 뛰어든다. 그리고 이런 경기 하지 말자고 주장하는데 성이 난 군중들이 그를 때려죽인다. 이 사건은 로마 사회에서 엄청난 사건이 되었다. 그때부터 검투사 경기를 규제하기 시작했고 기원후 436년에는 법으로 검투사 경기를 금지하게 된다. 이때부터 로마시의 검투사 경기를 볼 수 없게 되었다.

다음 이미지들은 검투사 경기에 관한 벽화, 모자이크, 컴퓨터 그래픽, 그리고 영화 〈글래디에이터〉의 포스터이다. 그중 검투사 모자이크는 위에 있는 것이 아프리카 북부에서 나온 검투사 경기의 모습이고, 아래에 있는 것이 오늘날 독일 지역에서 나온 모자이크이다. 검투사 경기가 로마뿐 아니라 제국 남쪽의 아프리카나 북쪽의 독일까지 제국 전역에서 이루어졌다고 할 수 있다. 로마 시대 최고의 오락이었던 것이다. 검투사 경기를 저렇게 많이 하는 가장 큰 이유는 원래, 로마가 콜로세움에서 검투사 경기를 할 때는 전쟁에서 승리한 영광을 재현하기 위한 것이었기 때문이다. 그래서 한쪽은 로마 군인으로 반대편은 적으로 해서 싸움을 붙였다. 당시는 오늘날처럼 CNN 등 미디어를 통해 중계할 수 없었기 때문에 검투사 경기로 로마가 전쟁에 이긴 그 영광을 재현한 것이었다. 처음에는 이런 정치적

• 영화 〈글래디에이터〉 포스터

• 검투사 경기 삽화

• 검투사 모자이크

기능을 했으나 점점 오락적 기능으로 변하게 되었다. 싸움에서 이긴 검투사에 대한 처분을 군중들이 선택할 수 있도록 한 것이다. 영화에서도 많이 등장했듯이 군중들이 손을 들어서 땅을 향해서 내리꽂으면 죽이라는 소리가 되고, 엄지손가락을 하늘을 향해서 치켜 올리면 살려주라는 뜻이었다. 경기장의 한 가운데 앉아 있는 황제는 군중들이 원하는대로 선택했다. 어찌 보면 검투사 경기는 인류 역사상 공공장소에서 유일하게 살인을 합법화한 경우였다. 영화 포스터는 우리가 아는 그 유명한 마르쿠스 아우렐리우스 황제 때의 장군이었던 막시미아누스의 이야기를 영화화한 헐리우드 판의 영화 〈글래디에이터〉이다. 기원 180년에 죽은, 5현제 시대의 마지막 황제였던 마르쿠스 아우렐리우스 때의 막시미아누스와 코모두스 간의 경기 이야기는 역사에 나오는 이야기지만, 그것을 검투사 경기로 바꾼 것이 할리우드 판의 오락 버전이라고 할 수 있다.

이렇듯 콜로세움은 로마 제국의 특징을 잘 보여 주는 건축물이다. 콜로세움은 로마의 상징이었고, 이후의 역사에서도 바로 로마의 상징이 되었다. 중세 시대인 기원 8세기에 영국에서 온 한 순례자가 콜로세움을 보고 지은 시가 현재 전해진다.

Quandiu stabit Colloseum (콜로세움이 서있는 한)

stabit et Roma (로마도 서 있을 것이다)

quandiu cadet Colloseum (콜로세움이 무너지는 날)

cadet et Roma (로마도 무너지리라)

quando cadet Roma (로마가 무너지는 날)

cadet et mundus (세상도 무너지리라)

장엄한 콜로세움을 보면서 옛날 로마의 영광을 떠올렸고, 그 옛날 로마가 무너졌을 때 인류의 역사에 중요한 한 문명의 축이 무너졌다고 노래했다. 이 시에는 콜로세움이 로마에서, 또 역사에서 어떤 의미를 지니는지 잘 드러난다. 혹시 로마를 여행하게 된다면 콜로세움을 보면서 콜로세움이 지닌 상징성과 역사적 의미를 음미해 보는 것도 좋을 것이다.

3. '기독교 혁명'으로 가는 길

로마 제국에 대해 이야기할 때 빼놓을 수 없는 주제가 종교에 대한 이야기이다. 다신교 사회였던 로마 제국이 일신교 사회로 전환하게 된 것은 혁명적인 변화라 할 수 있다. 캠브리지 대학의 故 키스 홉킨스(K.Hopkins) 교수는 이 과정을 '기독교 혁명'이라고 불렀다. 다신교 사회에서 일신교 사회로의 전환, 그리고 기독교의 승리로 국교가 기독교로 바뀌는 과정은 혁명적인 변화라 할 수 있다. 그리고 기독교는 로마를, 이후 서양 사회를 완전히 바꾸어 놓았다. 여기서는 전 세계적으로 영향력을 떨치는 기독교가 로마에서 자리잡게 된 과정에 대해 살펴보고자 한다.

기원 1세기 로마 제국의 종교 상황은 어떠했을까? 기원 1세기 로마 제국에서 기독교가 발전한다. 당시 로마의 종교의 상황을 잠깐 살펴보면, 우선 '로마는 다신교 사회였다'라는 데서 출발할 필요가 있다. 공화정기 로마는 정령숭배 사상을 믿다가 그리스 세계를 정복하면서는 그리스의 인간 중심적인 신화들이 들어오고 변화를 겪기 시작한다. 자기들이 믿고 있던 정령을 인간의 모습으로, 그리스 신화와 비슷한 개념의 모습으로 표현하기 시작했다. 정령숭배에서 그리스적 신화 단계로 접어들었지만 많은 신들을 인정하는 로마는 그리스뿐만 아니라 이후에 지중해 세계를 정복하면서 이집트, 시리아, 오리엔트 등 여러 지역의 많은 신들을 받아들였다. 사실 다신교로 여러 종교가 경쟁하는 각축장, 종교의 경쟁 무대, 그것이 기원 1세기 로마 제국의 모습이었다.

이런 로마 제국이 다신교 사회에서 하나의 신을 믿는 일신교 사회로 전환되었다. 그런 변화는 313년의 밀라노 칙령으로 나타난다. 밀비아교 전투에서 승리한, 콘스탄티누스 황제가 서로마 제국을 장악한 다음 기독교에 대한 관용 정책을 내놓는다. 밀라노 칙령의 요지는 '기독교에 대해 종교의 자유를 허용한다'는 것이다. 종교의 자유가 인정된 이후, 392년에는 기독교가 국교로 채택된다. 이때부터 로마는 일신교 사회로 전환한다. 로마 제국은 지중해 세계를 정복하면서 여러 종교가 유입되었다. 로마 제국에서 많은 종교가 경쟁하게 된 배경에는 토착 종교에 대한 관용 정책이 실시되었기 때문이다.

로마 제국은 공식적으로 속주민들에 대해 '너희가 너희 신을 믿는 것은 자유이다'라고 하며 속주의 토착 종교를 인정하는 정책을 썼다. 이는 고대의 많은 제국들의 특징이기도 했다. 페르시아 제국도 종교에 대한 관용 정책을 채택했듯이, 다민족·다종교의 거대 제국에서는 흔히 나타나는 현상이었고, 로마도 예외는 아니었다.

그런 상황에서 로마인들은 스스로 자신들이 가장 신을 잘 믿는, '가장 종교적인 민족(religioissimi)'이라 생각했다. 그래서 현대 학자 중에도 어떻게 로마인들이 전쟁터에서 용감하게 잘 싸우고 잘 이길 수 있었을까를 이야기할 때, 로마인들의 종교심을 이야기하기도 한다. 로마인들은 다른 민족들보다 신이 자신을 보호해 줄 것이란 믿음이 더욱 강했다. 키케로도 로마인이 '가장 종교적인 민족'(religioissimi)이라 말한 바 있다. 바로 종교에 대한 관용 정책, 수도 로마로 다양한 종교의 유입, 종교에 대한 로마인들의 깊은 경건한 마음 등이 결합되면서 세계 제국에서 세계 종교가 태어날 토양이 만들어진 것이다.

기원 1세기에는 미트라, 키벨레, 이시스 숭배 등 여러 종교들이 경쟁을 했는데 그 속에서 유대교에서 발전한 기독교가 수많은 종교들과의 경쟁에서 승리해 로마 제국의 국가 종교로 새롭게 태어나게 된다. 새로운 세계 종교인 기독교는 이전의 유대교와는 전혀 다른 모습이었다. 유대교는 유대 민족만을 구원하는 민족 구원의 종교였다면, 새롭게 탄생한 기독교는 모든 이를 구원한다는 인류 구원의 종교였다. 말 그대로 세계 종교로 새롭게 탄생한 것이다. 한편, 기독교가 발전하는 데에 상당히 불리한 여건으로 로마의 황제숭배 사상을 들 수 있다. 왜냐하면 로마는 거대한 세계 제국이었기 때문에 때로는 황제가 어떤 속주에서는 신격화된 모습이어야 했다. 예컨대, 이집트 경우 로마의 황제가 '나는 로마의 제1시민으로 황제이다'라고 하면 사람들이 따르지 않는다. 이집트에서는 '내가 파라오이다'라고 해야 한다. 사실은 알렉산더 같은 경우에도 이집트를 정복한 다음에 본인이 파라오이자 태양신의 아들, 아몬의 아들이라고 말한다. 지금도 이집트에는 로마 아우구투스 황제가 파라오의 복장을 한 모습이 벽에 부조로 남아 있다. 로마 황제는 이집트에서는 파라오로서 '인간의 모습을 한 신'이 되어야 했던 것이다. 황제숭배 사상은 한 개인이 신이 되고 싶어서라기보다는 제국을 유지하기 위한 방편으로 로마 황제로서는 불가피한 선택이었다. 그래서 황제숭배를 하기 위해서 이집트에서는 아우구스탈레스라는 신관 집단이 만들어지고 그들이 로마의 이집트 속주 지배에 중요한 연결고리 역할을 담당하게 된다. 바로 이것이 로마가 제국을 유지한 중요한 비밀인데, 문제는 유일신 사상의 기독교는 황제가 신이 아니라는 입장을 취할 수밖에 없다는 것이다. 기독교의 교리를 볼 때 로마 황제의 입장에서는 기독교를 박해할 수밖에 없었다. 이런 상황 속에서 기독교는 어떻게 승리를 하게 되었을까?

먼저 로마 제국이 가지고 있던 구조적인 모순을 이야기할 수 있다. 로마는 속주에서 중심지로 끊임없이 잉여가 이동하는 종속적인 지배 구조를 가진 제국이었다. 이에 따라 수많은 하층민이 생기게 되고 그 속에서 소수의 부자와 다수의 빈민이 존재하는 모순된 구조를 가지게 되고, 사회적으로 여성들도 소외되어 있었다. 그리고 기독교는 현세에서의 억압 구조는 참아 내고 내세에서의 구원을 약속하는 교리를 가지고 있었다. 성경의 '가이사(카이사르)의 것은 가이사에게'가 그런 특징을 잘 대변한다고 할 수 있다. 로마 제국이 가진 모순된 억압구조 속에서 던져지는 구원의 사상, 즉 메시아니즘은 기독교의 또 다른 장점인데 그 메시아니즘이 유대의 경우와 다른 것은 유대인만을 위한 구원이 아니라 모든 인류를 구원한다는 사상이었다. 또한 '신의 아들'이란 전제의 설정이 기독교 승리의 중요한 특징의 하나였다. 신과 인간 사이의 중계자로서 신의 아들 예수라는 존재를 설정해 신의 아들이 인간의 모습으로 태어나 인간의 죄를 대신해서 희생되었다는 이야기는 당시 그리스 로마 세계의 종교적 분위기와 상당히 어울릴 수 있었다. 이것은 기독교가 다른 미트라나 키벨레, 이시스 숭배 사상들과 구별되는 장점이었다. 다른 종교들은 신과 인간을 이원론적으로 설명해내고 있었으나, 기독교는 중간적 존재로서 신성은 가지고 있지만 인간의 모습을 한 신의 아들 예수라는 존재의 설정으로 인해 신과 인간을 일원화해 내었다. 이것이 기독교가 가진 또 하나의 경쟁력이었다.

기독교는 '부자가 천국에 가기는 낙타가 바늘구멍 들어가기보다 더 힘들다'라고 한 마태복음의 기록처럼 매우 금욕적인 생활을 강조했다. '기원 3세기의 위기'가 도래하게 되자 제국의 생산량은 떨어지고 경제는 침체하고 사람들은 세금이 무서워 도망가고 이런 상황이 만연하게 된다. 여기서 근검절약하는 금욕적인 생활태도를 강조하는 교리가 상당히 설득력을 갖게 되었다. 기독교의 금욕적인 생활윤리를 강조하는 의식도 로마 제국의 쇠퇴기에 기독교가 승리하는 중요한 요인이 되었다. 기독교는 가난한 사람이나 부자 모두에게 설득력 있게 다가갔던 것이다.

기독교의 또 다른 성공 요인을 들자면 신크레티즘(Syncretism, 제종교 혼합주의)이 있다. 기독교는 세계 제국 로마에 들어와 있는 다양한 종교의 장점을 받아들여 새로운 세계 종교로 거듭난다. 그 출발은 유대의 민족 종교에서 시작했지만 새로운 세계 종교로 나아가게 된 것이다. 그것이 바로 신크레티즘이다. 오늘날의 12월 25일 크리스마스도 사실은 미트라 종교에 있었던 태양신의 탄생일이었다. 또 이집트의 파라오는 신이지만 인간의 모습을 한, 육신은 인간이지만 곧 신인 이중적인 존재의 설정이라든지, 3주신 사상 등도 이집트의 종교관에서 받아들이는데, 이 모든 여러 종교 혼합주의의 장점이 새로운 세계 종교 탄생의 밑거름이 되었다고 할 수 있다.

한편, 영국 맨체스터 대학의 리처드 리브라고 하는 유명한 복원 전문가가 이스라엘 지역의 유골과 치아를 가지고 예수님의 얼굴을 추정하여 복원한 사진을 보면 우리가 알고 있는 예수님의 이미지, 즉 백인에 긴 장발의 머리와 큰 키는 유럽 사람들이 만들어 낸 이미지였음을 알 수 있다. 오히려 복원된 모습은 키 150cm 정도에 몸무게도 50kg밖에 안 되는 왜소한 체구로 피부도 가무잡잡하고 머리털도 검으며, 아마 성경의 구절에 머리를 기르는 것을 부정시한 것으로 보아 곱슬머리에 턱수염도 기른 짧은 머리였다. 사실 종교란 인간이 만들어 낸 상상물의 결과라고 할 수 있다. 『사피엔스』의 저자 유발 하라리도 “호모 사피엔스가 지구를 제패한 힘도 허구를 만들어 내는 능력”이라고 말한 바 있다.

그리스·로마 신화 단계에서는 없었던 기능을 일신교의 기독교에서는 제공한다. 바로 신앙이다. 신화적 단계에서는 신앙은 생기지 않고 신에 대한 두려움과 경외심은 생긴다. 신에게 무언가 바치면 신이 나에게 보답을 해 줄 거라고 생각한다. 신에 대한 두려움과 경외심, 신에 대한 보답은 있지만 종교심, 신앙은 생기지 않는데 일신교 사회가 되면 모든 것을 신에게 바치는 헌신하는 신앙이 생긴다. 요람에서 무덤까지 하나의 신만 믿으면 모든 것을 다 해 준다. 원스톱 서비스처럼 한자리에서 해결된다. 그리스 로마의 신들은 한 가지 기능밖에 없는 여러 신들이 함께 존재했다면 일신교의 신은 다양한 능력을 가진 신이다 보니 믿음이 생긴다. 한 신만 믿으면 되니 신앙도 생긴다. 이것이 일신교가 가진 새로운 믿음 체계의 변화이고 인류의 새로운 종교의 관념이었다. 이렇게 로마 제국에서 밀라노 칙령 이후에 '다신교 사회에서 일신교로 전환'하게 된 계기는 인류 역사의 믿음, 종교적 관념, 가치 체계의 거대한 전환점이자 변화였다. 그래서 '기독교 혁명'이라고 할 수 있다. 밀라노 칙령은 기원 312년 10월 로마 인근 티베르 강의 밀비아 다리에서 벌어진 전투에서 나온 결과이다. 콘스탄티누스 황제와 막센티우스 황제 간에 제국의 패권을 놓고 대전투가 벌어졌는데 병력이 열세였던 콘스탄티누스가 승리해서 로마 제국의 지배자가 되었다. 로마와 이탈리아를 장악한 콘스탄티누스가 동방지역의 황제 리키니우스와의 밀라노 회담에서 기독교에 대한 관용 정책을 내놓는데, 이것이 밀라노 칙령이다.

밀라노 칙령이 나타나게 된 계기에 대해 유세비우스는 밀비아교 전투를 앞두고 꾼 콘스탄티누스 황제의 꿈 이야기를 전하고 있다. 그 꿈이 하나님의 계시였다는 것이 유세비우스의 생각이다. 전투는 312년 10월 28일 낮에 벌어졌는데, 그 전날 밤 콘스탄티누스 황제는 어떻게 전쟁을 할까 구상을 하다 잠이 들었다. 꿈속에서 한쪽 구석에서 번쩍거리는 십자가와 그 속에서 나는 듯한 어떤 목소리를 들었다. 그 다음 날 잠깐 전투가 소강상태가 되어 막사에서 쉬게 되었는데 그때 또 번쩍거리는 십자가의 형상과 '이 안에서 싸워라 그리하면 승리할 것이다' 라는 목소리를 들었다. 황제가 이상해서 주변 막료들에게 물어보니 번쩍이는 십자가는 그리스어로 구세주(Xristos), 즉 십자가로 기독교를 상징하는 것이고 꿈 속에 본 신은 기독교 신도들이 믿는 신이라고 했다. 그래서 십자가로 된 휘장을 앞에 내걸고 싸웠더니 결국 승리했다는 이야기이다. 밀비아교 전투에서는 콘스탄티누스 황제의 군대가 열세했으나 기적적으로 승리하게 되자, 이것은 신의 뜻이라고 생각하여, 기독교에 대한 관용 정책을 황제가 내놓게 되었다는 것이 유세비우스의 설명이다. 물론 현대의 역사가들은 이것을 조금 더 냉정하게 보려고 한다. 그 꿈 이야기는 유세비우스의 책에만 나오고 다른 기록은 없기 때문에, 사료적 가치가 적고 오히려 현실주의자인 콘스탄티누스 황제가 로마의 기독교도들의 마음을 사기 위해 관용 정책을 내놓은 것으로 해석하고 있다.

그 원인이 어떠하든 기독교 관용 정책이 갖는 의미는 상당히 크다. 하나는 로마 사회가 다신교에서 일신교 사회로 전환하는 계기가 되었다는 점이고 다른 하나는 콘스탄티누스 황제를 비롯해 로마 제국 후기, 즉 4, 5세기 비잔틴 제국의 황제들 역시 기독교를 제국 통합의 새로운 이데올로기로 이용하기 시작했다는 것이다. 이것이 기독교가 비약적으로 발전하는 계기가 되었으며, '기독교 혁명' 으로 가는 길이었다.

신비의 방 중세에 들어가기 • • • 2

이야기 하나

중세란 어떤 시대인가?

1. '중세적'이란 말에 담긴 뜻

중세 사회를 이해하기 위해서 '무엇이 중세적인 것인가'를 살펴보자. 그림의 전체적인 윤곽을 멀리서 살펴보듯이 거시적으로 개관해 보는 것이다.

첫째, 중세(medivum aevun)란 말 뜻은 고대와 근대의 중간에 끼인 시대를 가르킨다. 르네상스 시기 역사의 3시대구분법이 있었다. 켈라리우스의 역사책에 나오는 것인데 인류의 역사를 3세 시기, 즉 historia antiqua, medivum aevum, historia nova로 구분하였고, 가운데 있는 '메디움 아이움'을 번역하면 중간 시대로 번역이 된다. 르네상스 시대의 역사 인식이 남아 있는 구분법이다. 즉, 중세는 르네상스 시대의 3시대구분법에서 따온 것이다. 다만 차이점은 르네상스 시대의 사람들은 그 시기는 암흑시대라고 생각했다. 그렇지만 대략 1920년대 이후에는, 21세기 현재는 중세를 암흑시대라고 생각하는 학자는 없다. 중세시대에 대학도 발전했고, 도시도 발전했고, 자본주의도 발전했다. 그런데 어찌 중세를 암흑시대라고 할 수 있겠는가? 이것이 '중세'가 가지고 있는 특징이다.

두 번째는 시간과 공간은 신에 의해서 결정된다는 사상이다. 대표적인 것이 성 어거스틴의 『신국론』이다. 『신국론』에 따르면 전형적으로 나타나는 세상은 신이 만들었고 시간도 신이 만들었다. 그렇기 때문에 성 어거스틴에 의하면, 신의 시간은 '순간'이고 인간의 시간은 '영원'하다. 신의 시간은 한순간에 다 알 수 있지만 인간의 시간은 인간이 경험해야만 알게 된다. 공간도 마찬가지이다. 중세의 목판화 그림을 보면 가운데 예수가 있고 오른편에 싸움하는 사람이 있고, 왼편에 기도하는 사람, 아래쪽에 노동하는 사람들이 있다. 기도하는 사람, 싸움하는 사람, 노동하는 사람을 흔히 중세의 3위계라

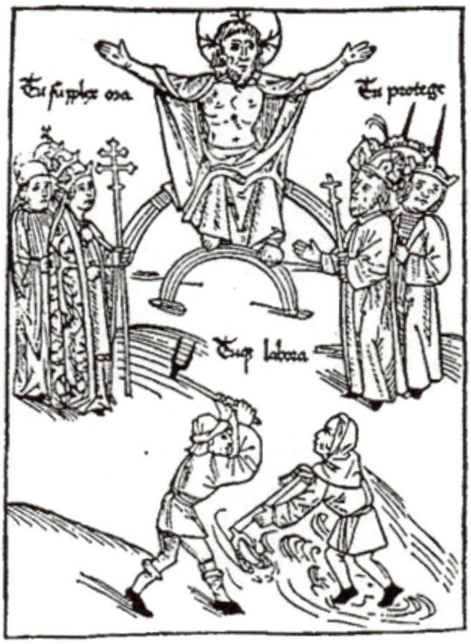

• 중세 목판화와 3위계

고 하는데 프랑스의 아날학파의 한 역사가가 이런 모습을 개념화한 것이 중세의 전형적인 신분 계층이다. 성직자, 기사 계층, 농민들이 중세의 전형적인 계층이다. 즉 그들에 의해 만들어지는 삶의 공간도 신에 의해서 결정되는 것이 중세의 모습이다. 중세의 중심은 예루살렘이라고 이야기할 수 있다. 중세 시대에는 우주의 중심은 지구라고 생각했고 지구의 중심은 예루살렘이다. 그러한 모습이 중세의 많은 지도들에 나타나게 된다. 말 그대로 중세는 기독교적인 세계관으로 움직였다.

세 번째, 중세의 일상적인 생활은 교회 기념일과 관계가 있다. 부활절, 성목요일, 순환의 금요일. 중세 사람들이 스스로 생각하는 자기들의 삶은 예수 그리스도가 탄생한 다음에 6번째 되는 제6일의 단계에 산다고 생각하고 7일인 안식일을 향해 시간이 진행되고 있다. 인간의 삶이 기독교와 함께 진행되고 있다는 것이 중세인들이 자기들의 일상에 대해 가진 생각이다. 일상을 지배하는 교회의 기념일들이 중세적 삶의 전형적인 특징이다. 중세 시대 평상적인 날들은 해가 뜰 때 예배를 드리는 것으로 시작한다. 낮의 길이도 열두 개 정도로, 계절에 따라 낮의 길이가 다르지만 쪼개서 생활하면서 식사는 대체로 하루에 두 번 정도 한다. 부활절을 앞두고는 40일간 금식 기간을 두고 주로 한 끼 정도 먹고 해가 지면 하루가 끝나는 일상의 삶, 교회가 의미를 부여한 시간과 날들에 따라 살아갔다.

인간은 신 앞에서는 모두 죄인이란 생각 역시 중세의 전형적인 특징이다. 우리가 흔히 말하는 원죄설도 성 어거스틴 신학에서 만들어진다. 중세 목판화에 나오는 수도사의 모습은 어둡고 침울하고 언젠가 오게 될 영혼의 구원에 대한 불안감 때문에 상당히 근심에 찬 모습이다. 이것이 전형적인 중세의 모습이다. 검은 옷을 입은 수도사의 모습. 〈노틀담의 꼽추〉나 〈장미의 이름〉 같은 영화를 보면 잘 나타난다. 아리스토텔레스가 썼다고 전해지지만 현존하지 않는 「웃음에 관하여」라는 글에 따르면, 아리스토텔레스가 웃음이란 즐거운 것이라는 이야기를 했다고 하는데 이런 글들은 중세에는 이단이고 금서였다. 움베르토 에코(Umberto Eco)의 『장미의 이름』의 소재가 된 내용이다. '웃으면 안 된다', '죄를 지은 죄인이 웃으면 안 된다'라고 하면서 끊임없이 자기의 등을 채찍으로 채찍질하는 모습이 전형적인 중세의 수도사의 모습이다.

• 〈장미의 이름〉 영화 포스터

중세의 공간에는 숲이 많다. 독일 지역도 그렇고 서유럽 기후 자체가 여름에 비가 우리나라처럼 몰아서 내리지 않는다. 강우량도 우리의 10% 정도 밖에 안 되고 강우량이 연중에 고루 흩어져 있어 초목이 자라기 딱 좋은 날씨이다. 숲이 많기 때문에 숲을 어떻게 개간하느냐가 중세의 중요한 과제였다. 대체로 이러한 모습은 11세기에 나타나게 된다. 숲의 경제학에 기초해 경작지가 넓어지고 인구가 많아지니 개간할 필요가 있었다. 중세 유럽에서 숲의 가치는 오늘날 우리가 이야기하듯이 나무가 얼마나 많은가, 경작지가 얼마나 많은가로 따진 것이 아니라 숲에 돼지를 풀어 놓고 많이 키울 수 있으면 좋은 숲이었다. 숲의 가치는 사육 가능한 돼지의 숫자로 결정이 되었다. 중세에는 돼지 22마리 값이 말 1필 값이었다. 말이 얼마나 귀했는지, 비쌌는지, 또 그만큼 돼지가 얼마나 흔했는지 알 수 있다. 많은 사람들이 돼지고기를 통해 영양분을 보충했기 때문에 돼지가 중요한 가축이었다.

시간과 계절의 변화가 생존의 문제와 직결되는 것도 중세적인 특징이다. 중세 시대에는 오늘날처럼 아파트에서 난방을 하는 것이 아니므로 가뭄이 들면 굶어죽고 혹독한 추위가 닥치면 어려움을 겪었다. 그래서 중세 사람들에게는 시간과 계절의 변화가 생존의 문제여서 계절의 변화에 예민했다. 오늘날 예컨대 '4년 전에'라고 표현하는 기록이 있다면 중세 사람들은 그렇게 표현하지 않고 4년 동안 계절이 바뀐 횟수, '몇 번의 계절이 바뀌는 동안'이라고 기록했다. 중세인들이 얼마나 계절의 변화에 예민했는가를 엿볼 수 있는 부분이다. 중세는 기도를 드려야 하고 예배를 해야 했기 때문에 시간 개념도 중세 때부터 발달했다. 우리가 오늘날 보는 기계로 만들어서 돌아가는 시계도 13세기 수도원에서 나타나게 된다. 그 이전에는 해시계, 물시계, 사람에 드리워지는 그림자의 길이 등으로 시간을 측정했다. 또 수도원에는 밤에 잠을 자지 않고, 새벽에도 시간을 기록하기 위해서 수도사들이 꼭 한 명씩 남아 있었다. 이와 같이 시간과 계절의 변화에 아주 예민했던 사회가 중세 사회였다.

중세의 또 하나의 특징은 평균 수명이 30세 정도인 것이다. 그리스의 경우 대략 18세(고대), 로마 25세, 중세는 30세, 르네상스 이후의 유럽 사회의 평균 수명은 약 40세라고 본다. 어쨌거나 서양의 역사를 보면 인류는 시간이 흐르면서 평균 수명이 길어졌다고 할 수 있다. 물론 19세기가 될 때까지 인류의 수명은 40세를 잘 넘지 않았다. 인류가 80세까지 살게 된 것은 20세기에 들어와 의학기술이 발달했기 때문이다. 19세기까지 평균 수명이 짧았던 가장 큰 이유는 유아 사망률이 높고, 질병에 취약했기 때문이다. 물론 여성의 경우에는 출산으로 사망하는 사례도 많았고 여성임에도 불구하고 밭에서 지금보다 훨씬 힘든 노동을 많이 했기 때문에 지금보다 수명이 아주 낮았다. 그리고 신분 계층에 따라 수명도 차이가 났다. 어떤 학자들은 귀족과 평민 간에 평균 수명이 10년 가까이 차이가 난다고 말한다. 그렇게 따진다면 중세의 평균 수명이 30세 정도라고 할 때 하층민의 평균 수명은 25세 정도, 일반 귀족의 평균 수명은 35세 정도라고 할 수 있다. 실제로 중세, 13세기에 우리가 잘 아는 흑사병이 돌았다. 이때 중세 인구의 1/3이 죽었다는 이야기를 하기도 하는데, 이 흑사병이 돌았을 때도 결국 손발을 깨끗하게 씻을 수 있었던 상층 귀족들은 흑사병에 잘 걸리지 않았다고 한다. 흑사병은 들쥐, 벼룩 등이 옮기는 것이어서 일반적으로 주거환경 여건이 열악했던, 물이나 위생시설이 열악했던 하층민들이 흑사병에 많이 걸렸다. 결국 이 요인들이 하층민의 평균 수명에도 영향을 미쳤다.

중세 시대 인구 증가에는 많은 질병이 큰 영향을 미쳤다. 질병으로 사망하는 경우도 많았지만 고대에 비해 중세에 끊임없이 인구가 증가한 것은 사실이다. 중세의 인구가 가장 최고 상태에 간 것은 11세기이다. 우리는 흔히 "the highest stage of middle age", 즉 중세의 최고 전성기를 11세기라고 이야기한다. 이 시기에 인구의 최고 증가 상태에 와 있었고, 그 다음은 역사에서도 보듯이 흑사병이 돌아 16세기가 될 때까지 유럽의 인구는 급격히 침체하는 모습을 보였다.

그래서 흑사병 직전의 유럽의 인구가 다시 회복하는 모습은 16세기, 즉 200여 년이 지나서야 대략 6천만 정도로 볼 수 있다. 그러니까 유럽에서 흑사병이 돌 무렵에는 급격하게 인구가 줄어들었다가 다시 11세기, 16세기 때는 6천만 정도의 인구가 유럽에 살았다고 보는 것이다. 11세기 무렵의 중국 대륙의 인구는 9천 7백만 정도이다. 그때는 별로 차이가 나지 않았는데, 중국이 남송 시대에 들어서기 시작하면서 2모작이 시행되고 인구가 폭발적으로 증가한다. 16세기가 되면 유럽 인구와 중국 인구의 격차가 아주 심해진다. 유럽의 인구는 11세기의 전성기를 기점으로 많은 질병들이 돌면서 줄어드는 모습을 보인다. 대표적인 질병들 중의 하나가 흑사병이며 유럽 사람들이 겪었던 질병으로 천연두, 홍역 등도 있지만 가장 만연했던 병 중 하나는 폐병(결핵)이다. 이들은 인류가 19세기에 올 때까지 해결하지 못했던 질병들이었다.

그 다음 중세를 이루는 모습은 중세적 농촌의 이미지이다. 기아가 돌고 가뭄이 들면, 굶주림을 피할 길이 없었다. 이게 중세의 가장 큰 어려움이었다. 그러다가 11세기에는 경작지가 많이 확대되었는데, 뜻밖에 말을 많이 키우면서 경작지가 확대되었다. 9세기의 유럽 사람들은 등자(말을 탔을 때 발을 받치는 것)를 쓰지 않았다. 초기의 중세 기사들은 발을 받치는 등자 없이 그냥 말을 타서 말을 탈 때마다 덜렁덜렁대는 다리가 부어 부종으로 많이 죽었다. 우리나라는 경주 박물관 같은 곳에 가서 보면 신라 때에 출토된 유물에서 등자가 나온다. 유럽은 거의 11세기 무렵에 가서야 등자가 나오는데 이것은 11세기가 돼서야 말을 널리 사용하게 되었다는 뜻과 같다. 이 시기에 와서 말이 소보다는 빨리 움직이다 보니 이동할 수 있는 범위가 넓어져서 말을 많이 이용했고 이것이 경작지의 확대를 가져왔다. 소는 천천히 움직이므로 밭갈이를 하러 가도 해가 지기 전에 돌아와야 해서 멀리 가기 힘들었지만, 말은 이동 거리가 길었기에 경작지가 확대된 것이다. 우리가 마력이라는 표현을 쓰듯, 말이 힘이 세다 보니 중세의 전성기, 11세기 이후에는 말이 끄는 쟁기가 등장했다. 소가 끄는 쟁기보다 훨씬 크고 포크처럼 생겼다. 이것을 말 두세 마리가 끌면 땅을 깊게 갈아서 심경이 가능했다. 심경은 토지가 척박해도 농사를 잘 지을 수 있었다. 심경농법은 11세기에 나타난다. 인구가 급격하게 늘어서 경작지의 확대가 필요하기도 했기에 이런 요소들이 복합적으로 결합되어 중세의 전성기를 가져오게 된 것이다. 사람들이 살았던 집은 나무와 석회벽으로 만들었다. 지금도 유럽을 여행하다 보면 1000년이나 된 카페에서 이런 가옥들을 볼 수 있다. 셰익스피어의 고향에 가 보아도 나무로 지어진 셰익스피어의 생가가 지금도 잘 서 있다. 이것이 전형적인 집인데, 많은 사람들이 오두막에 살았고 그보다 좀 더 나은 사람들은 목재 건축물에 살았다. 옷도 지금처럼 손발을 끼워 넣는 구조를 가진 것이 아니라 몸에 천을 뒤집어쓰고, 두르고, 오두막에 사는 것이 대부분 다수의 평민들의 중세적인 모습이다.

중세 시대에는 자살이 아주 금기시되었다. 왜냐하면 자살을 하는 것은 영혼의 구원을 받지 못하는 행위이기 때문이다. 중세의 삶에 가장 큰 목적은 영혼의 구원을 받는 것이었다. 그렇기 때문에 중세 사람들은 머리에 두통이 오면 머리에 악마가 들었다고 생각했다. 그래서 악마를 쫓는다는 명분으로 사람을 죽이기도 했다. 중세 시대에 삽화들을 보면 머리에 두통이 와서 아파하는 사람의 머리를 도끼로 쪼개는 그림이 있다. 이러면 사람은 죽게 되지만 그러는 동안 악마가 날아가기 때문에 영혼은 구원을 받는다고 생각했던 것이다. 당시에는 영혼의 구원을 상당히 중시했기 때문에 자살을 금기시했고, 중세에는 화형을 많이 했다. 왜냐하면 악마가 깃들었기 때문에 불태우면 악마가 도망가기 때문이다. 사람은 불타 죽지만 영혼은 구원받는다. 그래서 마녀사냥을 할 때 대규모 화형을 시행했다. 이런 것들이 중세의 전형적인 모습이다. 중세 사람들은 마귀가 도처에 있는데 심신이 허약한 사람이나 병든 사람들에게 깃든다고 생각했다. 특히 여성(과부, 혼자 사는 여성, 늙은 여성)들이 마녀사냥의 희생자가 되기도 했다.

또 하나의 중세적 특징은 제국에 중심도 없고 왕궁도 없었다는 것이다. 대표적인 사례가 신성 로마 제국의 사례이다. 962년에 독일식 신성 로마 제국이 오토(Otto)대제에 의해 나타난다. 그 이후 로마제국의 계승자를 주장했지만, 수도도 없고 왕궁도 없고 신하도 없었다. 그래서 '떠돌아다니는 황제', 떠돌아다니는 왕 이것이 신성 로마제국의 도이치 왕실의 모습이었다. 물론 이렇게 중앙집권화된 권력이 발달하지 않았기 때문에 로마교황청의 엄청난 수탈을 독일 지역이 받게 되었다. 독일은 '교황청의 젖소'라는 말이 돌 정도였고 훗날 독일에서 종교개혁이 일어나는 큰 원인이 된다. 이것이 떠돌이 도이치 왕실의 모습이다. 중세에 독일 지역의 한 귀족은 자식들에게 왕을 손님으로 받지 말라고 유언을 남겼다고 한다. 도이치 왕실이 떠돌아다니며 대략 300명 정도의 식솔이 귀족의 영지에서 대접을 받았는데 귀족들은 신성 로마 제국 왕의 방문을 피하려고 했다. 사실 서쪽 지역의 신성 로마 제국의 출발점을 열어 놓았던 기원 800년에 대관식을 거행했던 샤를마뉴 대제 역시 마찬가지였다. 샤를마뉴 대제는 70세가 넘었을 때 관절염도 앓고 있어서 천연 온천수, 유황 온천수가 발달한 아헨에 왕궁을 지어서 노년을 지내려고 했지 그 전에는 궁궐, 수도가 없어 떠돌아다녔다. 그때 샤를마뉴 대제는 군대도 가지고 있고 가장 강력한 세속의 군주였다. 단지 차이점이 있다면 신성 로마 제국의 황제는 명목상 황제였다. 나중에 독일 지역에서 제후들에 의해서 황제가 선출될 때는 강력한 황제의 등장을 막기 위해 제후들이 가장 힘이 약한 귀족을 황제로 추대했다. 그러니까 당연히 귀족들의 눈치만 보고 힘이 없는 신성 로마 제국의 도이치 황실이 될 수밖에 없었다. 이것도 상당히 중세적인 모습이다.

중세의 특징으로 권력자가 2명이라는 점도 들 수 있다. 바로 교황과 황제였다. 일반적으로 왕이나 황제가 세속 권력자인 것은 어느 사회나 동일한데 중세 유럽 사회에서는 교황이 더 있었다. 중세 교황권의 전성기를 열어 놓은 사람은 바로 대교황 그레고리 7세이다. 그레고리 7세가 만들어 놓은 유명한 칙령 '우눔 산크툼(unum sanctum)'에 의하면 교황만이 지상에서 하나님의 말씀을 들을 수 있고 교황만이 지상에서 하나님의 뜻을 알 수 있기 때문에 교황의 말이 곧 하나님의 말씀이었다. 이것이 중세 교황권의 전성기를 열어 놓았다. 이것은 그 유명한 베드로의 이론이다. 지상에서 예수님만이 하나님 말씀을 들을 수 있었고, 마태복음을 보면 예수님이 십자가에 못 박혀 베드로에게 이르기를 '너의 반석 위에서 지상의 교회를 건설하리라'라고 했는데 이게 베드로 후계설이다. 베드로가 로마에서 선교 활동을 하다가 순교를 해서 바로 로마의 종교 지도자가 베드로의 후계자, 교황이 된다는 것이다. 그래서 교황만이 하느님의 말씀을 들을 수 있다는 의미가 남아 있는 것이 가톨릭의 가장 중요한 핵심 교리인데 루터는 이것을 부정했다. 지금도 로마의 베드로성당에 가면 교황만이 기도하는 독립된 작은 성당이 있다. 바로 시스티나 성당으로 교황이 하나님의 말씀을 듣는 공간이다. 교황만이 무엇이 하나님의 말씀인가를 판단할 수 있다. 그래서 곧 교황청에서 내놓는 칙령, 교황청의 교리에서 벗어나는 것은 모두 이단이라 이야기할 수 있다. 즉, 중세에 이단이냐 정통이냐의 기준은 교황의 판단에 따른 것이었다. 세속 권력과 다른 교회 권력이 아주 강성했던 사회, 바로 중세의 전형적인 특징이다. 오토 대제 이래로 신성 로마 제국에서 사제, 주교인 사람을 봉건영주로 임명하는 일이 생겼다. 그러다 보니 후임 봉건영주를 임명할 때, 영주이니까 황제가 임명해야 하느냐 아니면 사제니까 교황이 임명해야 하느냐로 황제와 교황권에 갈등이 생긴 것이 그 유명한 '서임권 투쟁'이다. 하인리히 4세와 그레고리 7세의 갈등이라든지, 중세 사회의 전형적인 서임권 투쟁도 바로 이런 강력한 교황권과 취약한 세속 권력 황제권의 갈등 속에서 나타나는 모습이다. 그 전성기를 이룬 것이 11세기이다. 그레고리 7세에서 인노켄티우스 교황까지의 모습들이다.

이런 기독교 세계, 중세 사회가 주는 교훈은 무엇일까? 스위스 태생의 독일의 유명한 역사가 야콥 부르크하르트의 말이다. "한 시대, 한 사회의 위대성을 판단하는 것은 그 시대, 그 사회가 어떤 방향성을 가지든 간에 헌신하려고 하는, 헌신할 자세가 있는, 헌신할 능력이 있는 사람의 숫자(얼마나 있는가)에 달려 있다." 이런 점에서 보면 중세 사회는 존재의 문제에 대해, 인간 영혼의 구원의 문제에 대해 얼마나 많은 사람이 헌신을 했는가? 얼마나 많은 수도원이 있었고 얼마나 많은 사람들이 그런 세계관 속에서 살았는가? 부르크하르트의 또 다른 말이다. "현대가 비지니스의 시대라면 중세는 존재의 문제를 가장 치열하게 고민했던 시대였다." 즉 나는 누구인가라는 존재의 문제에 대해 가장 치열하게 고민한 시대가 중세 사회이다. 한 시대가 이렇게 헌신하는 사람들을 많이 키우고 그 헌신하는 사람들이 한 사회의 특징을 만들어 가는 사회, 이것이 중세 사회가 가지고 있던 또 다른 모습이다. 미국 학자인 모리스 버만이 쓴 『미국 문화의 몰락』은 미국이 로마처럼 몰락할 것 같다는 경각심에서 쓴 글이다. 현재 미국 사회의 몰락을 막기 위해 필요한 것은 딱 한 가지, 즉 중세 사회가 보여준 수도사적 정신, 즉 부르크하르트의 이야기처럼 헌신하는 자세를 가진 사람들, 조금 더 잘 살기 위한 물질적인 요구나 이해관계 속에서 사는 것이 아니라 일 그 자체로 헌신하는 수도사적인 정신이 지금 미국 사회에 필요하다고 역설한다. 현재 미국 사회에 대해 진단하면서 미국 사회가 당면한 문제를 극복하기 위해서는 중세의 수도사적인 헌신이 필요하다고 말하는 것이다. 즉, 중세 사회를 암흑의 시대가 아니라 인류 역사에 기여한, 헌신한 사람들이 산 위대한 사회로 봐야 한다는 생각도 있다. 이 글을 통해 중세 사회를 다시금 살펴보는 기회가 되기를 기대한다.

무엇이 중세적인가? 중세적이란 것은 무엇인가? 중세는 부르크하르트의 이야기처럼 '헌신하는 사람이 많았던' 위대한 시대였을지 모른다. 중세는 '존재의 문제에 대해 가장 치열하게 고민했던 시대'일 수도 있다. 모리스 버만이 현대 미국 사회가 중세의 수도사적인 정신을 본받아야 한다고 역설한 것처럼, 중세인의 삶에 대한 태도, 그 시대의 사람들의 고민에서 현대에 본받을만한 그 어떤 것을 찾을 수도 있을 것이다. 중세, 그리고 중세를 살았던 사람들에게 좀 더 새로운 관심을 가져보는 것이 필요해 보인다.

2. 샤를마뉴가 이룬 것과 남긴 것

중세 사회의 대표적인 인물인 샤를마뉴(Charlemahne) 대제는 불어로는 샤를마뉴, 영어로는 찰스, 독일어로는 칼, 라틴어로는 카를로스 마그누스 등 다양하게 번역된다. 20세기 대표적인 역사가인 앙리 피렌느는『마오메트와 샤를마뉴』(이슬람과 서유럽을 중심으로 한 중세 사회를 설명하는 책)라는 타이틀로 중세 시대 전체를 설명하려고 할 만큼 샤를마뉴는 중세를 대표하는 인물이다. 샤를마뉴는 1200년전 '하나의 유럽'을 꿈꾼 사람으로서, 중세 사회와 오늘날의 유럽을 이해하는 데 빼놓을 수 없는 인물이다. 20세기에 와서 유럽의 중요한 변화로는 유럽을 하나로 통합하려는 유럽통합 운동이있는데, 20세기 후반 유럽 통화 운동에 크게 기여한 사람에게 '샤를마뉴 상'을 주고 있다.

기원 800년 크리스마스, 샤를마뉴의 대관식

샤를마뉴의 대관식은 로마제국 몰락 후, 이동해 왔던 게르만이 서로마 제국의 황제로 새롭게 태어나는 순간이었다. 새로운 중세 사회의 표상, 새로운 사회의 탄생을 상징하는 대사건이었다. 프랑크 제국은 하나의 유럽을 추구한 샤를마뉴의 업적이었다. 이때 통합된 프랑크 제국은 샤를마뉴의 손자 세대로 가서 세 개로 분할 상속이 되어 프랑스, 이탈리아, 독일의 근대국가의 기원이 된다. 그 국가들이 다시 합쳐져서, 1957년 이후에는 다시 하나의 유럽이 되었다.

프랑크족은 게르만족의 한 일파이다. 게르만족의 이동은 2세기 말부터 시작되어 200년간 지속되었다. 게르만족은 짧은 시간 내에 급격하게 이동한 것이 아니라 200년간 서서히 이동해 온 것이다. 5세기(450년)에 가서 로마 제국이 큰 위기를 맞고 476년에 서로마 제국이 멸망했는데, 당시 로마 제국이 게르만족을 막아내지 못한 큰 이유는 서서히 이동해 온 게르만족들이 로마 반경 안에 정착해 살면서 로마화되고, 로마 군대에서 복무를 하며 로마 군대의 훈련이나 전술을 배워 로마의 전술을 알고 있는 상태로 로마를 공격하니, 군사 전략적으로 유리했기 때문이다. 자연 환경이 넉넉하지 않은 지역에서 인구가 늘 때 과잉 인구의 압력은 문명화된 세계로 이동하게 된다. 역사가 중에는 농경민족과 유목민족이 만날 때 역사를 일으키는 힘이 생긴다고 한다. 실제로 로마 제국의 후기가 그렇게 새로운 사회로 교체되어 가는 모습이고 게르만족, 특히 프랑크족이 그 중심에 있었다. 게르만족이라는 이름은 로마 사람들이 붙여 준 이름이다. 로마 사람들이 라인강 건너(남쪽)에 있는 사람을 지칭하는 말이었다. 게르만족의 여러 다양한 부족(반달족, 프랑크족, 앵글족, 색슨족 등)은 다양한 경로, 다양한 지역으로 이동했다. 그 속에서 프랑크족이 성공해 제국을 이루며 서유럽 역사의 주역이 됐다. 중세 유럽을 이루는 핵심적 인구 집단이 프랑크족이었으며 프랑크족을 중심으로 색슨족, 바바리안, 프랑스 남부 지역의 종족들과 합쳐지고, 피레네 산맥 인근 지역 사람들이 합쳐져서 서유럽 인종이 형성됐고. 영국으로 이동한 앵글로색슨족과 로마 유민들이 합쳐져서 서유럽을 형성했다. 어쨌든 그 중심에는 프랑크족이 있었다.

기원후 526년경의 프랑크 왕국은 오늘날의 벨기에, 독일 서쪽,

프랑스 중남부 지역이 중심이었다. 라인강과 르와르 강가에 사는 사람 중심으로 이루어진 것이 프랑크 왕국이다. 많은 이동을 한 게르만 왕국들은 잠깐 번창하다가 패배했지만 프랑크족만 프랑크 제국을 만들고 서유럽의 토대를 이루었다. 성공한 이유는 세 가지라고 본다. 첫 번째로는 지도에서 보듯이(p149 참고) 프랑크족은 라인강과 루아르강 사이, 자기들이 살던 곳에서 동서남북으로 확장된 모습을 보인다. 나중에 정복 지역을 확장하던 샤를마뉴도 마찬가지였다. 살던 곳에서 서서히 확장하면서 자신들의 문화를 유지할 수 있었고 정복 이후 혁명으로 조금씩 바꾸어 갔다. 두 번째로는 이동 거리가 짧았다. 서고트족은 스페인까지, 반달족은 북유럽부터 아프리카까지, 이동 거리가 너무 멀어서 이동하면서 정체성을 잃어버렸다. 그에 비하면 프랑크족은 이동 거리가 짧았다. 마지막으로는 일찍부터 기독교를 채택했다. 게르만족 중 가장 먼저 프랑크 왕국을 이루었던 클로비스가 기독교를 받아들이고 개종한 다음부터 종족은 통일성을 가졌다. 또 로마 제국의 유민들이 기독교화되어 있어서 동화할 여지가 있는 장점도 있었다. 프랑크 왕족은 클로비스에서 메로빙거 왕조와 개창이 되고, 샤를마뉴 시대는 카롤링거 왕조로 넘어가게 된다. 샤를마뉴에 대해 언급할 때 샤를마뉴의 아버지와 할아버지의 역할도 주목해야 한다.

샤를마뉴의 아버지 피핀(Pippin)은 키가 작았고 땅딸했지만 야심이 있었다. 피핀은 오늘날 파리 북쪽의 스와송 지역의 영주였다. 야심을 가지고 프랑크의 왕이 되려고 길을 찾다가 교황의 지지를 받아야겠다고 생각하게 되었다. 이 시기 로마 북쪽의 롬바르드족이 로마를 계속 괴롭혔는데, 피핀이 롬바르드족을 무찔러 주고 교황을 구해 내면서 교황으로부터 로마 교회의 보호자라는 칭호를 듣게 되었다. 이에 그치지 않고 피핀은 정복한 지역으로부터 교황이 세금을 받을 수 있도록 교황의 영지를 주고 교황에게 영토를 더 넓혀 주겠다는 약속도 했다. 이것이 피핀이 교황과의 연대를 도모한 친교황 정책이다. 이 정책이 성공하여 피핀은 쿠데타로 메로빙거 왕조를 타파하면서 카롤링거 왕조로 넘어가게 된다. 이때 피핀은 프랑크의 새로운 왕으로 교황의 지지를 받았다.

피핀의 죽음 이후 샤를마뉴의 10살 어린 동생인 카롤만도 아버지가 돌아가신 3년 뒤 죽었다. 카롤만이 살아 있었다면 동생과 나라를 쪼개서 상속받았을 것이므로 오늘날의 샤를마뉴 같은 대정복자의 모습을 볼 수 없었을지도 모른다. 왜냐하면 게르만의 전통적 풍습 중에는 상속 제도가 있었는데 아들 숫자만큼 재산을 쪼개 주었다. 샤를마뉴에게도 세 아들이 있었지만 한 명은 추방당했고, 한 명은 죽고, 나머지 한 명이 루이 경건 왕이었다. 이 왕에게도 세 아들이 있었는데 이 상속 제도 때문에 루이 경건 왕은 결국 나라를 셋으로 쪼개어 아들들에게 상속했고 각 나라가 프랑스, 독일, 이탈리아 근대 국가의 기원이 되었다.

게르만의 상속제도의 약점은 아들 중심으로 균분상속된다는 것이었다. 아들이 많아도 문제, 아들이 없어도 문제인 제도였다. 아들이 많아서 문제였던 경우의 예로는 신성로마제국의 황제를 제후들이 선거로 뽑게 된 일이 있었고, 아들이 없어서 문제였던 경우의 예로는 샤를마뉴에 의해 신성로마제국이 기원 800년에 탄생하였지만 결국 껍데기만 있는 제국으로 전락하게 되는 양상이 동쪽 지방에서 보인 것이다. 한편 서쪽, 서프랑크를 중심으로 한 지역에서는 시간이 가면서 11세기 경에는 장자 상속 제도가 정착되었고 그 결과 국가와 영토가 유지가 됐다. 그것이 오늘날 프랑스의 중요한 기틀이 되었다. 동쪽에 껍데기만 남은 신성로마제국과 대비되는 모습이다. 이러한 모습은 18세기, 프랑스의 전성기에서도 엿볼 수 있다. 이것이 카롤링거 왕조의 출발점이었고 그 출발점을 연 사람은 칼 마르텔(Karl Martel샤를마뉴의 할아버지)이었다. 칼 마르텔은 프랑스 남서부 프아띠에와 뚜르 지역을 중심으로 피레네 산맥을 넘어온 이슬람과 싸워서 이겨냈다. 이때 졌다면 서유럽은 이슬람화되었을 것이다. 이렇게 아버지 피핀과 할아버지 칼 마르텔의 업적을 등에 업고 샤를마뉴는 유럽 중세 역사의 가장 위대한 황제가 되었다. 라틴어로 Carolus Magnus는 불어로 샤를마뉴 대제라고 하는 말이다. 왼쪽은 기원 802~803년경에 발행된 금화 주화이다. 여기에 샤를마뉴의 상이 새겨져 있다. 대부분 영토를 확장하고 정복 전쟁을 하고 제국이 만들어지면 문물을 정비하고 주화를 발행하는 것이 대체적인 특징인데, 보통 당대에는 잘 이루어지지 않는다. 그러나 샤를마뉴는 장수(약 72세로 추정)하여 주화를 발행할 수 있었다. 정확히 814년 1월 28일 사망했으며, 현대에도 매년 1월 28일에 샤를마뉴를 기리는 행사를 한다. 옛날 로마 때는 비문에 태어난 날과 죽은 날로 나이를 잘 기록했다. 중세 게르만족은 죽은 사람에게 집행하는 의식만을 집행을 하여 죽은 날짜만을 정확히 기록했기 때문에 출생 날짜는 잘 모르지만 사망 날짜만 확실히 잘 알고 있다.

• 카를로스 마크누스 (샤를마뉴 대제)

샤를마뉴가 대략 72세까지 살았다고 볼 때 중세 사회 평균 수명이 30세 정도 밖에 안 되는 것을 고려하면 아주 장수한 것이다. 실제로 장수를 했기 때문에 50차례가 넘는 정복 전쟁을 했다. 오래 살게 되면서 무릎 관절이 안 좋아졌고 말년에는 무릎 관절로 아주 많이 고생했다. 그래서 온천욕을 좋아했고 유황온천이 잘 나는 아헨 지역(오늘날 독일), 제국의 북쪽에 수도를 정하고 궁궐을 지어 신하와 막료들과 목욕을 즐겼다. 한창 목욕을 많이 할 때는 약 100명 정도가 목욕을 같이 하며 물장구를 치고 대화를 나누었다고 해 로마인 못지않게 온천욕을 좋아한 황제였다.

샤를마뉴의 주화를 자세히 보면 로마 황제 카를로스라고 적혀 있다. 이것을 보아, 이 주화는 기원 800년 이후 샤를마뉴가 로마 황제로 대관식을 거행한 이후에 발행된 주화임을 알 수 있다. 로마와 게르만 문화가 결합한 새로운 제국을 탄생시킨 것이 가장 큰 업적(서로마 제국 멸망 후 게르만 세계를 통일하고 서로마 제국을 부활시킨 후 로마 황제로 등극)이다. 롬바르드(이탈리아 북부), 바바리아(뮌헨), 작센 지방(폴란드)을 정복했다. 특히 작센을 정복하고 작센 사람들에게 기독교를 전파한 것은 샤를마뉴의 아주 중요한 업적이다. 이후 10세기, 작센 출신의 오토 대제가 나타나 신성 로마 제국 부활운동을 하게 된다. 오토 대제가 일으켰던 동쪽 지역에 독일을 중심으로 한 신성 로마 제국의 재탄생은 샤를마뉴의 신성로마제국의 연장선에 있었다. 이렇게 신성 로마 제국은 샤를마뉴가 기원 800년에 시작해서 19세기까지, 거의 1000년 가까이 지속되는 모습을 보였다. 샤를마뉴는 이런 동북, 남서 지역뿐만 아니라 서남쪽(오늘날 프랑스 남부에 해당하는 아케타니아 남쪽-로마 때부터 정복이 힘든 지역)까지 복속해서 피레네 산맥까지 영토를 확장했다. 피레네 산맥을 넘어서 일부 지역을 이슬람으로부터 회복하는 기독교 회복 운동의 출발점도 샤를마뉴가 열어 놓았다. 샤를마뉴는 50회 이상의 원정으로 영토를 넓혔다. 샤를마뉴 시대의 프랑크 제국은 서로마 제국, 나폴레옹 제국과 비슷한 크기였는데 이는 샤를마뉴가 대단한 정복자였다는 것을 보여 준다.

정복의 완성은 기원 800년 12월 25일의 대관식이었다. 기록에 보면 크리스마스에 샤를마뉴가 오늘날 옛 베드로 성당의 자리, 베드로 바실리카에서 기도 중이었는데, 교황 레오 3세가 콘스탄티누스 황제(기독교를 공인했던 황제)가 썼던 관을 들고 와서 샤를마뉴의 머리에 씌워 주며 “이분이 우리들의 로마 황제이시다”라고 선언했다고 한다. 이때가 신성 로마 제국의 시작이라고 본다. 이 대관식은 샤를마뉴가 게르만의 왕이 아닌 로마의 유민과 게르만의 신민들을 모두 포괄하는 제국의 황제로 등극하는 의미였다. 로마와 게르만이 하나가 되는 상징적인 사건이었고, 제국 탄생의 상징적인 모습, 신이 이 세상의 지배자로 인정한다는 행사, 서양 사회에서 대관식의 전통이 시작되는 모습이라고도 할 수 있다. 아인하르트라고 하는 샤를마뉴 당시의 전기 작가(귀족)의 기록에 의하면 샤를마뉴는 “내가 오늘 교황께서 저럴줄 알았으면 그 성당에 발도 들이지 않았을 텐데”라고 했다고 한다. 그런 기록에 따라 역사가들 중에는, 샤를마뉴는 원하지 않았지만, 교황이 보호해 줄 사람이 필요했기 때문에(롬바르드의 공격을 막아 줄 사람을 구하기 위해) 샤를마뉴의 대관식을 교황 레오 3세가 독단으로 진행했다고 한다. 그러나 오늘날의 역사가들은 샤를마뉴와 교황의 결탁, 제휴가 없었다면 일어나지 않았을 일이라는 의문을 가지고 있다.

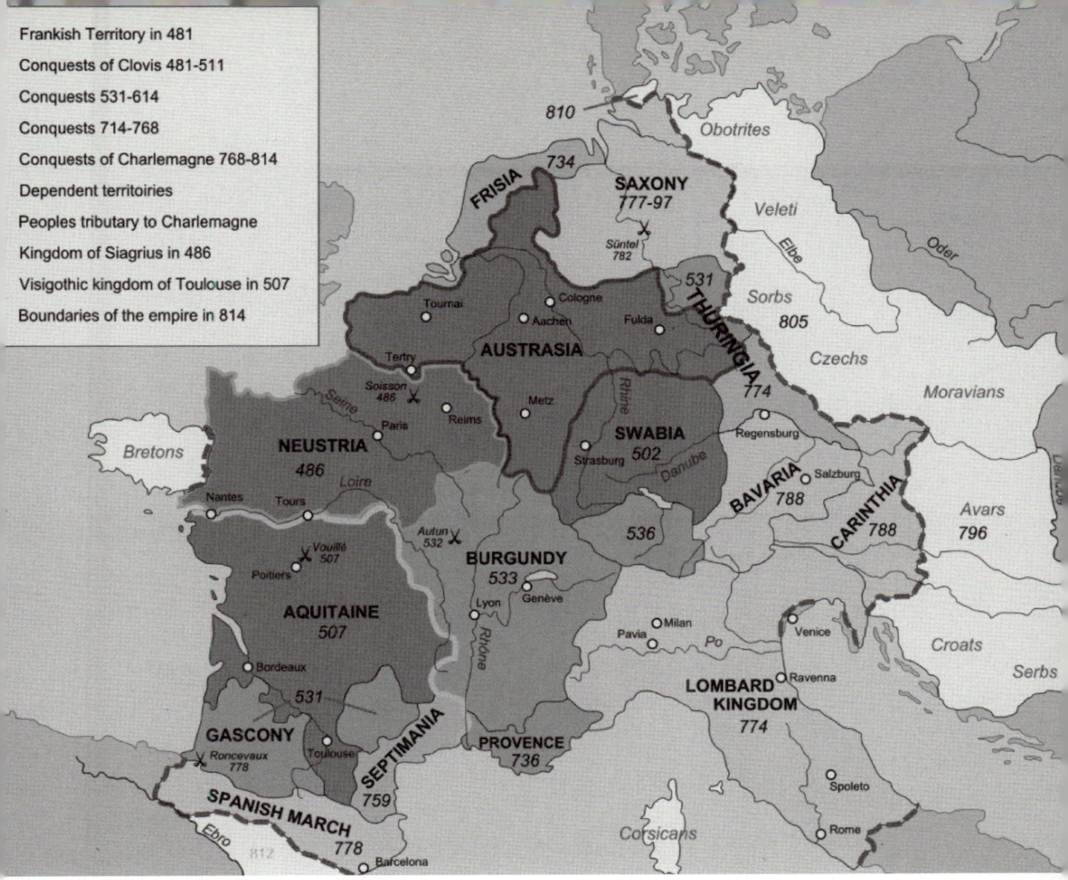

• 샤를마뉴 시대 전성기의 프랑크왕국

그리고 정복 국가에 나타나는 공통된 현상은 정복이 끝나고 제국이 만들어지면 문물을 정비하는 것이다. 샤를마뉴는 제국 전체를 통틀어 문물을 정비할 시간이 없었다. 그래서 샤를마뉴 사후에 제국이 급속히 해체되는, 손자 세대에 가서 세 개로 쪼개지는 모습을 보게 된다. 그렇지만 샤를마뉴는 나름 문물 정비를 위해 노력했다. 대표적으로 아헨에 있는 궁정을 중심으로 한 문예 부흥 운동, '카롤링거 르네상스' 라고 부른다. 카롤링거 르네상스는 15세기 이탈리아 르네상스에 비하면 폭이나 규모가 제한적이고 작았지만 아주 중요한 의미를 가지고 있다. 라틴어 학교와 도서관을 세워서 라틴어를 가르치고 필사를 시켰다. 오늘날 현존하는 그리스 로마의 고전 문헌의 90%가 이때 필사되었다고 이야기한다. 샤를마뉴의 문예 부흥 운동이 없었다면, 우리는 옛날 고대 많은 문헌들의 엄청난 양을 알지 못했을지도 모른다. 15세기 이탈리아 르네상스에서 고전 문예 부흥 운동이 일어나고 필사 운동이 일어나긴 했지만 보고 베낄 원본은 카롤링거 르네상스 때 필사된 것이었다. 샤를마뉴 이후 이러한 운동은 지속되지 못하고 라틴어를 가르치고 필사를 하는 작업이 수도원의 역할로 변했고, 이 수도원이 11세기에 들어 도시가 발달하면서 대학으로 변한다. 우리가 잘 아는 볼로냐대학, 옥스포드대학, 파리대학이 중세의 대학이다. 그 출발점도 '카롤링거 르네상스'에 있었다.

샤를마뉴*는 말 그대로 중세의 신화가 되었고 그 시대에 대제라고 불린 유일한 인물이었으며 '하나의 유럽'이란 이상을 처음으로 실현한 인물이다. '하나의 유럽'에 대한 샤를마뉴의 이상은 20세기에 다시 부활했다. 1957년 이후 유럽통합운동이 일어났을 때 샤를마뉴상을 제정하여 유럽통합운동에 기여한 사람들에게 주게 된다. 유럽 역사에 많은 위대한 사람이 있었지만 살았을 때 대제라 불린 사람은 샤를마뉴뿐이다. 역사가 부르크하르트는 "위대한 인물은 죽고 나면 생전의 죄는 잊히고 위대한 업적만 기억된다"고 한다. 샤를마뉴 역시 살았을 때 많은 정복 전쟁에서 난폭한 일, 예를 들어 작센 지방 정복 전쟁에서는 하루에 4천 명을 죽인 잔혹한 살인마였지만, 오늘날에는 작센을 기독교화하고 그 작센을 중심으로 신성 로마 제국을 탄생시킨 업적의 토대를 만든 사람으로 기억된다. 주화에서 보듯이

---

* 샤를마뉴의 라틴어 이름은 카를로스 마그누스이다.

로마의 카이사르란 말이 황제를 뜻했듯이, 카를로스라는 단어는 통치자를 뜻했다. 이상적인 군주의 이미지에 대한 많은 기록들이 샤를마뉴 사후에 중세의 시나 무훈시 등에 나타난다. 대표적으로 롤랑의 노래가 있다. 샤를마뉴는 오늘날의 보르도, 스페인, 피레네 인근까지 정복했다. 샤를마뉴는 키가 발의 7배가 되는 거대한 신체였다는 것을 토대로 190㎝ 정도의 장신임을 추측할 수 있었다. 현재 루브르 박물관에 있는 샤를마뉴의 스페인 원정 그림에도 말이 당나귀처럼 보일 정도로 거구의 황제로 그려져 있다. 아버지 피핀은 아주 작았지만 아들 샤를마뉴는 아주 큰 체구를 타고났다.

샤를마뉴는 아버지 피핀의 정책을 이어받아 교황과의 유대 관계를 유지했다. 아버지가 교황에게 정복한 일부 땅을 주었고 땅을 더 주겠다는 약속을 샤를마뉴가 지켜냈다. 그 땅이 교황령의 토대가 되었다. 교황령이 하나의 기독교 국가가 되었고 이것을 기반으로 중세에 교황권이 강해진 토대가 될 수 있었다. 이것 때문에 신성 로마 황제가 이탈리아 북부에 대해 간섭하며 교황권과 대립하기도 했지만 [하인리히 4세와 그레고리 7세간의 갈등의 씨앗도 이때 뿌려짐] 기원 800년에 교황 레오 3세로부터 관을 받는 대관식이 거행됐다. 레오 3세는 "가장 경건한 사람 카를, 하느님이 관을 씌워 주신 왕, 평화를 가져온 위대한 황제여, 장수와 승리를 누리소서"라고 3번 반복하고 교황이 황제 앞에 엎드려 "지상의 통치자"라 부르며 대관식을 거행했다. 이때 교황 레오 3세는 아주 어려운 처지였다. 교황이 되는 과정도 어려웠었고 교황이 된 후에도 반대파가 있었으며 납치를 당해 살해 위협도 느꼈다. 이 상황을 보아 교황은 샤를마뉴에게 기댈 수밖에 없었다. 샤를마뉴 입장에서도 로마에 기독교민이 많았고,

프랑크 왕국도 기독교화가 되었기 때문에 교황의 지지는 엄청난 정치적 선언과도 같았다. 샤를마뉴는 경건한 생활을 했다. 개인적으로 기독교에 독실했고, 이 때문에 작센을 기독교화 하려고 하는 과정에 사명감도 실현하고 싶었다. 궁정에 학교도 세우고 도서관도 세우고 고전 문헌도 필사했으며 교육개혁도 했다. 많은 문헌을 양피지에 필사하다 보니 둥근 글씨체(연설체)가 개발되었고, 이 글씨체를 기반으로 소문자가 개발됐다. 그 전에는 대문자만 사용했었다. 당대 훌륭한 학자를 궁정에 초빙하여 토론하고 가르치기도 했다. 당대 최고의 학자인 영국의 요크 지방의 엘킨이 남긴 시에 "포도를 가꾸는 것보다 책을 쓰는 것이 더 의미가 있다. 앞의 것은 위장에 봉사하지만 뒤의 것은 영혼에 기여한다"라는 내용이 있다. 이 시로 샤를마뉴 시대의 교육과 학문에 대한 애정을 엿볼 수 있다. 샤를마뉴는 기원 814년 1월 28일에 사망했는데 샤를마뉴의 죽음은 세계가 슬퍼한 죽음이었다. 유럽의 기초를 닦은 샤를마뉴 신화는 그의 사후에도 계속 유럽 사회에서 하나의 신화가 되어 샤를마뉴에 대한 의식을 집행했을 뿐만 아니라 이후 신성 로마 제국의 황제들은 샤를마뉴를 이상적인 군주로 여기고 닮으려고 했다. 샤를마뉴는 살아서는 전설이었고 죽어서는 신화가 되었다. 샤를마뉴가 꿈꾸었던 '하나의 유럽'의 이상은 20세기 유럽에서 유럽 공동체(EU)로 다시 실현되었다.

이야기 둘

중세인들이 믿은 것과 두려워한 것

1. 중세의 세계관

중세의 세계관은 어떠했을까? 한마디로 기독교적 세계관이라 할 수 있다. 중세의 기독교적 세계관은 그 큰 틀이 성 어거스틴에 의해 완성되었고 이후 천 년간 지속되었다. 물론 어거스틴의 사상은 사도 바울의 영향을 받았고 13세기에는 토마스 아퀴나스에 의해 약간 수정되게 된다.

초기 교회의 사도들의 역할

초기 기독교가 발전하는 데는 사도들, 특히 베드로와 바울의 영향이 컸다. 이 두 사람 없이는 기독교의 발전을 설명하기 힘들다. 베드로는 교회 조직을 정비했다. 마태복음에 나오듯이 예수는 십자가에 못 박혀 베드로에게 "너의 반석 위에서 지상에 교회를 건설하리라"라고 일렀다. 그래서 베드로를 최초의 교황이라고 한다. 베드로가 선교 활동하다가 묻힌 자리에 성당을 지었기 때문에 그 자리에 지금 베드로 성당이 있고 교황이 거주한다. 바울은 초기 교회의 교리 정비와 이론화에 앞장섰다. 베드로는 어부였지만 바울은 유대 율법학자(지식인)였다. 바울은 성 어거스틴에 영향을 많이 미쳤다. 특히 예수의 사후, 기독교에서 초기 교회의 방향에 대한 논쟁이 있었을 때[유대인의 메시아냐 인류의 메시아냐라는 논쟁이 있었을 때] 예수의 동생이던 야곱은 '예수는 유대인의 메시아'라고 주장했다. 당시 이 야곱 노선의 지지층이 더 넓었다. 반면 바울은 예수님은 유대인을 구원하려고 온 것이 아니라 인류를 구하러 온 것으로, '인류의 메시아'라고 주장했다. 기독교가 민족 종교인지 세계 종교인지 노선의 갈등이 있었던 것이다. 야곱이 우위에 있었는데, 유대인들이 반란을 일으키고 로마의 티투스가 이를 진압하면서(79년 유대 반란) 유대의 공동체를 파괴했다[이후 이천 년 동안 유대인이 정착지 없이 떠돌아다니다가 20세기에 와서 이스라엘이라는 유대인들의 새로운 국가를 만들었다.] 그 속에서 유대 메시아라는 노선이 무너졌고, 그 이후 바울의 '예수님은 인류의 메시아다'라는 세계 종교로 가는 길이 열렸다. 기독교의 세계화는 바울에 의해 시작된 것이다. 바울은 예수님의 말씀을 전하기 위해 넓은 로마 제국에서 세 차례 이상 선교 활동을 했다. 바울의 선교 활동은 유명하다. 인터넷에 검색을 해 보아도 로마의 대도시를 중심으로 수차례에 걸쳐 선교 활동을 했음을 쉽게 알 수 있다. 이 활동이 기독교의 세계 종교화에 크게 기여하게 된다. 선교 활동을 하면서, 바울은 신에 의한 구원이 예정되어 있다는 예정설을 내놓는다. 이 예정설은 후대의 교부 철학자들에게 영향을 미치게 되는데, 가장 중요하고 가장 대표적인 인물은 성 어거스틴과 칼뱅이다. 여기서는 성 어거스틴의 사상을 중심으로 중세의 세계관을 살펴보려고 한다.

2. 성 어거스틴과 토마스 아퀴나스

성 어거스틴은 430년에(서로마 제국이 멸망하기 50년 정도 전) 76세의 나이로 사망한 로마 제국 후기의 인물이다. 450~451년의 로마는 알라릭이 쳐들어오고 로마가 포위당하는 등 위험한 시기였다. 또한 세력이 강성해진 훈족이 위협을 가해 풍전등화의 위기에 놓여 있었다. 로마는 전통적으로 다신교 사회였기 때문에 전쟁의 신 마르스가 로마를 보호한다고 생각했다. 기독교는 '신은 하나일 뿐이다'라고 하여 전쟁의 신을 부정하면서, 더 이상 마르스 신이 로마를 보호하지 않는다고 생각했기 때문에 기독교에 대한 상당한 비판이 일어났다. 그러나 성 어거스틴은 로마가 타락한 제국이기 때문에 로마가 멸망하는 것이 신의 구원에 가까워짐을 의미한다고 주장했다. 그래서 성 어거스틴은 『신국론』을 쓰게 된다. 또 자신이 기독교도가 된 과정을 『고백록』, 『참회록』으로 썼다. 성 어거스틴은 자신의 책에서 신과 인간의 문제, 신의 존재, 증거, 신앙과 이성의 관계, 선과 악의 문제 등을 다루었다[이후 토마스 아퀴나스가 수정한다.] 이렇게 어거스틴에 의해 만들어진 생각들이 중세에 천 년 동안 지속된다.

먼저 기독교의 기본적인 생각은 중세의 목판화를 보면 알 수 있듯이 신의 구원을 기다리는 기독교적 세계관이 지배하게 된다. 이것은 성 어거스틴의 『신국론』과 『고백록』 속에도 나타난다. 성 어거스틴은 진리에 이르는 두 가지 길, 신앙에 의한 길과 인간의 자유의지에 의한 길, 이 두 길의 조화를 강조한다. 그 속에서 근대의 이성적 사고로 인류가 이동해 가는 모습을 보이게 된다. 이것이 중세의 세계와 인간을 보는 큰 틀이다.

천 년 뒤 13세기에 이르러 파리대학의 교수였던 토마스 아퀴나스에 의해 이성을 강조하는 아리스토텔레스 철학이 부활했다. 이 영향을 받아서 신학 체계에 '인간의 이성에 의해 진실을 알 수 있다'는 새로운 세계관이 결합되어 나타난다. 그런 혼돈의 시기를 잘 정리해 둔 것이 토마스 아퀴나스의 『신학대전』이다. 성 어거스틴의 중심 사상은 학자에 따라 세 가지, 또는 그 이상으로 나누기도 한다.

섭리사관

인간 사회는 신의 섭리에 의해서 움직이는 세계라고 본다. 말하자면 신의 섭리에 의해 인간 사회는 예정되어 있고, 인간 사회는 신의 계획에 따라 진행된다고 생각하는 것이다. 그러다 보니 그 속에서 인간은 신에 의해 창조되었고, 신의 섭리와 계획에 따라 살아가는 것이다. 신은 완전한 존재, 진리 그 자체이고 모델이며 인간은 그 모델의 불완전한 모사품이라고 생각되었다. 신과 인간의 관계는 원본과 불완전한 복사본의 관계라고 이야기한다. 성 어거스틴은 그 당시 플라톤의 철학을 공부했기 때문에 플라톤의 철학에 나오는 이데아(현실에는 존재하지 않지만 완전히 이상적인 표본)를 예로 들어 설명했다. 현실에 존재하는 것은 완전한 이데아의 불완전한 모사품이라는 이 이론을 끌고 와서 신과 인간에 대입하여 설명했다. 어거스틴에 의하면 인생이란 '불완전한 인간이 완전한 존재인 신을 닮아 가려고 노력해 나가며 하루하루 완성되어 가는 것'이다. 중세 천 년 동안 어거스틴의 사상이 자리 잡게 되면서 그리스에서도 플라톤의 철학이 정통 철학으로 자리 잡게 되었다.

라파엘로의 작품 「아테네 학당」을 보면 플라톤(관념적)과 아리스토텔레스(경험적)가 정반대의 모습을 보이고 있듯이 두 학자의 방식은 정반대였다. 플라톤의 철학이 정통 철학으로 자리 잡으면서 아리스토텔레스의 철학은 이단으로 분류되었다. 그러나 아리스토텔레스의 이론은 13세기에 다시 부활하여 토마스 아퀴나스에 의해 신앙과 이성이 조화를 이루는 신학 체계가 다시 새롭게 등장한다.

시간론

어거스틴은 '신의 시간'과 '인간의 시간'이 다르다고 이야기한다. 인간의 시간은 신의 창조물이라고 보았다. 신은 한순간에 모두 보고, 인간의 시간은 아주 길고 영원하다고 생각했다. 신은 모두 알고 있고 인간은 경험을 통해 알아 나간다고도 이야기한다. 현대 학자는 연극 무대에서 연출자와 배우의 시간이라고 비유하기도 한다. 연출자의 머릿속에는 연극의 진행이 모두 들어있지만 배우는 한 동작 한 동작 모두를 행하고, 그래야만 관객이 내용을 알 수 있다는 것에 비유하는 것이다. 이런 접근 방법에 따라 7세기까지만 해도 서양의 학자들은 신이 인식하는 체계와 인간이 인식하는 체계가 다르다고 생각했다. 17세기, 이탈리아의 비코라는 사상가 또한 성 어거스틴의 분류 방식과 비슷하게 신의 인식과 인간의 인식이 다르다고 설명했다.

이원론

이원론적인 세계관은 어거스틴에게 상당히 중요한 세계관이다. 이후 서양 문명에 이원론적 접근 방법을 정착시켰다. 어거스틴은 아버지는 마니교(페르시아 종교의 한 분파. 선의 신과 악의 신이 있으며 인간의 삶은 선의 신과 악의 신의 투쟁이라고 봄.) 신자, 어머니는 기독교 신자였으며 18세에 기독교로 개종하기 전까지는 아버지의 영향으로 어거스틴 역시 마니교 신자였다. 어거스틴은 『신국론』에서 인간의 역사는 신국과 지국의 대립 투쟁의 역사라고 이야기한다. 이것은 마니교의 이원론적 세계관이다. 칼 마르크스가 인간의 삶이란 생산 수단을 가진 자와 생산 수단을 가지지 못한 자의 대립 투쟁의 역사라고 언급한 것 역시 어거스틴의 영향을 받았다고 한다.

어거스틴은 선과 악의 문제 또한 이원론적으로 설명하며 선과 악의 대비를 통해 인간 사회를 설명하려는 방식을 취했다. 어거스틴은 신이 선을 만들었지만 악을 만들지는 않았다고 생각했다. 태양은 어둠이 아닌 빛만 발하지만 닿지 않는 곳에는 저절로 어둠이 생기듯, 신은 선만 만들었지만 선이 닿지 않는 곳에 악이 생긴다고 설명한다. 악이란 선이 결여된 상태이지 신에 의해 창조된 상태는 아닌 것이다. 신은 모든 인간이 선에 들기를 원한다고 생각했다. 악이 되고 싶지 않다면 선이 있는 곳, 신이 있는 곳으로 가까이 오라는 의미였다. 이것이 구원의 과정이라고 생각했다.

그리고 인간은 '자유의지'로 선과 악을 구별할 수 있다고 생각했다. 이 자유의지가 사도 바울에게는 없었다. 바울은 신에 의해서 인간은 구원될 것이라고 했지만, 어거스틴은 '인간의 자유의지로 선에 다가가야 한다'라고 말한다. 종교개혁 시기의 칼뱅의 '예정설'과도 다른 점이 있다. 칼뱅은 결말은 정해져 있으나 우리가 모를 뿐이라는 결정론적 '예정설'을 내놓았다. 이 점에서 바울의 '예정설', 어거스틴의 '자유의지설'과 다르다. 칼뱅은 우리가 가지고 있는 직업도 신이 정해 주신 것이라는 '직업 소명설'도 내놓았다. 칼뱅은 우리가 미래에 구원이 될지는 알 수 없으니 신이 내린 이 직업에 최선을 다하면, 구원에 가까이 갈 것이라는 믿음을 갖는다. 이 3인(어거스틴, 칼뱅, 바울)의 신의 구원을 받는 방법은 모두 다르다. 자유의지는 이성만으로는 할 수 없고, 자꾸 기도를 하여 신앙에 의해 이성이 눈을 뜨고 신을 접해야 옳고 그름을 알 수 있다고 말한다. 신의 빛을 쬐어야 인간의 이성이 진실을 볼 수 있다고 생각한 것이다. 어거스틴의 인식 체계에서 가장 높이 있는 것이 신앙, 그 다음에 있는 것이 이성, 마지막에 감성이 있고 신앙에 의해 진리에 접근할 수 있는 것이다.

13세기 토마스 아퀴나스의 시대로 오게 되면 아리스토텔레스의 철학이 부활하고 『신학대전』이 집대성된다. 이성을 도입하는 것이 이 책의 핵심이다. 어거스틴에 의하면 신의 빛이 쬐지 않으면 인간의 이성도 진실을 볼 수 없다고 생각하지만, 토마스 아퀴나스는 인간의 경험과 이성만 있더라도 판단이 가능하다고 본다. 신앙과 이성, 이 두 가지의 조화를 설명하며 어거스틴의 신학을 수정 보완했다. 토마스 아퀴나스는 50세가 채 안 되는 나이에 일찍 사망했다. 파리 대학에 있을 때에 많은 사람들이 주목했다. 그 당시에 나타난 신앙과 이성의 갈등의 문제, 플라톤 철학과 아리스토텔레스 철학의 조화의 문제, 성 어거스틴 철학만으로는 설명되지 않는 이성에 대한 관심 등을 조화시켜 나갔다. 토마스 아퀴나스의 사상의 핵심은 '신앙과 이성의 조화'이다. 토마스 아퀴나스는 『신학대전』에서 이렇게 묻는다. "어떤 사람이 가난한 사람을 돕고 싶어서 도둑질을 했다. 남의 물건을 훔쳐 가난한 사람을 도운 것은 옳은 일인가?" 이 문제에 대한 성 어거스틴의 답과 철학자[곧 아리스토텔레스, 이 이름은 이단이라는 이유로 당시에는 쓸 수 없었다]의 답은 다르다. 여기서 철학자는 인간의 이성과 분별력으로 판단할 문제이지 신앙의 문제가 아니라고 말한다. 진리의 조건을 신앙과 이성에 의해 접근한다. 이것이 13세기 새로운 신학 체계의 모습이었다. 중세 신학 체계는 바울, 성 어거스틴, 토마스 아퀴나스로 이어지고 그 중심에는 성 어거스틴이 있었다.

이야기 셋

가까이서 보는 중세, 멀리서 보는 중세

1. 중세인의 삶과 죽음

중세의 목판화를 보면 예수 그리스도를 중심으로 기도하는 자와 싸움하는 자들이 한쪽 옆에 서 있고 그 아래 노동하는 농민이 그려져 있다. 이 3위계의 목판화에서 두 집단, 즉 기사와 농민의 삶을 먼저 살펴보자.

봉건사회

마르크 블로크(Marc Bloch)의 『봉건사회』에 대한 이야기를 해 보자. 일반적으로 오랫동안 서양 중세 사회를 설명하면서 제일 먼저 했던 이야기는 봉건제이다. 역사는 증거가 있어야 하는데, 그 증거는 사료라고 부르는 기록이다. 19세기, 20세기 초 역사학이 많이 발달할 무렵에는 법 사료에 의한 제도사적 접근 방법이 많았다. 이러한 제도사학파에 의해 봉건제에 대한 법률적, 제도적 특징들이 많이 연구되었다. 이후 경제적 부분 등 다양한 부분이 새로 포함되면서 1940년대 후반에 가서는 새로운 연구가 나타났다. 사회사의 연구인데, 대표적인 학자가 아날학파의 마르크 블로크이다. 마르크 블로크는 2차대전 직전에 소르본 대학 중세 농업사 교수로 재직하고 있었다. 그의 『봉건사회』는 중세 사회를 보는 데에 제도적, 법률적 접근 방법이 아니라 사회사적으로 보는 새로운 시각을 담은 책이었다. 농민과 기사의 개인적인 삶은 봉건사회 안에서 이루어진다. 마르코 블로크는 유럽 봉건제의 특징을 다섯 가지로 나눈다.

첫 번째 특징은 농민층의 자발적 예속이 있는 것이다. 농민의 예속이 강제적이지 않고 자발적이었던 것이다. 구질서가 해체되고, 위기가 오고 불안해지면서 농민들은 스스로의 의지에 따른 자발적 예속이 일어났다. 두 번째 특징은 '봉'[封(Fief). 토지, 옷, 말, 돈 등 다양하지만 가장 큰 부분은 땅(봉토)이다.]이 광범위하게 이용되었던 사회이다. 이 '봉'에서 봉건사회라는 말이 나왔다. 토지를 하사하고(분봉) 받은 사람은 충성을 다하는(신서) 사회 구조였던 것이다. 세 번째 특징은 직업적 전사계급의 사회적 우월성이 나타난 사회이다. 어느 사회든지 특정 직업이 선망의 대상이 된다. 현대 사회에서는 엔지니어들을 대우해 주는 것이 그 예이다. 그 당시에는 싸움, 전쟁을 직업으로 하는 사람이 우대받았다. 대표적인 것이 기사 계층이다. 기사 계층이 하나의 신분으로 자리 잡는 것은 11세기 경에 나타난다. 유럽은 9세기부터 봉건사회에 진입하지만, 신분으로 자리 잡는 데는 2세기 정도 걸린 것이다. 어쨌든 하나의 계급으로 전사계급이 있었고, 누구나 전사가 되려 했으며, 선망의 대상이었다. 네 번째 특징은 복종과 보호의 유대 관계가 있는 사회였다. 예를 들어 토지 혹은 돈, 옷, 말을 주었을 때의 고마움을 보답하려고 군사적 충성을 다하는 것이다. 막스 베버는 봉건제를 정의하여 '봉의 수수와 그에 대한 반대급부로서 군사적 충성의 서약이 이루어지는 쌍무계약관계'라고 하였다. 다섯 번째 특징으로는 권력이 중앙집권화되지 않고 세분화(파편화)되는 것이다. 이러한 특징들이 다 합쳐져서 하나의 전형적인 봉건사회를 이룬다. 전형적인 봉건사회는 11세기에 라인강과 르와르강 사이에서 나타났다. 중심이 되는 곳은 독일 남부와 프랑스 지역이었다. 이러한 봉건사회의 특징이 중세의 기본적인 거시적 구조의 틀이었다.

원죄설

중세는 태어나는 순간부터 죄를 지은 인간이라는 '원죄설'이 있었다. 고통으로 끊임없이 이어지는 것이 인간의 삶이라고 보았으며, 기록에서도 나타난다. 인노켄티우스 교황이 학자 시절(기원 1200년경),

『인간 존재의 비참함에 대하여』라는 책을 썼다. 인간의 삶이란 두려움과 고통, 죄의 수렁 속에서 비참하게, 죽음을 향해서 살아가는 것이라고 말한다. 이것이 중세 시대의 삶에 대한 인식이다. 몇 년 전 OECD 포럼의 주제가 행복(happiness)이었다. 한 사회나 국가가 얼마나 발전했는가를 예전에 사용하던 지표(1인당 GNP)로 보지 말고, 삶의 질과 행복감으로 나타내는 행복지수를 개발하여 얼마나 살기 좋은 나라인지 살펴보자는 내용이다. 이런 관점에서 보면, 중세는 고통과 죄의식으로 점철되어 우리의 생각과는 확연히 달랐던 사회이다.

1년이 채 안 된 아이들이 50% 가까이 죽었다. 중세에만 나타난 현상이 아니라 고대에도 그러했다. 고대와 중세는 '죽음이 만연한 사회'였다. 이러한 공포에서 벗어난 것은 최근의 19세기이다. 고대 로마 12표법에도 태어난 지 7일이 안된 아이들을 내다 버리는 것은 살인죄가 적용되지 않았다. 출생을 인간의 존재로서 인정하지 않은 것이다. 중세에는 약간 다르지만 사회 관행으로 보았을 때, 어머니의 젖을 처음 물었을 때, 또는 목에다가 꿀을 먹였을 때, 인간으로 태어났다고 보았다. 그런 과정이 있기 전에 아기가 기형아 이거나 키울 형편이 되지 않아 버리거나 살해하는 것은 범죄가 아니었다. 이렇게 보면 중세 사회도 유아살해가 상당했던 사회라고 보인다. 이렇게 유아살해는 의도적인 경우도 있지만 삶의 조건이 열악해서 죽는 경우도 많았다. 부모가 술에 취해서 몸을 가누지 못해 눌린 채로 사망하거나 질병 등으로 1세 이전 사망하는 경우가 많았다는 기록이 있다. 중세의 평균 수명이 30세 정도인 것도 이러한 요인이 작용하는 것이다. 평균 수명이 낮다는 것은 어느 사회나 유아 사망율이 높다는 것 을 의미한다.

중세의 어린이 양육 문제

일반적으로 아이가 7~8세가 될 때까지는 먹이고 키워야 한다. 그 이후에는 일을 할 수 있는 노동자의 나이로 본다. 로마 때도 비문 등을 보면 평균 혼인 연령은 12~13세였고 8살에 초혼을 하는 경우도 있었다. 이것은 7~8세의 남아가 노예로 팔리기도 했다는 뜻이기도 하다. 중세도 이와 비슷했다. 그래서 중세도 7세 정도가 되면 아이들이 노동할 수 있는 나이로 인식했다. 7세쯤 된 아이들을 수도원에 맡기기도 했다. 가난한 집의 경우 먹을 게 없어서 맡겼다. 이런 아이들은 이제 본인의 먹을 것을 찾은 신에게 봉헌된 아이라고 생각했다. 이것을 보면 중세 사회가 상당히 궁핍했던 사회라는 것을 알 수 있다.

중세에 어린이 양육은 7세와 15세가 기준이 되어 달라졌다. 토마스 아퀴나스도 7살에 수도원에 들어갔다. 어떤 주교가 남긴 기록에 의하면 그 이후 평생을 어떻게 살았는가를 설명하며 세상의 즐거움을 알지 못했고, 어떻게 노는지도 알지 못하며 배우지도 못했다고 한다. 15세 정도가 되면 수도원에 들어간 아이들은 수도원의 기본적인 계율인 베네딕트 계율, 청빈하고 순결하고 복종해야 하는 서약에 따라 삶을 살게 된다. 『노틀담의 곱추』를 보면 중세인의 삶과 수도원의 특징적인 모습을 볼 수 있다. 한편으로는 중세는 영혼의 구원을 갈구한 시대이지만, 영혼의 구원보다는 경제적인 문제 등에 수도원이 어떤 역할을 담당했는지 보여 준다.

삶은 신의 섭리에 따른다

중세인의 삶에 중요한 또 하나의 특징은 모든 불행은 신의 형벌이라고 생각했다. 중세 사회는 신이 세상을 창조하고 인간의 삶도 신에 의해 예정되어 있다는 '섭리사관'의 사회였기 때문에 모든 불행을 신이 주는 형벌이라고 생각했다. 가뭄, 재난, 기아 등도 그런 현상으로 설명했고 전쟁이 나도 인간의 죄를 응징하기 위해 적들이 쳐들어오는 것이라고 생각했다. 그러다 보니 교회는 한 국가가 담당해야 할 사회 안전망의 역할을 담당했다. 가난한 이들을 구호하고 국가적 위기에 나서기도 했다. 대표적인 예는 훈족의 왕 아틸라가 쳐들어와서 로마를 포위했을 때 교황 레오1세가 아틸라를 설득하여[물론 많은 재화를 주기도 했고 아틸라가 물러난 이유에는 전염병도 있었지만] 유혈 사태를 막고 포악한 아틸라를 물러나게 한 사건이다. 그 이래로 종교적 지도자가 국가적 위기에 나서는 모습이 많이 보였다. 그 중 작은 부분의 하나로 가난한 이들을 위한 구호활동도 있었다. 이것은 이슬람 교회에도 나타나는 모습이었다. 기독교로부터 이슬람이 배운 것이었다[현재도 가톨릭이든 개신교든 상관없이 그러한 모습을 보여 주고 사회적으로도 의미 있는 모습이다.] 어쨌든 중세에는 이성적인 접근 방법이라기 보다는 모든 것을 신앙과 연결 지으며 모든 일을 신의 분노와 은총으로 연결했다. 그래서 중세의 사람들은 악천후의 기후 조건이라든지, 기근, 굶주림, 짐승의 공격, 죽음, 사악한 영주조차도 인간의 죄에서 비롯된 신의 분노 때문에 일어난 일이라고 생각했다. 농사가 잘된 풍작이라든지, 전쟁을 하지 않는 평화, 집에서 개가 도둑이 들지 않게 잘 지키는 것, 고양이가 쥐를 잘 잡는 것조차도 신의 은총이라고 생각했다.

음식의 구별

중세의 한 가지 큰 특징은 부자의 음식과 가난한 자의 음식에 구별이 있었다. 기본적으로 중세 사회의 사람들은 가난조차도 신이 내린 것으로 생각했다. 그래서 오늘날의 빈부격차의 생각과는 달랐다. 빈부란 신의 벌과 은총으로 이해했다. 일반적인 많은 사람들이 가난했는데 음식도 주로 빵, 치즈, 드물게 고기를 조금 먹는 모습을 보였다.

교회의 경우에도 교황의 지시에 따라 교회 수입의 1/3이나 1/4 정도는 가난한 사람들에게 음식을 제공하는 데에 사용했다. 1789년에 일어난 프랑스 혁명도 빵을 구하지 못해서 일어난 폭동이었고, 우리가 잘 아는 1905년 러시아 혁명, 1917년의 볼세비키 혁명 역시 먹을 것을 달라는 구호에서부터 출발했다. 서양은 계속해서 먹을 것이 부족한 사회였다. 가장 큰 이유로는 중국 같은 경우는 땅이 비옥해서 양쯔강의 경우 2모작도 가능했고, 토지 생산성이 20배 정도 됐는데 유럽은 아주 비옥한 지역도 토지 생산성이 4배 정도 밖에 되지 않았다. 토지 생산성이 낮기 때문에 노동 생산성을 높여야 했다. 결국 인간의 노동력을 착취할 수밖에 없었다. 헤겔 같은 사람은 아시아를 '총체적 노예제'라고 했지만 틀린 말이다.

인간이 인간의 노동력을 수탈하는 가혹한 노예제도는 아시아가 아닌 유럽에서 발달했다. 그리스, 로마, 중세 유럽의 농노제, 이것들이 모두 인간의 노동력을 착취하는 것이다. 농노들은 일주일에 3일을 무조건적으로 영주에게 노동력을 바치며 강제적으로 노동했다. 일주일에 3일을 노예로 지낸 것이다. 이런 모습을 보인 가장 큰 이유가 낮은 토지 생산성 때문이다. 중세 13세기의 한 시인이 남긴 기록에 노동하는 작업장을 묘사한 시가 있다. "그녀들이 먹는 것은 거의 빠져나가려고 하는 목숨을 겨우 부지할 정도의 작은 빵 정도이다. 그것만으로 근근이 먹고 삶을 연명하고 있다. 고기와 생선은 찾아보기 힘들다. 모두 바짝 야위고 창백한 영양 결핍 상태이며 옷도 부족하고, 그런 상태로 손 일을 하고 있다." 또 하나 주목할 점은 그 여성들이 모두 젊은 여성이었다는 사실인데 이것으로 보아 당시에는 오래 살지 못할 만큼 삶이 궁핍했다고 보인다.

기사들의 삶

이제 사회의 1%밖에 되지 않았지만 상층 계층인 기사들의 삶을 알아보자. 처음에 중세의 기사는 아주 어설프게 시작했다. 출발점은 게르만 사회의 풍습에서 시작됐다. 아버지가 아들의 어깨를 나무막대로 툭툭 치며 "이제 너는 싸움을 할 수 있는 사람이 되었다"라고 말하면 직업적 전사가 됐다. 이러한 의식이 기사 계층으로 발달한다. 나중에는 왕의 기사서임식으로 발전한다. 이러한 과정에서 기사도가 만들어진 모습은 11세기, 12세기 이후의 모습이다. 〈롤랑의 노래〉 등 기사를 노래한 것은 모두 12세기 이후에 나타났다.

이런 기사들의 삶은 호화롭고 사치스럽다기보다는 절제와 충성

• 1066년 헤이스팅스 전투

으로 만들어졌다. 그들이 입는 무거운 갑옷, 그 이면에는 기사들의 삶의 처참함도 있었다. 경주 박물관에 가면 신라 때 사용하던 등자가 있다. 이상하게 유럽은 유라시아 유목민의 침략을 많이 받았음에도 불구하고 등자의 도입이 늦었다. 많은 학자들이 추측하기를 9세기 이후 등자가 도입되고, 11세기 이후 보편화됐다고 보았다. 그러다 보니 기사들은 11세기 이후에야 발을 받칠 등자를 갖게 된 것이다. 그 전에는 기사들이 다리가 고정되지 않다 보니 짧은 칼을 썼고 이후에야 긴 창이 도입됐다. 이러한 이유 때문에 중세 기사들의 직업병, 가장 많이 걸려서 죽는 병은 발이 퉁퉁 부어서 죽는 부종이었다.

1066년에 노르만족이 영국을 침략했을 때 벌어진 '헤이스팅스의 전투'는 유명하다. 게르만의 윌리엄 정복왕과 헤럿 왕과의 전쟁을 다룬 것이다. 현재 전해지는 삽화에는 죽은 기사의 갑옷을 벗겨서 훔쳐가는 장면도 묘사되어 있는데, 갑옷이 아주 비쌌기 때문이다. 이 또한 기사들의 비참한 모습이다. 돈키호테의 작품을 보아도 기사라는 직업이 호화롭고 사치스럽기보다는 얼마나 어둡고 우스꽝거리가 되는 삶을 살았는지 알 수 있다. 현재도 독일의 뮌헨이나 영국의 워릭(중세 때 무기를 가장 많이 만들어 수출했던 도시)에 가면 중세의 기사들의 삶을 복원해서 관광객을 받고 있다. 1년에 한 번씩 말을 타고 마상창 시합을 하기도 한다. 절제와 명예, 예절을 중시하고 강조했던 기사도의 모습을 복원하여 보여 준다. 시대를 넘어 전하고 있는 이야기인데 이러한 이야기가 자리를 잡게 된 것도 12세기, 13세기 즈음이다. 이 무렵부터 기사 계층이 쇠퇴하기 시작했다. 역설적이지만 기사도가 발달하기 시작하고 기사도의 예절이 강조되기 시작한 것도 13세기 이후이다. 십자군 전쟁을 통해 많은 기사들이 죽고 기사도가 쇠퇴했으며, 결정적으로 화약의 등장으로 몰락했다. 포를 쏘고 총을 쏘다 보니 말을 타고 싸움을 하는 기사들의 메리트가 없어졌다. 기사가 몰락하기 시작할 때 기사를 찬양하기 시작하는 음유시인들의 찬양이라든지 무훈시 등이 등장했다. 매우 역설적인 중세인의 삶의 또 하나의 모습이다.

신분

중세에 기사들은 1%밖에 되지 않았고 대다수는 농민이었다. 11세기에 들어서면 신분이 정착하게 되는데 농민과 기사의 대우가 달라지고 바르바르샤 황제에 의해 기사의 아들만 기사가 될 수 있었다. 성직자나 농민의 아들은 기사가 되지 못하게 신분도 고정시켰다. 신분 계층이 다르다 하더라도 성별이 다르다 하더라도 중세의 기사도를 보면 귀부인 앞에서 온갖 예절을 다하는 기사의 모습을 볼 수 있다. 이것은 대체로 중세의 음유시인들이 노래한 시 속에서 나타나는 기사들의 모습이고 역사가들이 기록한 모습에 의하면 여자들은 기사에 의해 매를 많이 맞고 열악한 삶을 살았다. 샤를마뉴 같은 대황제도 아인하르트라는 전기 작가의 기록에 의하면, 술이 취하면 대신들 앞에서도 부인을 발로 차고 했다고 하니 남성에 비해 여자들의 평균 수명이 낮고 사회적 대우도 열악했다.

죽음

죽음은 누구에게나 똑같았다는 것이 중세 사회의 특징이다. 그러나 중세에는 죽음도 좋은 죽음과 나쁜 죽음이 있었다. '좋은 죽음'은 영혼이 구원받는 죽음이었고, '나쁜 죽음'은 영혼이 구원받을 시간도 없이 빨리 죽는 것이었다. 중세 시대는 죽음이라는 결과보다도 어떻게 죽음에 이르는가, 죽음의 과정이 중시되었다. 중세에는 죽음을 연습하고, 죽음을 대비하는 것을 높이 평가했고 심장마비 등 빠른 죽음을 나쁘게 평가했다. 일례로, 아리우스파(예수는 인간이다)와 아타나시우스파(예수에게는 신성이 있다)의 논쟁에서 아타나시우스파가 정통으로 채택되며 아리우스파가 이단으로 몰렸다. 이단자 아리우스가 336년에 콘스탄티노플 시내를 걷다 갑자기 쓰러져 죽었다. 이단자였기 때문에 신의 벌을 받았다고 기록되었다.

또 하나는 교회나 성당의 입구를 가면 부조가 있다. 그 부조는 빈 의자가 있고, 그 오른쪽에 화장실에서 볼일을 보다가 내장이 쏟아져 죽음을 맞이한 사람의 모습을 그려 놓고 있다. 중세에서 전해져 온 화장실에서 죽음을 맞이한 교황에 대한 이야기이다. 교황이지만 신에 대한 경건함이 적었고, 이단적 생각을 했기 때문에 화장실에서 볼일을 보다가 이질에 걸려서 내장이 밑으로 쏟아져 죽었다고 하는 이야기이다. 그 교황의 입에서 영혼이 빠져나가는 모습도 묘사해 두었고, 그 뒤에 세 악마가 교황의 영혼을 훔쳐가는 모습도 묘사되어 있다. 사실인지 아닌지는 알 수 없지만, 여러 성당의 입구에 새겨 놓고 교황일지라도 신실하고 독실하지 않으면 나쁜 죽음을 맞이할 수 있다는 것을 보여 주며 사람들에게 경각심을 불러일으켰다.

현대에는 빠른 죽음을 선호하지만 중세 시대에는 달랐다. 그래서 중세 사람들은 나쁜 죽음을 의식을 통해 정화하는 것을 좋아했다. 죽기 전에 재산을 기부한다든지, 죽은 사람에 대한 추모의식을 거행한다든지 하는 것이었다. 중세 수도원에서는 포도주를 간식으로 하루에 반병 이상 마셔서 중세 수도사들은 동맥경화가 많았고, 급격하게 죽는 사람들이 많았다. 한 수도원에서는 수도사가 갑자기 죽어서 신의 벌을 받았다고 생각하며 무려 2000명에 가까운 사람에게 식사를 무료로 제공하는 의식을 거행하여 죽은 사람들의 영혼을 구원하려고 했다. 그래서 수도사들은 죽음의 결과보다도 어떻게 죽느냐는 죽음의 과정을 중시했다.

2. 그때 비잔틴 제국은?

이번에는 비잔틴 제국과 중세 서유럽 사회를 비교해 보자. 비잔틴 제국은 중세에 독특한 위치를 차지하고 있는데 한동안은 다루지 않았다. 사실 로마 제국하면 서로마 제국의 멸망, 476년까지를 많이 다루었고 그 이후는 중세 서유럽 게르만 중심의 역사에 들어갔다. 그렇지만 중세 시대의 유럽에는 서쪽에는 게르만 세계가 있었고 동쪽에는 비잔틴 제국이 있었다. 그 밑으로 아라비아 반도를 중심으로 이슬람 세계 역시 함께 공존하고 있었다.

비잔틴 제국은 로마 사회의 연장과 중세 사회의 이해를 위해서도 중요한 의미를 가진 독특한 제국이다. 그 제국의 전성기였던 유스티니아누스 시대에 오늘날 이스탄불 여행할 때 제일 많이 보게 되는 하기야 소피아, 즉 성소피아 성당이 지어졌다. 비잔틴의 건축, 모자이크 문화, 프레스코화, 금은세공술 등에 대해서도 살펴보고 비잔틴 제국이 어떻게 서로마 제국이 멸망한 다음에도 1000년을 더 유지했는지 그 비밀을 살펴보자.

비잔틴 제국은 언제부터 언제까지인가? 기원후 330년에서 기원후 1453년 간의 1000년을 가리킨다. 330년이라는 연도는 콘스탄티누스 황제가 수도를 로마에서 콘스탄티노플로 로마 제국의 수도를 옮긴 해이다. 지도에 보면 흑해 들어가는 입구에 비잔티움이라는 지명이 있다. 그리스 때 불렸던 이름이다. 콘스탄티누스 황제가 이 비잔티움을 콘스탄티누스가 건설한 폴리스라는 의미의 콘스탄티노플로 이름을 바꿨다. '콘스탄티누스 황제가 건설한 도시'라는 의미이다. 325년에 이름을 바꿔서 5년 뒤 330년에 건설을 하고 수도를 천도했다. 콘스탄티누스 황제가 비잔티움을 직접 답사했다고 한다. 제국의 수도를 옮기기 위해서 흑해의 연안까지 구석구석을 직접 답사한 후 비잔티움을 제국의 수도로 새롭게 건설했다. 이후 1453년에 이슬람의 술탄 메메르 2세에 의해서 정복된 후 이름을 다시 이스탄불로 바꿨다. 오늘날의 이스탄불과 같은 이름이다. 이스탄불이란 말 그대로 '이슬람이 빛나는 땅'이다. 비잔티움, 콘스탄티노플, 이스탄불이 같은 지명인데 이 흑해 연안에 들어가는 보스포루스 해협을 지나서 왼쪽으로는 유럽, 오른쪽으로는 아시아가 만나고 있는 지점에 건설이 되었고 이 도시를 중심으로 한 1000년, 그것이 바로 비잔틴 제국의 역사다. 당연히 그 출발점은 로마 제국이 동서로 분열되면서 시작되었고 이 분리된 제국은 디오클레티아누스의 4분 통치까지 올라가게 된다. 로마 제국 시기의 235년에서 285년까지 50년간의 '군인 황제 시대'가 있었다. 이런 혼란의 원인에 대해 디오클레티아누스는 제위 계승자가 확보되어 있지 않았기 때문이라고 보았다. 그는 제국을 둘로 나누고 각각 상속자를 두는 4두정치(Tetrarchia) 체제를 도입한다. 나중에 395년에 동서 로마 제국으로 분열이 되는데 그 중 동로마 제국이 흔히 비잔틴 제국으로 알려져 있다.

한편, 서쪽의 로마 제국은 476년 게르만족에 의해 멸망하게 되는데 동쪽의 콘스탄티노플을 수도로 했던 비잔틴 제국은 이후 1000년이 더 지속되었다. 그 이유는 무엇일까? 세 가지 정도가 흔히 이야기된다. 첫째, 흑해 연안으로 들어가는 보스포루스 해협의 콘스탄티노플, 비잔틴이 위치하고 있는 지역이 천혜의 요새이다. 바다로 들어오지 않으면 뒤쪽은 산이라 산을 넘어 들어오기도 힘든 천혜의 요새

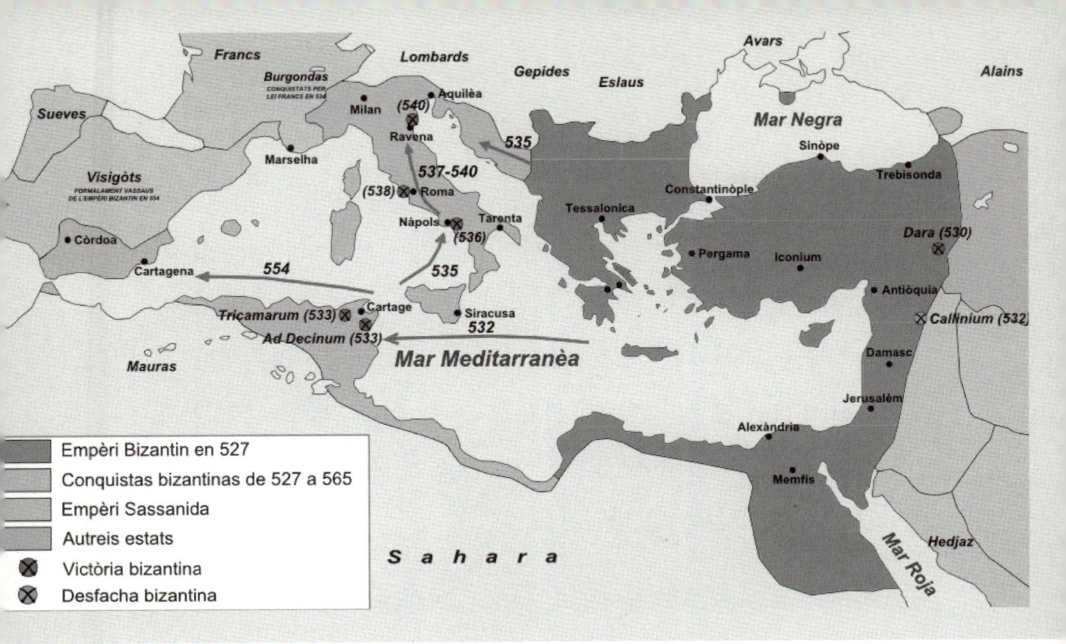

• 유스티니아누스 시대의 비잔틴제국

이고, 동방의 비옥함을 가지고 있어서 동방 무역의 거점이었다. 비옥하고 로마 제국 때 해군 기지창도 이곳에 있었다.

기원 1000년경 서유럽 지역에는 대규모 도시가 없었다. 인구 2만 명이면 큰 도시였다. 이 시기의 파리 인구도 2천 명이 채 안 되었다고 한다. 기원 1000년경엔 콘스탄티노플은 인구가 50만 명이었다고 하니까 콘스탄티노플이 중세 유럽의 최고로 번영한 도시였다. 서유럽 지역에서는 비잔틴 제국의 풍요로움을 빗대어 비잔틴 제국의 황제는 하늘에서 황금의자를 타고 내려온다는 말이 돌 정도로 선망과 부러움의 대상이었다. 실제로 4차 십자군 전쟁 때 콘스탄티노플을 같은 기독교가 약탈하게 되는 이유가 된다. 또 다른 이유 하나는 콘스탄티누스황제가 시도하려 했던 것이기도 했지만 기독교에 의한 국가 통합을 이뤄냈다는 것이다. 이 세 가지 요인이 비잔틴 제국

1000년의 비밀이라고 할 수 있다. 비잔틴 제국의 전성기는 유스티니아누스 황제 때이다. 기원후 555년이 제국의 전성기이다. 서유럽 쪽의 많은 곳이 다시 수복되었다. 이탈리아 반도, 그 다음 아프리카 북부, 스페인 그라나다에 있는 지역까지 서로마 지역의 많은 땅들을 회복해 비잔틴 제국의 전성기 모습을 볼 수 있다. 영토도 전성기고 문화도 최전성기를 이루는 그 시기의 중심에 유스티아누스 황제가 있었다. 유스티아누스는 라틴어로 말할 수 있는 마지막 황제였다.

유스티니아누스와 테오도라

유스티니아누스하면 빼놓을 수 없는 것이 그의 왕비인 테오도라이다. 유스티니아누스는 땅을 넓히고 성소피아 성당과 같은 거대한 건축물을 짓고 로마법 대전과 같은 로마 법전을 편찬하고 제국의 영토와 문화의 전성기를 열어 놓았지만 위기도 있었다. 초기에 이러한 팽창 정책을 추진하다 보니 523년 1월에 콘스탄티노플의 한 전차 경기장에서 폭동이 일어났는데 리카의 쉬포드롬에서 폭동이 일어나 리카의 폭동이라 한다. 처음에는 시민들이 끊임없는 팽창 전쟁에 의한 세금 폭증에 불만을 가지게 되었는데 나중에는 황제의 퇴위까지 요구를 했다. 이러한 폭동이 일어나자 유스티니아누스는 망명하려고 생각한다. 도시에서 도망치려고 하는데 그때 왕비였던 테오도라가 우유부단하고 망설이던 유스티니아누스를 강하게 설득하고 붙잡았던 것이다. '황제의 옷은 가장 좋은 수의이다.' '나는 도망가느니 차라리 왕비 옷을 입고 죽겠다.' 아주 결단에 찬 강한 여성의 모습을 보여 주었는데, 사실 테오도라는 무희 출신이었다. 상당히 인물도 좋고 명석했으며 강한 성격을 가진 여성이었다. 유스티니아누스의 강한 정책의 배경에 왕비 테오도라가 있었다. 비잔틴의 라벤나 지역에 그려져 있는 모자이크에 유스티니아누스 황제와 테오도라의 모자이크화가 있는데 강인한 모습으로 그려져 있다. 그래서 유스티니아누스 황제는 반란을 진압하고 폭동에 의해서 폐허가 된 땅에 큰 성당을 짓는다. 바로 그것이 오늘날 이스탄불에 가면 누구나 보게 되는 하기야 소피아, 즉 성소피아 성당이다. 건물을 짓고 성당으로 사용하다가 이슬람이 정복한 다음에는 모스크로 사용됐는데 지금은 박물관이 되었다.

성소피아 성당의 외형은 전형적인 비잔틴 양식의 돔 건축물이다. 로마 판테온같이 하나의 거대한 돔을 만든 것이 아니라 몇 개의 돔을 만들어 공간을 확장하는 정말 비잔틴의 독특한 로마레스크 양식의 원형에다가 로마식의 돔을 개량 한 것이다. 그래서 공간을 넓히는 전형적인 비잔틴 건축 양식의 하기야 소피아가 건설되었고 바깥에 있는 네 개의 기둥은 모스크로 사용된 후에 개축된 것으로 하루에 다섯 번 메카를 보고 기도하는 시간이라고 소리 지르기 위해서 만들어 둔 것이다. 그것만 없으면

• Theodora의 모자이크

예전의 원형의 모습이 그대로 남아 있는 편이다. 세월 속에서 지진에 허물어지기도 했으나 안에 들어가면 허물어지지 않게 기둥을 받쳐 놓고 있다. 소피아성당 천장의 내부는 가운데 돔이 있고 또 옆으로 돔이 있어 상당히 넓은 모습을 볼 수 있다. 내부에는 모스크로 사용될 당시 메카를 향한 방향을 가리키는 표지판들도 붙어 있다. 현재 이슬람은 어느 정도 종교관용정책을 가지고 있었기 때문에 내부에 기독교 프레스코 벽화를 다 지우거나 파괴하지 않았다. 십자가는 지웠는데 지금 상당히 많은 부분이 복원되어 있다. 그래서 유스티니아누스 시대의 비잔틴 성당의 기독교 문화를 들여다볼 수 있다.

유스티니아누스는 이 성당을 짓고 스스로 감탄하고 놀랬다고 한다. 유명한 이야기 중에, '솔로몬이여, 나는 그대가 지은 신전보다 더 큰 성당을 지었나이다'라며 스스로 놀라며 자화자찬을 했다고 한다. 성소피아성당은 지금까지 남아 있는 성당 중에 가장 큰 기독교 성당이라고 할 수 있으며 비잔틴 양식의 전형적인 모습을 잘 보여 주고 있다. 나중에 메메르 2세가 1453년에 콘스탄티노플을 함락시키고 난 뒤 기독교 성당보다 더 큰 모스크를 지었다. 이스탄불에 가면 길 하나 건너 사이에 차가 안 다녀 걸어 다닐 수 있는 광장 길을 보고 마주보고 있는 두 개의 건축물을 볼 수 있다. 하나는 성소피아 성당이고 다른 하나가 마주보고 있는 블루모스크이다. 블루모스크를 더 크게 짓고 싶었는데 그 당시의 건축 기술로는 건물을 더 크게 지을 수 없어 건물은 작고 담벼락만 더 크게 지었다고 한다. 그래서 모스크의 부지는 성소피아보다 크지만 건물이 앉아 있는 공간은 작다. 하기야 소피아 성당은 비잔틴 제국의 최고 건축 기술이 응집된 건축물인데 너무 크게 지어서 이후 지진에 취약했다.

유스티니아누스 황제의 대업적 중 하나는 하기야 소피아 성당과 더불어 로마법을 정비한 것이다. 원래 로마 제국 시대에 서로마 제국 당시는 로마 사회는 성문법을 만들어 사용한 성문법 사회가 아니라 관습법 사회였다. 그때 그때 있는 법이나 관행이나 다른 조항들을 가지고 재판관이 재판을 할 때 사용하는 관습법 사회의 모습이었다. 최초의 성문법인 12표법도 있었지만 하나의 법 체계를 잘 이루고 있었던 사회는 아니었다. 그것을 유스티니아누스가 집대성한 것이 로마시민법 대전이다. 말 그대로 Corpus Iuris Cirvilis, 법 전체를 집대성한 것이다. 로마시민법 대전에는 몇 가지 유형의 법을 정비한 유형들이 있는데 대표적인 것이 Institutiones라고 해서 법의 제도적인 특징을 정비한 것이 있다.

로마는 관습법 사회이다 보니 결국은 재판을 할 때 상당히 전문적인 지식이 요구되는데 로마의 법무관들은 선거에 의한 선출직이었다. 선출직 관리인 프라이토르 법무관이 재판을 담당해서 법의 권위성은 확보되지만 판결을 할 때는 결국 전문 지식을 가진 법학자의 조언을 받았다. 그래서 법학자의 지식이 재판에 큰 영향을 미쳤다. 법학자의 조언이 실질적으로 재판에 상당한 구속력을 가졌다는 것이 로마 법의 큰 특징이다. 오늘날의 경우 대부분 판례는 판결에 영향을 미치지만 학자들의 법 해석이 영향을 미치지는 않는다.

법학자의 해석이 곧 재판에 영향을 미쳤기 때문에 사건에 대한 법학의 해석집은 중요한 의미를 가졌다. 그걸 모아 둔 것이 디게스타(Digesta)이다. 이것을 『학설휘찬』이라고 번역한다. 『법학제요』인 인스티투시오네스와 『학설휘찬』인 디게스타가 로마시민법 대전의 중요한 핵심이다. 로마시민법은 후대에 로마법에 대한 이해를 도울 뿐만 아니라 유럽의 근대 법전의 정비에도 지대한 영향을 끼쳤다. 이 근대 법전이 오늘날 대륙법 체계이다. 그 대표적인 나폴레옹 법전은 유스티니아누스의 시민법대전을 모델로 해서 탄생했다. 나폴레옹 법전은 대륙법 체계로서 오늘날 많은 국가들에게 여전히 영향을 미치고 있다. 이는 유스티니아누스의 중요한 업적 중의 하나이다. 또 비잔틴 제국이 인류 역사에 남긴 중요한 지적 유산이기도 하다.

비잔틴 문화의 특징으로 독특한 건축 양식도 빼놓을 수 없다. 하기야 소피아같이 큰 건물도 있지만 비잔틴의 수도원을 보면 돔형 기둥을 몇 개 세워 공간을 넓히는, 기본적으로 십자가형의 바실리카, 옛날 로마 때 있던 교회당 건물을 확장해 지은 비잔틴 양식의 전형적인 수도원 모습을 가지고 있다. 그밖에 비잔틴 하면 유스티니아누스의 모자이크화도 유명하다. 비잔틴 양식의 전형적인 모습으로 상당히 상징화했다. 서유럽의 중세 회화 작품의 특징이 상징화이다. 구체적이고 사실적으로 세세하게 묘사하지 않는다. 이런 특징은 르네상스 시대에 가서야 나타났다. 중세에는 그걸 상징화해 이미지만 전달하려 했다. 신에게 헌신하는 경건한 이미지라든지 사도의 이미지라든지 예수님의 이미지라든지 황제의 이미지까지 모두 정형화해서 전달하려는 상징적인 회화의 모습이 비잔틴 양식의 특징을 잘 보여 준다. 유스티니아누스의 모자이크처럼 비잔틴 회화는 상징화되어 있고 경건함을 가지고 있다. 그래서 신에게 헌신하는 비잔틴의 많은 작품들에는 경건함이 배어 있다.

비잔틴 예술을 이야기할 때 빼놓을 수 없는 것이 '비잔틴 실크'이다. 과거 중국의 실크가 비잔틴을 통해서 유럽에 수입이 되었는데 비잔틴에서도 실크를 생산하기 시작하면서 비잔틴 실크가 유럽 시장을 장악했다. 근대 초에 프러시아나 많은 유럽 황실에서는 비잔틴 실크로 만든 옷을 입고 대관식을 거행했다. 지금도 많이 남아 있는 황제들이나 왕들의 실크 덧신발 등이 전형적인 비잔틴 실크의 아름다움을 보여 준다. 아울러 금은세공 기술도 뛰어나 지금도 이스탄불에 가면 은으로 된 접시나 세공품들을 볼 수 있다. 비잔틴의 유물인 브로치는 당시 세공기술이 뛰어남을 잘 보여 준다. 유명한 클림트의 「키스」라는 작품도 일례이다. 클림트는 오스트리아 빈의 금은세공업자 출신의 화가이다. 그래서 작품에서 나타나는 화려하고 찬란한 빛들이 전형적으로 비잔틴 양식의 영향을 받은 작품이다. 클림트의 작품을 보면 정말 전형적인 비잔틴의 예술을 볼 수 있다. 비잔틴이 가지고 있는 특징은 중세 유럽에서 동방무역의 중요한 거점 역할을 했다는 것이다.

그러나 비잔틴의 수많은 유물들은 비잔틴의 옛 수도인 콘스탄티노플보다 이탈리아의 베네치아에 가 있다. 4차 십자군 전쟁 때 베네치아가 3일에 걸쳐 콘스탄티노플을 약탈했다. 당시 "세계의 보물 1/3을 베네치아로 가져갔다"라는 말을 할 정도로 비잔틴의 많은 유물은 현재 베네치아에 가면 구경할 수 있다. 베네치아에 여행할 기회가 오면 베네치아의 곤돌라, 베네치아의 문화, 베네치아의 풍광만 즐길 것이 아니라 박물관에 들러 비잔틴의 유물들을 구경하는 것도 좋을 것이다.

1453년 이슬람에 의한 함락을 다룬 그림들은 골든혼(Golden Horn)이라 불리는 지역을 그리고 있다. 지금은 바닷가 해안도로가 나 있고 그 안쪽으로 예전의 성벽이 남아 있는데 아래 테오도시오스 황제가 만든 성벽이 튼튼해 보인다. 비잔틴 건축과 기술이 압축된 양식이다. 3단으로 된 성벽을 쌓았는데 바다로 들어가지 않으면 상륙하기 힘든 지역이라 지형 자체도 천혜의 요새이다. 바로 오른쪽에 들어가는 골든혼과 아시아로 연결되는 지역에 쇠줄을 쳐서 배가 못 들어오게 막았다. 그래서 콘스탄티노플은 난공불락의 요새였다. 그리고 또 북쪽은 산악 지형이라 성벽을 쌓아 놓으면 넘어오기 힘들었다. 그래서 게르만족의 이동 시기에 명성이 자자했던 훈족 아틸라조차도 콘스탄티노플을 함락하지 못했다. 물론 몽고족도 이곳을 침략하지 못했다. 당시 '그리스의 불'이라고 해서 배에서 화약을 쏴서 공격하고 그 앞에 쇠줄로 배가 들어오지 못하게 해 방어했다. 그러나 이 천혜의 요새도 메메르 2세에게 함락당하고 만다. 메메르 2세는 기상천외한 방법을 개발해 냈다. 보스포루스 오른편에 있는 소아시아 쪽에서 언덕으로 길을 내어 소들이 배를 끌고 올라가게 했다. 배 아래에 통나무를 받치고 사람과 소의 힘으로 밀어 올려 언덕을 넘고 산을 넘어서 골든혼의 뒤편에서 배를 타고 내려와서 공격한, 정말 창의적인 발상이었다. 이게 콘스탄티노플이 함락되는 데 아주 결정적인 요인이 되었다. 1453년 메메르 2세에게 콘스탄티노플이 함락되는 그림으로 15세기에 프랑스 지역에서 만든 삽화가 있다. 바로 천년을 버텨 온 콘스탄티노플이 함락되는, 비잔틴 제국의 최후의 모습이다. 콘스탄티노플이 1000년을 지속할 수 있었던 요인은 바로 지형적인 요인 덕분이었다.

지금까지 비잔틴 제국에 대해 살펴보았다. 비잔틴 제국이 어떻게 1000년을 더 유지했는지, 어떤 문화를 남겨 놓았는지를 알아보고 비잔틴 제국의 전성기를 열었던 유스티아누스와 테오도라에 대해서도 살펴보았다. 이제 비잔틴 제국에 대해 새로운 관심을 갖게 되었을까? 유스티니아누스 시대에 비잔틴의 최고의 건축물과 지적유산, 성소피아 성당, 로마 시민법 대전이 만들어졌고 이후 1000년 동안 국가가 유지되었다. 이런 비잔틴 제국이 동쪽에 버티고 있었기 때문에 유럽이 이슬람에게 정복당하지 않았다고 할 수 있다. 서쪽으로는 피레네 산맥을 넘어온 이슬람 세력, 무어인들을 우리가 잘 알고 있듯이, 칼 마르텔이 뚜르-프아티에에서 이슬람을 막아 내어 유럽을 지켜줬다고 하면, 오늘날의 헝가리 쪽으로 가는 지역은 비잔틴 제국이 막아 냈다고 할 수 있다.

중세 시대의 서유럽이 오스만 투르크에게 침략당하지 않고 그 문화가 오늘날까지 계승될 수 있었던 이유는 동쪽에 비잔틴 제국이 존속하면서 서유럽을 어느 정도 지켜줬기 때문이다. 즉 유럽 문화 존속에 비잔틴 제국의 역할이 지대했던 것이다. 그리고 비잔틴 제국이 없었다면 과연 우리는 로마 제국의 유산을 얼마나 이어받을 수 있었을까? 오늘날 유럽의 근대법에 많은 영향을 끼친 시민법대전은 비잔틴 제국이 없었다면 흔적조차 찾지 못했을지도 모른다. 이것이 비잔틴 제국의 역사적 의미와 역사적 유산이라 생각할 수 있다.

3. 이슬람 문명과의 교류

일반적으로 서구사회가 이룩한 문명을 이야기 할 때 고대 그리스·로마 문화에서 그 기원을 찾는 경향이 있다. 그러나 유럽이 현재의 뛰어난 문명을 이룩하는데 이슬람 문명이 얼마만큼의 공헌을 했는지 제대로 밝혀지지 않은 부분이 많은 것 같다. 사실 중세 유럽이 한동안 잊혀졌던 고대 그리스·로마 문화를 계승하는데 가장 중요한 가교역할을 한 것도 중세의 이슬람 문명이었다. 이슬람 문명은 건축물뿐만 아니라 여러 방대한 분야에서 높은 수준의 문화를 이룩하였다.

혹시 우리는 이슬람 문명에 대해서 알고 있다고 하지만, 그것은 보다 객관적이고 보다 큰 틀에서의 이해라기 보다 지극히 부분적이고 때론 매우 단편적인 정보는 아닐까? 혹시 그렇다면 그것은 이른바 우리가 서구 중심의 역사해석, 특히 '유럽중심사관'의 역사해석에 익숙해져 있어서 현재까지의 이슬람의 역사도 서구 기독교 문명을 중심으로 이해를 해나가는 것에 익숙해져 있기 때문이 아닐까? 이런 관점에서 이슬람 문명이 어떻게 형성되었고 어떤 모습으로 변화되어 갔는지 그리고 그 문명의 특징은 무엇이고 유럽의 중세사회와 인류의 역사에 어떤 영향을 주었는지 살펴보자.

이슬람의 역사

이슬람 이전의 아라비아 종교는 원시 셈족의 사막 신앙에서 발전했다. 외부에서 들어온 종교(바빌로니아의 신들과 조로아스터교, 유대교와 기독교)를 믿게 된 사람들도 있었지만, 대부분의 아랍인들은 지역 신들을 숭배하고 있었다. 이슬람 창시 이전인 7세기 초엽 아라비아반도는 정치적으로 부족국가로 분열된 상태에서 부유한 지배층과 빈민층의 대립으로 인해 통일의 가능성이 아주 낮은 상태였다. 그리고 종교적으로도 우상 숭배적 단계를 벗어나지 못하고 원시신앙 상태에 있었다. 즉 돌이나 나무와 같은 물신(物神)을 숭배했는데 아랍세계의 중심지로 성장하던 메카에는 그런 신들을 위한 신전들이 있었다. 그것이 바로 카바(Kaaba) 신전이고, 그곳에는 운석으로 추정되는 '카바'라는 조그마한 검은 돌이 안치되어 있었다. 카바 신전에는 여러 개의 신상이 안치되어 있었고 후일 이슬람교의 유일신으로 숭상된 알라도 그 중의 하나였다고 한다.

기원후 6, 7세기의 아라비아 반도는 정치·경제·사회·종교 전반에 걸쳐 대립과 갈등이 격화되고 위기의식이 팽배해 있는 곳이었다. 7세기에 접어들면서 그러한 상태는 절정에 달했고 아라비아반도의 심장부에 위치한 메카는 이 모든 양상을 축소시켜 놓은 곳이었다. 그러나 그런 와중에도 유대교와 기독교의 영향으로 우상숭배 같은 낡은 신앙에서 탈피하려는 일종의 신앙개혁운동이 일어나고 있었다. 아라비아 반도 전역에 만연된 미신과 우상숭배 사상을 타파할 정신적 지도자가 절실히 요구되던 시기에 무함마드가 출현한다.

예언자 무함마드가 등장하기까지의 아라비아는 비잔틴과 페르시아 사이의 완충지대 같은 곳이었다. 비교적 비옥한 반도의 가장자리에는 시리아와 극동지역 사이에서 중개상의 역할을 하고 있었던 상인들이 교역도시를 이루어 살고 있었다. 지배적인 종교는 원시적인 이교적 우상숭배였다. 그 중심지는 메카였고 그 곳에는 카바 신전이 있어서 하늘에서 떨어진 거대한 운석인 검은 돌(Black Stone)을 숭배했다.

사산조 페르시아와 비잔틴 제국 사이의 오랜 전쟁과 경쟁은 국제 무역에도 영향을 주었다. 페르시아, 이라크 북부, 시리아, 터키 등을 거쳐 유럽으로 향하던 무역로가 자주 끊겼다. 그 때마다 중국의 비단, 인도와 동남아시아의 향료를 실은 상인들은 다른 무역로를 모색할 수밖에 없었다. 바로 남쪽 아라비아 반도 경로였고, 서부 아라비아 해안을 남북으로 연결하는 즉, 홍해 연안의 대상로가 형성되면서 교역이 활발해졌다. 메카, 메디나 등이 중개 무역도시로 급성장했다.

이슬람은 610년 아라비아 반도의 중심지 메카에서 무함마드라는 한 평범한 인간에 의해 완성되었다. 570년 유복자로 태어났고 6살 때 어머니가 병을 얻어 사망하는 등 어린 시절을 불우한 환경에서 보냈다. 조부의 손에 자랐고 소년시절에는 사막에서 양치기로 생활했다. 이러한 고난 때문에 후에 약자, 과부, 여성에게 친절하고 고아에게 따뜻한 배려를 하도록 강조한 점은 충분히 이해되는 부분이다. 열두 살이 되면서 시리아와 예멘 지역으로 대상무역을 떠나는 삼촌을 따라 다녔으며 팔레스타인이나 시리아 등지에서 크리스트교도(아리우스파 기독교)나 유대교도와 접촉했다. 반복되는 상거래 여행에서 남다른 상술도 터득했다. 당시 메카에서 대상무역의 가장 큰 재력가로 널리 알려진 15세 연상의 미망인 카디자에게 고용되었고 결혼했다. 결혼은 무함마드에게 명성과 사회적 지위를 가져다주었고 경제적으로도 안정되면서 종교적 명상에 몰두할 수 있었다. 40세에 히라 동굴에서 대천사 가브리엘에게서 "알라의 뜻에 따르라"는 계시를 받았다. 그는 메카에서 선교활동에 나섰다. 비잔티움과 사산조 페르시아

• 가브리엘 천사로부터 예언을 받는 무함마드

의 300여년에 걸친 오랜 전쟁으로 민심이 떠나버린 공백 상태에서 당시 이슬람은 새로운 희망이었다. 교역상인과 외국인은 물론 난민과 이주자들이 아라비아 반도로 몰려들었다.

무함마드가 전한 유일신, 사회정의, 자선, 선행, 신 앞에서 모두가 평등함이라는 명료한 메시지는 가난한 사람들에게 반향을 일으켰다. 반대로 메카의 기득권층인 상인들은 분개하면서 무함마드의 가르침을 거부했고 공공연히 적대감을 드러냈다. 이들은 메카의 다신교 성지인 카바에서 막대한 수입을 올리고 있었다. 상인들에게는 아랍에 전해 내려오던 다신교 종교를 공격하는 것은 곧 메카의 번영을 침해하는 행위와 다를 바 없었다. 결국 622년 메카에서 북쪽 야

트립Yatrib(지금의 메디나)로 피신하게 되었다. 이를 계기로 이슬람교는 급속도로 성장하게 되었다. 마호메트의 메디나로의 피신을 '히즈라'(Hijra)라 하여 후에 이 해를 이슬람의 기원 원년으로 삼게 된 까닭이 여기에 있다. 이 해를 기준으로 하여 이전의 역사를 암흑 또는 무지의 시대, 그 이후의 시대를 문명 또는 이슬람 시대라고 일컫고 있다.

메디나는 당시 내부적 파벌 싸움에 휘말려 싸움의 조정자로 마호메트를 초청했다. 이때부터 종교지도자일 뿐 만 아니라 정치지도자이자 입법자가 되었다. 메디나로의 천도는 이제 무함마드가 설교자에서 공동체의 정치지도자, 국가지도자, 법률제정가, 군사령관으로 변신한 것으로 이슬람이 획기적으로 발전하는 계기가 되었다. 메디나에서 교세를 키운 마호메트는 630년 메카로 무혈입성에 정복했다.

이슬람 제국의 성장

① 정통 칼리프 시대

무함마드가 죽은 뒤 그의 후계자로 선출된 칼리프('후계자'라는 뜻) 시대에 와서야 무슬림들이 지중해로 진출하기 시작한다. 무함마드가 죽을 무렵 아라비아의 1/3 정도가 이슬람 세계로 되었으나 다수의 아랍인들은 아직 새로운 신앙에 대해 그다지 많이 알고 있지는 못했던 것 같다. 그러나 이슬람교와 이슬람제국은 그 뒤 성장을 거듭하여 무함마드가 죽은 지 한 세기 만에 서쪽으로는 이베리아반도를 거쳐 프랑스의 투르지방까지 진출했고 동쪽으로는 인도에 이르렸다.

무함마드가 사망했을 당시 이슬람은 아라비아 사막의 일부 부족 정도가 믿는 초기 단계의 종교에 불과했다. 그러나 수백 년 후 무슬림 군대가 서쪽으로 스페인, 남쪽으로 아프리카, 동쪽으로 페르시아에 이르는 광활한 영토를 손에 넣고 이 지역의 모든 제국을 정복하기에 이르면서 이슬람의 영향력도 확대되었다. 이처럼 무슬림 군대가 성공을 거둔 배경으로는 전염병과 전쟁을 들 수 있다. 6세기에 사산조 페르시아와 비잔티움 제국이 전염병으로 신음하는 동안 아라비아의 상당 지역은 그 재앙을 비껴갔다. 이는 아라비아 일대가 사막이고 전염이 일어날 만한 도시가 없었기 때문으로 보인다. 전쟁 측면에서는 페르시아와 비잔티움은 이미 장기간 전쟁을 벌이며 힘이 약해져 있어 제대로 대항할 수가 없었다. 기존 정권의 과도한 세금에 신물이 나 있던 수많은 피정복민들은 무슬림을 적극적으로 환영했다.

무함마드 사후 누가 이슬람 국가를 통치할지에 대한 논란이 일었다. 무함마드의 사위이자 사촌이었던 알리가 권력을 계승해야 한다는 여론이 있었지만, 예상외로 장인(무함마드의 두 번째 아내의 아버지) 아부 바크르(재위 632-634)가 첫 칼리파로 추대되었다. 무함마드 사후 일부 아랍 부족들은 이슬람 공동체(움마)에서 이탈했고 이슬람 국가는 한때 붕괴의 위기에 직면했다. 아부 바크르는 릿다(ridda, 반발이라는 의미로 이슬람을 포기하는 배교 행위) 전쟁을 통해 이들 세력을 토벌해 이슬람 국가의 영토와 주권을 확실히 했다. 이를 바탕으로 이슬람 군대 사령관들은 타 지역에 대한 본격적인 정복사업을 시작했다. 634년 초에는 무슬림 군대가 비잔틴 제국의 팔레스타인 총독 군대를 기습해 가자 부근에서 섬멸했다.

아부 바크르의 통치기간 2년 동안에 이슬람이 일상생활의 종교로 발전하면서 각 무슬림의 생활철학이 되었다. 피를 먹지 말라는 코란(꾸란)의 가르침에 따라 이슬람식 도살법(할랄 푸드)이 나오게 되었고 비이슬람인의 성지 출입이 금지되면서 메카와 메디나가 성역화되었다.

아부 바크르에 이어서 우마르(634-644 재위)가 두 번째 칼리파 지위에 올랐다. 그는 강력한 리더십으로 대규모 정복사업을 성공적으로 이끌면서 이슬람 역사에 위대한 업적을 남겼다. 그는 이슬람의 황금기를 만든 인물로 묘사되고 있다. 635년 무슬림 군대는 다마스쿠스를 함락시켰으며 637년에는 예루살렘에 입성했다. 우마르는 직접 성지 예루살렘에 입성해 솔로몬 신전이 있던 언덕에 이슬람 사원의 건설을 명했다. 이곳이 오늘날 황금색 돔으로 유명한 바위 돔(Dome of the Rock) 사원이다. 641년에는 시리아 지역이 이슬람 국가의 영토가 되었고 이어 642년에는 이집트를 점령해 아프리카 대륙으로의 진출 기반을 구축했다.

칼리파 우마르는 이미 아부 바크르 시대에 시작되었던 동쪽의 사산조 페르시아 제국에 대한 공격도 본격적으로 시도했다. 637년 12만의 사산조 페르시아 제국 군대와 기념비적인 전투가 현재의 이라크 중부 카디시야(Qadisiyya)에서 발생했다. 무슬림 군대가 대승을 거두고 사산조 페르시아 제국의 수도 크테시폰도 함락되었다. 카디시야 전투의 승리로 이라크의 비옥한 농토가 이슬람 국가의 일부가 되었다. 더불어 현재의 이라크 북부와 이란 본토까지 이슬람 종교를 확산시키는 계기가 되었다. 이슬람 군대의 계속된 공격으로 651년 페르시아 제국은 멸망했다. 정복사업 중에 점령지에서 많은 외국인들이 메디나에 집결하면서 이슬람 국가에 비극이 발생했다. 칼리파 우마르가 페르시아 노예에 의해 피살되었다. 페르시아를 정복해서 그들의 재산과 자유를 빼앗아 간 아랍인들에 대한 복수로 볼 수 있다. 여기서부터 아랍 민족과 페르시아 민족 간에 불화와 증오가 싹트기 시작한 것이다.

이런 혼란 속에서 우스만(644-656 재위)이 3번째 칼리파로 추대되었다. 우스만은 원래 메카에서 하심 가문의 무함마드를 박해했던 우마이야 가문 출신이었다. 예언자의 혈통을 이어받은 알리와의 경쟁이 가장 힘들었다. 두 가문 사이의 갈등은 후에 무슬림들을 두 집단으로 분열시키는 원인이 되었다. 칼리파 우스만은 중앙집권적 권력을 구축하는데 성공했지만 이는 자기 출신 가문의 이익에 기반을 둔 정치체제였다. 그는 우마이야 가문 중심의 족벌정치를 함으로써 정치적 반발을 야기했다. 그는 종교적으로도 중앙의 권위를 강화했다. 우스만의 가장 큰 업적은 그의 임기 중에 쿠란(코란)이 최종 집대성된 것을 들 수 있다. 656년 우스만은 무슬림 군대의 군인들에게 피살되었고 이로써 이슬람 국가에서 내전이 시작되었다.

내전에서 주도권을 쥔 무함마드의 하심 가문에서 예언자의 사촌이자 사위인 알리(656-660 재위)가 네 번째 칼리파로 추대되었다. 우스만의 족벌주의 행태에 불만을 가진 세력도 알리를 지지했다. 알리가 칼리파에 즉위한 직후 반발이 있었다. 반(反) 알리 세력은 지지 세력을 규합하기 위해 이라크로 향했고 알리도 반도를 진압하기 위해 이라크로 이동했다. 656년 양측 간에 이슬람 국가의 첫 번째 내전이 발생했다. 알리는 반도를 진압하고 짧은 기간에 권력을 다잡았다.

하지만 더 큰 도전 세력은 시리아에 있었다. 시리아의 총독 무아위야는 자신의 삼촌인 칼리파 우스만이 피살된 데 분개했고 알리가 피살의 배후라고 믿고 그를 칼리파로 인정하지 않았다.

이제 이슬람 국가는 칼리파 알리가 수도로 삼고 있었던 이라크와 무아위야의 거점인 시리아로 사실상 양분되었다. 무아위야 세력은 더욱 강력해져 이집트도 장악했다. 반면 칼리파 알리는 반대세력에 의해 목숨을 잃었다. 알리가 살해되면서 선출에 의한 칼리프제도가 종말을 고했다. 알리의 장남 하산이 칼리파로 추대되었으나 무아위야는 인정하지 않았다. 6만 대군을 이끌고 이라크로 진군한 무아위야에 대해 하산은 이슬람 공동체의 희생을 우려해 협상에 합의하고 칼리파 지위를 무아위야에게 넘겼다. 무함마드에 의해 시리아로 쫓겨났던 이슬람 이전의 메카 지배세력 우마이야 가문이 다시 이슬람 국가의 패권을 차지하는 순간이다.

무함마드의 이슬람 국가 건설과 아부 바크르, 우마르, 우스만, 그리고 알리, 이 네 명의 정통 칼리파 시대는 현재까지도 일반 무슬림들에게 가장 이상적인 이슬람 사회와 국가로 간주된다. 현대의 무슬림들은 권위주의와 부패한 자국 그리고 서방에 비해 나약해진 이슬람 세계를 바라보면서 과거 강성했고 도덕적이었던 이 시기를 떠올린다. 무함마드와 네 명의 후계자에 의해 확립된 순나(sunna, 무함마드의 가르침과 쿠란의 계시를 바탕으로 이슬람의 신앙과 무슬림이 행해야 하는 행동규범)를 따르는 종파가 현재 바로 이슬람의 다수파를 이루고 있는 수니파다.

무함마드와 네 명의 칼리파는 아랍 민족과 아라비아반도를 중심에 올려놓았다. 미지의 땅에서 등장한 이슬람 국가는 수십 년도 안 되는 짧은 기간에 이집트에서 시리아를 거쳐 이란까지 확장했다. 페르시아 제국을 몰락시키고 비잔틴 제국의 중요한 지역을 장악했다. 이 시기는 또 아랍의 정체성이 확대되는 기간이었다. 정복자 아랍인들의 신앙과 언어를 받아들이는 사람들이 늘어났다. 이슬람으로 개종한 피정복민들은 쿠란을 낭송해야 했으므로 아랍어를 배울 수밖에 없었다. 아랍어야말로 현재도 아랍의 정체성에 가장 중요한 부분을 차지한다.

② 시아파와 수니파 갈등의 시작

흔히 알려진 바와는 다르게 시아파와 수니파는 중동 지역에서 1,000년 넘게 공존해 왔다. 시아파는 알리를 따르는 무리 혹은 분파라는 의미다. 당시 대다수 사람들은 무함마드가 사망하면 알리가 권력을 물려받을 것으로 확신했다. 사도 무함마드에게는 여러 아들이 있었지만 모두 어린 나이에 죽고 네 딸만이 살아남아 장성했다. 무함마드는 자신의 딸 파티마를 알리와 결혼시켰다. 사촌이자 사위인 알리는 누가 보아도 무함마드의 후계자로 가장 유력했다. 그런데 무함마드는 후계자에 대해 아무 말도 남기지 않고 갑자기 세상을 떠났다. 시아파는 알리 이전의 세 후계자를 모두 인정하지 않는다. 알리만이 정통성을 가진 무함마드의 후계자로 주장하고 나머지를 권력 찬탈자라고 부른다. 이슬람 공동체는 통치권 문제를 놓고 쿠란과 예언자의 가르침을 따르는 집단과 예언자의 가르침을 따르면서도 혈통주의를 주장하는 집단으로 분열되는 징조가 나타났다. 후자가 시아파로 발전했다.

661년 알리가 모스크에서 새벽 기도 중 살해당했고 우마이야 가문의 무아위야가 시리아의 다마스쿠스를 수도로 하는 우마이야 왕조를 세운다. 이어 670년 알리의 아들 하산이 독살당하고 680년에는 또 다른 아들 후세인이 카르발라 전투에서 패하고 참수된다. 알리의 추종자들인 시아파는 메카와 메디나를 떠나 이라크에 정착한다. 현재 세계 최대 시아파 국가는 이란이지만 시아파가 정립된 곳은 이라크다. 따라서 이란인들은 이라크의 나자프, 카르발라 등 시아파 성지를 순례한다. 그리고 이들 시아파들은 이슬람 역사 내내 집권 세력에 의해 탄압을 받았다. 1501년 이란의 사파비드(Safavid) 왕조가 시아파를 국교를 삼을 때까지 이들은 소수 종파로서 그리고 '위험한' 정치집단으로 소외되고 고통 받는다.

③ 우마이야 왕조와 아랍인 전성시대(661-750 A.D)

무아위야가 새로운 지도자로 등극하면서 정통 칼리파 시대는 끝나고 우마이야 왕조(661-750) 시대가 개막되었다. 다수의 수니파 무슬림들에게 무아위야는 정통 칼리파 시대를 폭력으로 종식한 세속적 권력자였고 시아파에게는 더욱 공공의 적이었다. 따라서 무아위야는 정치적 정통성을 찾지 않으면 안 되었다. 무아위야는 메디나와 쿠파의 기득권 세력을 약화시키기 위해 기독교인들도 많이 기용했다. 수도도 쿠파에서 다마스쿠스로 옮겼다. 한편 무아위야는 내부의 불만과 도전을 불식시키기 위해 정복사업도 계속 추진했다. 비록 실패했지만 670년에는 비잔틴 제국의 수도인 콘스탄티노플에 대한 포위공격도 감행했다. 게다가 이집트에 거점을 둔 무슬림 군대는 알제리를 넘어 모로코의 대서양 해변까지 진격했다. 동쪽에서도 페르시아와 중앙아시아를 정복하는데 성공했고 아프가니스탄의 카불까지 점령했다.

우마이야 왕조는 아랍 민족 중심의 권력을 구축하려 노력했지만 수도를 다마스쿠스로 옮기면서 소외된 다른 지역 아랍인들의 불만이 야기됐다. 내부의 분열에도 불구하고 우마이야 왕조는 영토 확장에 적극적인 노력을 경주했다. 제국의 영역이 인더스 강까지 이르렀고 서쪽으로는 베르베르족 자말 타리크(Zamal Tariq) 장군이 711년 스페인의 이베리아 반도에 상륙했다. 2년 만에 스페인 대부분 지역이 이슬람 군대에 정복당했다. 이후 10년이 안 되는 기간에 이베리아 반도 대부분을 점령했다. 이때부터 스페인은 알 안달루스(Al-Andalus)라는 지명으로 알려지게 되었고 이민족, 기독교인, 유대인과 이슬람의 문화가 뒤섞인 독특한 문화를 형성했다. 스페인 지역은 약 8세기가량 이슬람의 통치를 받았다.

718년 이슬람 군대는 피레네 산맥을 넘어 프랑크 왕국으로 진격했다. 725년에는 리옹을 점령했고 732년 다시 시작된 정복사업에서 무슬림들은 보르도를 함락시키고 종교 중심지인 서부의 투르(Tour) 부근까지 접근했다. 프랑크 왕국의 카를 마르텔에게 저지되었다. 유럽 본토의 이슬람 화는 732년 투르 프아티에 전투에서 프랑크 군대의 선전으로 일단 방어막을 칠 수 있었다. 이제 지중해를 사이에 두고 유럽과 서남아시아, 북아프리카는 역사상 전례 없는 충돌과 접촉의 시대로 접어들었다. 734년에는 이슬람 군이 프랑스 남부의 아비뇽을 점령하고 아를과 프로방스 지방을 약탈했다. 9세기 말에 들어서도 이슬람의 지중해 제해권 우위는 계속되었다. 890년경 이슬람 함대는 프로방스 지방에 기지를 구축하여 마르세유와 니스를 장악했고 서부 알프스까지 진격했다. 하지만 9세기 중엽부터는 노르만 왕국이 남부 유럽 해안 지대와 지중해 내륙을 유린하기 시작했다. 이후 2세기 동안의 침략과 약탈은 이슬람 세력보다는 노르만을 비롯한 유럽의 신흥 변방 세력이 주도하는 경우가 많았다. 그럼에도 서유럽 역사는 기독교 세계의 피해를 이슬람군의 약탈에 초점을 맞추고 문학 작품을 통해 반복하여 과장함으로써 비난과 적대감을 증폭시켰다. 이렇게 해서 결국 11세기에 이슬람에 대항한 기독교 세계의 십자군이 결성되었다.

우마이야 왕조의 확장은 여기까지였다. 왕조의 세력이 점차 약화되기 시작했고 내부에서도 암투와 내전이 끊이질 않았다. 정복지에서 취한 전리품이 다마스쿠스로 흘러들어가기만 할 뿐 실제 전장에서 피 흘린 군인들에게는 분배되지 않는다는 불만이 제기되기 시작했다. 아랍인들이 우마이야 왕조를 좌지우지하는 가운데 모든 무슬림을 평등하게 대우해야 한다는 이슬람 통치를 요구하는 목소리도 높아졌다. 이라크에서는 알리의 추종세력 즉, 시아파의 반정부 활동이 거세졌다. 시아파는 또 예언자 무함마드의 삼촌인 압바스(Abbas) 세력과 연합세력을 구축해 세력을 확장했다. 압바스는 수도를 이라크의 쿠파(바그다드의 인근 도시)로 옮기고 새로운 왕조인 압바스 왕조(750-1258)를 건설했다.

④ 압바스 왕조와 바그다드

지나치게 아랍적인 우마이야 왕조에 반기를 들고 주도권을 장악한 압바스 왕조의 지배자들은 아랍계이건 비아랍계이건 무슬림이면 누구에게나 똑같은 권한을 부여했다. 압바스 왕조의 새로운 체제를 견고히 정비한 인물은 2대 지도자 알 만수르(754-775 재위)였다. 그는 갈등과 권력투쟁을 최소화하기 위해 그리고 급속히 거대해진 행정

기관과 인력을 수용하기 위해 수도를 바그다드로 옮겼다. 수도가 사산조 페르시아 제국의 중심지로 옮겨지자 이슬람화한 페르시아 인들의 역할이 커졌다. 페르시아의 문화와 전통도 많이 받아들여졌다.

아랍계 무슬림과 비 아랍계 무슬림을 평등하게 대우하여 융합을 꾀했고 아랍 적, 시리아적, 페르시아 적 요소가 융합된 이슬람 문화를 발전시킬 수 있었다. 따라서 압바스 왕조시대의 이슬람 문화는 우마이야 왕조의 문화가 비잔틴 문화의 영향을 비교적 많이 받은 데 비해 페르시아 문화의 영향을 더 많이 받았다.

하룬 알 라시드(Harun al-Rashid, 786-809 재위)의 재위기간은 압바스 왕조의 전성기였다. 이때 바그다드는 세계 교역과 문화의 중심지로서 번성했다. 중국에서 제지술 등의 동서 문물이 유입되면서 문화가 꽃피웠다. 이는 아라비안나이트로 잘 알려진『천일야화』의 무대가 되었다. 또 다른 지도자 알 마문(al-Mamun)은 학문의 발전에 크게 기여했다. 그는 여러 나라에서 온 학자들이 모여 연구할 수 있는 바이트 알히크마(Bayt al-Hikmah, 지혜의 집)를 열었다. 이곳에서는 그리스와 로마 제국에서 시작된 서양의 철학, 이성, 과학 등의 문물이 번역 작업을 통해 이슬람 문명에 접합 되었다. 아리스토텔레스의 논리학 등 서양의 고전이 번역 및 재해석되었다. 이슬람 세계에서는 학문이 꽃피우던 이즈음 유럽에서는 암흑기가 시작되었다.

이처럼 훌륭한 통치자들이 통치하면서 전 세계의 지식을 축적하는데 힘을 쏟았다. 이는 9-11세기 칼리파 시대에 위대한 이슬람 문화와 지적인 성취를 이루는 바탕이 되었다. 당시 이슬람 세계는 서양의 어느 나라보다 더 개방적이고 세련되었고 정교하고 풍부한 문화를 자랑했다. 이후 이슬람 제국의 전성기도 서서히 지나갔고 이집트(파티마 왕조, 910년에 세워진 파티마 왕조는 969년에 이집트를 정복하여 카이로를 수도로 삼고 북아프리카 대부분 지역을 통치했다)와 스페인(후기 우마이야 왕조)에서는 독립한 왕조가 칼리파 국가를 선포했고 바그다드의 압바스 왕조 칼리프에 대항한다. 이로써 이슬람 제국은 동·서로 분열된다. 결국 이슬람 세계에는 바그다드, 그리고 이집트와 스페인에 각각 세 명의 칼리파가 있었다. 11세기 파티마 왕조는 바그다드의 압바스 왕조보다 더 큰 세력으로 성장했다. 파티마 왕조는 팔레스타인과 시리아를 점차 잠식해 나가다가 셀주크 투르크와 유럽의 십자군을 동시에 직접 맞닥뜨리게 되었다. 이러한 충돌은 결국 파티마 왕조를 몰락시켰다

압바스 제국은 중심부인 이라크와 시리아 그리고 아라비아 반도에서 그나마 10세기 중반까지는 통일을 유지했다. 하지만 제국의 영토가 너무나 크고 중앙 정부의 내분이 자주 일어나게 되자 제국은 급격히 아랍인, 페르시아인, 그리고 터키인 영주(에미르, 토후)가 다스리는 지역으로 분열되기 시작했다. 압바스 왕조는 1258년까지 유지되다가 몽골의 훌라구(Hulagu)에 의해 바그다드가 함락됨으로써 완전히 역사 속으로 사라졌다.

1256년 훌라구는 바그다드를 몇 달 간 포위한 끝에 정복했다. 시아파와 기독교인을 제외한 무슬림들에 대한 대대적인 학살이 있었다. 압바스 왕조의 마지막 칼리파 알 무스타심도 가족과 함께 처형됐다. 훌라구는 알 무스타심을 카펫에 말고 말들이 짓밟게 해 죽였다. 칼리파의 비극적인 최후에 무슬림 세계는 충격에 빠졌다. 그리고 아랍인에 의한 이슬람 제국과 그 문명도 종식되었다. 수니파 이슬람 공동체의 상징인 바그다드가 함락되고 제국이 무너졌다. 오랜 십자군 원정으로 지중해 연안 지역의 무슬림들은 바그다드를 지원

할 여력도 없었다. 몽골 군대는 시리아로 이동해 다마스쿠스도 정복했다. 바그다드에 이어 이슬람세계를 대표하던 도시 다마스쿠스도 이교도 정복자의 수중에 들어갔다.

동부 지중해는 중앙아시아에서 출발한 무슬림 터키(투르크)족들이 11세기 터키의 아나톨리아 반도로 입성한 후, 1453년 비잔틴 제국의 수도 콘스탄티노플이 오스만 제국에 의해 함락됨으로써 이슬람의 바다로 바뀌었다. 에게 해의 그리스 연안 도서를 중심으로 하는 동부 지중해는 대부분 오스만 제국 시대에 본격적인 이슬람의 영향을 받았다. 1456년 경에는 서양 문명의 정신적 구심점인 아테네를 비롯한 거의 대부분의 그리스 영토가 오스만의 수중에 들어갔다.

오스만 투르크 족에 의해 아랍인이 아닌 소아시아 출신의 이민족이 세운 이슬람 제국이 형성되었다. 1300년에서 1683년까지의 기간 동안 소아시아에서 작은 국가로 등장한 오스만 투르크는 거대한 영토를 가진 제국으로 확장되었다. 오스만 제국의 영토는 아라비아 반도, 북아프리카, 시리아와 이라크를 넘어 페르시아, 서쪽으로는 지브롤터 해협, 북쪽으로는 우크라이나 초원과 오스트리아 빈 인근까지 이르렀다. 특히 오스만 제국은 유럽과 경계를 이루고 있었으므로 근대 이후 세계를 지배한 서유럽 국가들과 애증의 관계를 유지해왔다.

이슬람과 '12세기 르네상스'의 만남

십자군 전쟁은 외관상으로는 이슬람과 기독교 세계의 충돌로 보일지 모르지만 실상은 낙후된 서구가 동방의 선진문화에 커다란 자극을 받는 계기가 되었다. 향료와 진귀한 상품은 물론이고 오렌지, 레몬, 커피, 설탕, 면화 등과 그 재배법이 유럽에 소개되었다. 이슬람 문화를 유럽에 전달하는 과정에서 이베리아 반도는 중요한 지식의 산실이 되었다. 학문 발전에 원동력이 되었던 중국의 제지 기술이 10세기에 이미 이베리아 반도에 도입되었고, 톨레도(Toledo)에 제지 공장이 설립되어 기록과 보존의 혁명이 일어났다. 거의 대부분의 고대 그리스 문헌들은 물론 인도와 중국에 관한 지식과 정보가 아랍어로 번역되어 있었다. 하지만 1492년 그라나다의 이슬람 왕국의 패망으로 무슬림에 대한 대대적인 추방과 학살이 이어졌고, 800년간 축적된 찬란한 지적 기반이 상실되어 이베리아반도는 문화의 빛을 잃었다.

이슬람 문화의 특징

이슬람 세계는 종교적, 군사적, 정치적 성공에 못지않게 문화적 측면에서도 비상한 발전을 이룩했다. 이슬람 세계는 메카를 중심으로 동과 서로 발전하고 특히 지중해를 자신들의 활동무대로 삼았다. 그에 반해 유럽 기독교 세계는 아랍인과 노르만인들에 의해 유럽대륙에 갇혀 있었다. 폐쇄적이고 침체된 사회에서 왕성한 문화 창조력을 기대하는 것은 당연히 무리이다. 따라서 문화면에서도 유럽이 이슬람 세계에 비해 무기력했다고 할 수 있다.

아랍인들로 하여금 높은 수준의 문화를 창조할 수 있게 한 것은 무엇보다도 이슬람교였다. 아랍인들의 신앙체계였을 뿐만 아니라 삶 그 자체였던 이슬람교는 그들의 창조력과 지적 상상력의 원천이었다. 더욱이 이슬람교는 교도들에게 성지순례를 요구함으로써 교도들 사이의 사상과 문화의 교류를 북돋우었다. 그리고 코란의 다른 언어로의 번역이 허용되지 않았으므로 코란을 읽기 위해서는 누구나 아라비아어를 배워야 했다. 아라비아어는 특히 융통성이 큰데다 코란의 언어였으므로 쉽게 전체 이슬람 세계의 표준어로 발전했다. 그리하여 아라비아어는 이슬람교와 함께 이슬람 세계의 문화 창조를 자극하고 나아가 이슬람 세계를 하나로 만드는 데 크게 기여했다.

또한 아랍인들은 주변의 문화적 유산을 잘 흡수하여 발전시켰다. 이슬람 제국에 정복당한 지역들은 훌륭한 문화를 자랑하던 페르시아나 비잔틴 제국의 일부였다. 아랍인들은 페르시아, 그리스·로마, 비잔틴 등의 우수한 문화를 흡수했다. 이슬람 제국과 비잔틴 제국이 서로 싸우지 않고 평화롭게 지낼 동안 아랍인들은 비잔틴문화를 존중하고 그것을 흡수했다. 이를 통해 아랍인들은 그리스문화에 자주 접했다는 사실을 알 수 있다. 이렇게 높은 문화 수준을 가진 이슬람 문화는 물이 위에서 아래로 흐르듯 중세 유럽에 많은 영향을 주게 된다. 그리고 그 영향은 오늘날 인류의 과학 발전에도 든든한 기반이 되고 있다.

① '복합문명'으로서의 이슬람

아라비아라는 척박한 문화 환경에서 싹튼 이슬람은 주변 문화를 적극적으로 수용하고 그것을 자기화함으로써 급속한 발전을 거듭했다. 다른 문화에 대한 포용력과 융화력이야말로 이슬람 문화의 가장 큰 특징이라 할 수 있다. 이슬람 제국은 고대 지중해 문화에서 시작해 고도로 발전한 그리스 로마의 문화, 그리고 알렉산드리아에 축적된 지혜를 전부 흡수해 자신의 제국 안에서 더욱 발전시켰다. 실용적인 분야에서 그리스의 영향은 절대적이었다. 수학, 천문학, 물리학, 화학, 약학, 지리학 등과 철학 분야의 그리스 서적들이 아랍어로 번역되어 획기적인 학문의 발전을 이루면서 아랍 르네상스라는 황금시대를 열었다. 이슬람 사회의 과학, 의학, 건축 분야의 성과는 후일 라틴어로 번역되어 유럽으로 전해지면서 중세 유럽의 '12세기 르네상스'와 근대적 도약의 밑거름이 되었다.

근대 이전에는 서유럽을 중심으로 하는 기독교 세계보다 이슬람 세계가 압도적으로 뛰어난 문화를 자랑하고 있었다. 그러한 이슬람 문화의 우위는 그리스 로마가 그 문명적 우위를 상실한 이후부터 서양에 근대 문명이 생겨나기까지 약 1천 년 가까이 지속되었다. 아라비아 숫자는 서적과 함께 아라비아에서 유럽으로 빠르게 보급되어 근대화를 도왔다. 아라비아 숫자가 보급되기 전까지 유럽에서는 로마 숫자가 광범위하게 사용되었다. 로마 숫자는 헷갈리기 쉽고(IV와 VI), 숫자가 커지면 쉽게 알 수 없으며 또한 'O(zero)'이 없다는 결점을 가지고 있다. 'O'은 원래 인도의 발명품인데 그것이 먼저 이슬람권에 전해졌고 다시 전 세계로 퍼져 나가게 되었다. 그런 의미에서 유럽 근대 과학의 발전은 이슬람의 아라비아 숫자 없이는 성립할 수 없었다. 흔히 르네상스의 3대 발명품으로 활판인쇄, 나침반, 화약을 드는데 나침반과 화약은 원래 중국의 발명품이다. 그것이 이슬람 세계를 거쳐 유럽에 전해졌기 때문에 엄밀히 말해서 유럽의 '발명품'이 아닌 유럽의 '개량품'이라고 하는 것이 맞다.

② 이슬람 문화의 업적

의학(醫學)

이슬람 제국에서 '의학'은 사상적 학문이 아닌 상당히 실용적인 학문으로서 자리를 잡는다. 9세기초에 시작된 번역 작업에 '의학'은 초반부터 포함되었을 정도로 그들의 관심 분야였다. 이슬람 의학에 주된 영향을 미쳤던 것은 '갈레노스'의 의학 체계였다. 갈레노스의 의학 사상은 단순한 의학적 지식 뿐 아니라 논리학이나 자연 철학까지 포함하고 있었으므로 이슬람 제국의 의학자들은 갈레노스의 의학 사상을 계승 발전시키고자 플라톤과 아리스토텔레스와 같은 그리스 철학의 전반적인 이해에도 힘썼다.

초기의 이슬람 의학자로서는 알 라지(Al razi / AD 865~925)가 있다. 알 라지는 '조건 반사', '천연두', '소아 질병', '홍역' 등 당시로서는 상당히 진보적인 의학 지식의 소유자 였다. 또한 그는 당시의 의학 사상을 바탕으로 종합 의학서인 '의학 대전(Kitab al hawi)'를 저술하였는데 이 책은 제목에서도 알 수 있듯이 의학에 대한 백과사전으로서 이후 1279년부터 1542년까지 3세기에 걸쳐 라틴어로 수 없이 번역되어 읽혀졌다.

그 다음 우리가 주의 깊게 살펴보아야 할 의학자로서는 이븐시나(Ibn sina / AD 980~1037)가 있다. 철학자이기도 했던 이븐시나는 아리스토텔레스의 사상에 많은 영향을 받았다. 그의 '의서(Al qanun al tibb)'는 12세기 유럽의 의과 대학에서 의학 교재로서 채택되어 15세기까지도 그 분야에선 최고의 자리를 지켰을 정도로 그 내용에 있어서 뛰어났다. 이 '의서(Al qanun al tibb)'는 의학에 대해 상당히 철학적인 내용을 담고 있었지만 다른 한편으로는 질병에 대하여 실질적인 설명을 담고 있어서 사상과 기술이 조화를 잘 이루었다. 파리의 의과 대학에 지금도 걸려있는 그들의 초상화는 그들의 의학이 유럽 의학 발달에 얼마마한 역할을 하였는가를 단적으로 말해주고 있다.

수학(數學)

이슬람의 수학 또한 그리스나 인도로부터 많은 영향을 받기는 했지만 이들의 수학은 학문의 영역으로서 보다는 실용적인 목적으로 발달하게 된다. 우리가 현재 사용하고 있는 '아라비아 숫자'는 그 이름에서도 기원이 어디인가를 쉽게 알 수 있다. 당시 그리스의 숫자나 한자의 숫자는 일정 수 이상을 표기하기 위해선 다른 특수 문자의 표기를 요함으로 실용적인 면에서 상당히 뒤떨어지고 있었다. 그러나 아라비아 숫자는 '0'의 개념을 도입함으로 아무리 큰 수라 하여도 자체적인 표기가 가능하였다.

중세 수학에 결정적인 영향을 끼친 이슬람 수학자로는 '알 콰리즈미(Al khwarizmi / AD 780~850)'가 있다. 그의 이름을 통해서 알 수 있듯이 아라비아 식 십진 기수법을 뜻하는 영어의 Algorism은 바로 그의 이름에서 유래되었다. 또한 그는 '미분 방정식'을 체계화시킴으로 12C 유럽 대학에서 수학 교과서로서 채택되기도 하였다.

또한 대수(代數)부분도 이슬람 수학자들에 의해 상당한 발전을 이루게 된다. 영어식의 표기인 Algebra(대수)의 어원이 아랍어임을 볼 때도 그 영향을 쉽게 알 수 있을 것이다. 이것은 9C 이슬람의 수학자인 '알 콰리즈미'의 저서 '알 자브르와 알 무카발라의 산법'의 제목에서 유래된 것이며 현대의 방정식과는 약간의 차이를 보이고 있긴 하지만 해법의 절차에 대하여 상당히 접근된 2차 방정식을 공식화하기도 했다.

화학(化學)

이슬람인들 사이에서는 연금술(alchemy)이 유행했는데 이것은 그들로 하여금 화학에서도 놀라운 업적을 남기게 했다. 이슬람세계에서는 비금속으로 귀금속을 합성해내는 연금술 말하자면, 마술과 과학이 결합된 연금술로 발전했다. 연금술사들은 각종 비금속에 이런저런 화학 약품을 넣고 열을 가하거나 빼는 등 시행착오적인 실험을 되풀이했을 것이다. 그들은 그런 실험 과정을 통해 증류·여과·승화 등 과학적 방법을 개발하거나 발전시켰다. 뿐만 아니라 탄산소다·붕산·질산·유황산·질산은·초산·알코올 등의 화합물을 발견하거나 만들어냈던 것이다. 이러한 화학적 실험과 화합물의 발견은 의학의 발전으로 이어진다.

그밖의 분야

이외에도 이슬람의 문명은 서구 유럽 문명에 많은 영향을 주고 있는데 음악과 문학 분야에 있어서도 예외는 아니다. 스페인의 서정적 음악은 이슬람의 음악적 분위기를 많이 담고 있으며 또한 여러 가지 악기의 명칭에서도 그 유래를 찾아 볼 수 있다. 예를 들면 'Lute(피리) : Al ud', 'Guitar(기타) : gitarah'등 이다. 문학 분야에서는 세계 최대의 로망이며 인간의 상상력을 최대로 발휘한 문학 작품으로 평가받기도 하는『아라비안나이트』가 있다.

건축 분야에서는 비잔티움식 성당 건축술을 응용하여 자신들의 사원인 모스크를 지었다. 그리하여 이슬람의 모스크들에서는 둥근 지붕과 뒤틀린 둥근 기둥 그리고 뾰족 탑등이 나타난다. 그리고 아라베스크라는 무늬가 있는데 이것은 나무·돌·화초·타일 등으로 만든 아름답고 정교한 기하학적 무늬였다. 다마스쿠스·카이로·예루살렘·코르도바 등지에는 둥근 지붕, 뾰쪽 탑, 아라베스크 등의 뚜렷한 특징을 갖는 수 천의 모스크가 있고 그 중 가장 유명한 것이 스페인의 그라나다에 있는 알함브라 궁전과 인도 아그라에 있는 타지마할 묘이다.

근대의 탄생과 발전 3

이야기 하나

르네상스를 찾아서

1. 말뜻에서 알 수 있는 것

15세기 이탈리아를 중심으로 일어난 르네상스는 불어로 're'와 'naissance'란 두 개의 단어가 합성된 것으로 '재생', '다시 태어남'을 뜻한다. 이 말은 이탈리아의 르네상스 화가이자 미술 평론가인 바자리(Vasari)가 쓴 예술사에서 '고대의 예술이 우리 시대에 renascita(다시 태어났다)'라고 한 말에서 유래했다. 이 말의 원뜻은 '고대의 부활'이지만, 그것이 가리키는 의미는 그리스 로마의 인본주의(인간중심의 문화)가 15세기 이탈리아에서 다시 부활했음을 뜻한다.

• 보티첼리의 〈봄의 여신〉

르네상스의 중요한 특징을 회화 작품을 통해 살펴보자. 하나는 고대의 그림, 하나는 중세의 목판화, 또 하나는 르네상스 시기 보티첼리의 〈봄의 여신〉이라는 작품을 보면 각각 여성을 묘사하는 방법에 차이가 있다. 중세만 해도 구도자적인 모습만을 보였다. 신의 구원을 기다리고 경건한 마음으로 기도하고 예배하는 자세만을 보여줄 뿐, 인물의 개성이나 상세한 묘사는 없었다. 반면에 르네상스 작품을 보면 세 여신이 각각 다르다. 셋 다 개성 있는 모습이고 개체에 대한 묘사가 구체적으로 되어 있다. 고대 작품을 보아도 세 사람이 비슷비슷하다. 자매인지 쌍둥이인지도 알 수 없고 여성인 것만을 표현할 뿐 개성을 가진 개체로 표현되지는 않는다. 중세와 다른 부분을 찾자면 고대와 르네상스는 인간적인 부분을 표현하려고 한 인본주의 문화의 표현이었다는 점이다. 르네상스는 개체의 개성을 살리려고 했고 고대는 집단 전체의 모습을 표현하려고 한 것에 차이가 있다. 르네상스에는 개인의 개성을 강조한 인물 전기가 많이 쓰이기도 했다. 이것이 르네상스의 문학, 회화 작품에 나타난 특징이다.

르네상스를 보는 관점도 변해 간다. 페트라르카가 남긴 유명한 말, 즉 "나는 불과 50년 전의 과거보다도 1500년 전의 과거가 더 가깝게 다가온다"는 유명한 말이 있다. 시간적인 공감대보다는 고대 문화에서 질적인 공감대를 느끼는 바를 표현한 것이다. 고대 로마의 키케로나 그리스의 데모스테네스의 글이 페트라르카에게는 중세의 수도원에서 나온 기록들보다 친근하고 가깝게 느껴졌던 것이다.

15세기 이탈리아의 인문주의자들은 고대로부터 공감대를 얻으려고 하고 고대의 문헌들을 읽고 영감을 얻으려는 태도를 가지고 있었다. 이것을 구체적으로 표현한 사람이 피렌체의 화가 겸 평론가 바자리였다. 그는 '고대의 미술이 우리 시대에 부활(리나스키타)하고 있다'라고 말했다. 고전, 그리스 로마의 미술이 재생되고 있다는 말에서 르네상스라는 단어가 나온 것이다.

16세기 켈라리우스(Cellarius)는 인류의 역사를 3시기로 구분했다(3시대 구분법). historia antigua, medivum aevum, historia nova로 구분했는데, 이 라틴어를 번역하면 고대의 역사(히스토리아 안티코아), 중간에 끼인 시대(메디움 아이움), 새로운 역사(히스토리아 노아)라고 번역된다. 이것을 오늘날 고대·중세·근대로 나누는 3시대 구분법의 출발점으로 본다. 켈라리우스에 따르면 히스토리아 노아(근대)는 히스토리아 안티코아(고대)로부터 많이 배운다는 입장이고, 그 가운데에 낀 시대가 있다고 이야기하면서 메디움 아이움(중세)을 나머지 둘과는 다른 관점으로 보며 암흑의 시대라고 생각했다. 이런 접근 방법을 보면 화가든 역사가이든 르네상스 시대를 보는 관점이 고전, 고대의 문화에 공감대를 가지고 부활함을 느끼며 새로운 시대가 시작되었다는 생각이 강했다. 중간에 낀 중세는 고대의 문화가 쇠퇴하고 자신들과는 단절된 암흑의 시대라고 생각한 '중세 암흑 시대설'의 관점이 르네상스 시기의 역사관이었다.

미슐레

오늘날의 르네상스에 조금 더 가까워진 개념은 19세기 역사가 미슐레(Michulet)에서부터 시작한다. 미슐레는 르네상스 시대의 프랑스에 대해서 연구했다. 특히 프랑수와 1세 시대의 프랑스를 연구했는데 이 시기를 연구하면서 '고대의 문화가 부활된 르네상스'라고 '르네상스'라는 용어를 처음 쓴다.

프랑수와 1세는 프랑스의 문예를 부흥시키기 위해 피렌체에서 유명한 화가 레오나르도 다빈치를 초빙한다. 레오나르도 다빈치는 프랑수와 1세의 궁전에 가서 극진한 대접을 받고 임종 할 때에도 프랑수와가의 무릎에 받힌 상태로 운명했다. 화가나 수공업자가 르네상스 시대에 그다지 존중받는 상황이 아니었던 것을 고려하면 다빈치로서는 최고의 영광이었다. 그런 시대적 상황에도 불구하고 예술가를 존경하고 다빈치를 존중했던 프랑수와 1세는 아주 정중하게 마지막까지 사랑과 예의를 다한 모습을 보여 주었다. 이 시기를 가리켜 르네상스라고 불렀는데 오늘날 르네상스의 어원이 여기서 시작되었다. 미슐레는 '고전 문예가 부흥한 시기'라는 의미로 르네상스라는 단어를 썼다. 고전 문학, 고전 미술, 고전 철학이 부활한 시대였다. 이런 미슐레적인 생각에 따른다면 르네상스는 문예 부흥, 특히 고전 문예가 부흥한 시기를 일컫는다고 해석된다. 문예부흥은 문학에서뿐만 아니라 회화와 건축, 미술, 철학에서도 나타났다. 에라스무스는 라틴어만 읽을 줄 알던 시대에서 그리스어를 가장 잘하는 사람 중 하나였는데 라틴어와 그리스어로 된 성경을 비교하고 새롭게 해석하며 성경에서 잊혀진 부분에 대해 새로운 발굴을 해 나갔다. 그 속에서 에라스무스의 르네상스 인문주의가 꽃을 피우게 되는데 회화와 건축, 미술과 철학에서 아리스토텔레스의 인간의 경험과 이성을 강조하는 철학이 부활하면서 더 새로운 차원이 열렸다. "우리 시대의 문학은 오랜 야망으로부터 벗어나서 새롭게 꽃피우고 있다"라는 말을 할 정도였다. 그것을 미슐레는 르네상스라고 하였고 포괄적으로 문예 부흥운동이라고 했다.

부르크하르트

그러나 오늘날 르네상스라고 하면 부르크하르트(Burckhardt)의 해석을 교과서적 해석이라고 할 수 있다. 부르크하르트의 이름을 꼭 가져오진 않지만 많은 사람들이 르네상스를 생각할 때 부르크하르트의 생각과 관점을 가지고 생각한다. 부르크하르트는 19세기 말에 스위스에서 태어나 독일에서 활동하면서 한 시대를 풍미했던 역사가이다. 그를 유명하게 만든 책은 1860년에 쓴 『이탈리아 르네상스의 문화』라는 책으로 국내에도 번역되어 있다.

부르크하르트의 교과서적인 르네상스에 대한 해석은 바자리, 미슐레의 해석에서 한걸음 더 나아간 것이다. 단순한 고대 미술의 부활이나 문예부활운동을 너머 '새로운 시대'가 시작되고 새로운 세계관이 등장한 것으로 본 것이다. 르네상스는 곧 근대의 시작이라는 해석을 내놓았다. 그가 말한 새로운 세계관을 한마디로 압축하면 '인간과 세계의 재발견'이다. 인간을 다시 발견했다는 것은 '신 중심의 세계'에서 '인간 중심의 세계'로 넘어왔으며 인간을 보는 관점도 고대에는 집단적, 공동체적으로 봤으나 르네상스 시대에 와서는 한 개체로서 한 개인에 주목을 하고, 개인의 자아에 대한 각성, 주관의 확립, 개인주의가 발달하게 되는 계기를 가져오게 된다. 이런 점에서 인간에 대한 재발견의 시대였다고 할 수 있다.

세계에 대해서도 자연을 신이 창조한 신비로운 대상으로 보는 것이 아니라 자연 그 자체를 대상으로 보고 자연에는 자연을 움직이는 '자연의 법칙'이 있을 것이라는 생각을 가진다. 자연과학의 발달을 가져오고 많은 여행기를 통한 지리서들도 이 시기에 등장한다. 또 자연과학에 대한 연구에도 경험론적인 인간의 이성에 의한 분석 방법이 등장한다. 그 속에서 한 인간으로서 신의 기적이 아닌 자연의 아름다움을 노래하는 것이다. 그 한 예로는, 영국의 시인 워즈워드가 무지개를 노래한 가사에 '저 하늘의 무지개를 보노라면 내 가슴이 뛰노라'라는 문구가 있다. 이 작품의 시기는 훨씬 후대이지만 르네상스적 심미적 감성을 잘 묘사한 작품이다. 예전에 성 어거스틴(중세의 신학 체계를 완성한 학자)은 신이 존재하는가 라는 질문에 '신은 존재한다. 신을 믿으면 알 수 있다'라고 대답한다[지금도 신의 존재에 대한 기독교의 교과서적 답변 또한 성 어거스틴 식의 대답이다.] 성 어거스틴은 한 가지 더 덧붙였다. '우리가 신을 믿지 않아도 신이 존재하심을 알 수 있는 순간이 있다'라며 『고백록』에서 무지개를 예로 든다. 무지개를 만드는 것은 신만이 할 수 있는 일이라고 말한다. 세상에 일어나는 기적이나 신비한 현상을 신의 역사로 설명하는 것이 기독교의 전통적인 방식이다. 시인 워즈워드는 가슴이 뛰는 것을 느끼는데 성 어거스틴은 신이 존재하심을 보는 것이다.

이런 달라진 모습을 부르크하르트는 '인간과 세계에 대한 재발견'이라고 부른다. 이 시기에 와서 자연에 대한 사실주의적 관찰과 자연과학도 발달하는 모습을 보인다. 르네상스는 인간과 세계를 재발견한 새로운 시대의 시작이었다. 라파엘로의 「아테네학당」이라는 유명한 그림이 있다. 원본을 보려고 하면 바티칸 성당에 가야 한다. 바티칸 성당의 회랑에 많은 방들이 있는데 추기경들이 바티칸에 오면 묵는 추기경의 방들 중에 라파엘로의 벽화가 그려진 방이 있다. 30~40명이 들어가는 방 한쪽 벽면에 꽉 차게 그려져 있다. 그래서 이 그림은 어디에서도 전체의 모습을 사진에 담을 수 없다. 라파엘로의 「아테네학당」에서 가운데 나온 두 사람 중 왼쪽에서 하늘을 가리키는 사람이 관념, 정신적 세계를 강조한 플라톤, 오른쪽에서 땅을 가리키며 걸어나오는 사람이 이성과 경험을 강조한 아리스토텔레스이다. 그림에서는 두 사람을 멋지게 대비시켰으며 그 왼쪽에는 소크라테스가 서서 이야기하고 있고 알렉산더, 견유학파의 디오게네스도 보인다. 또 본인이 존경했던 작가인 미켈란젤로도 그려져 있다. 그리스의 뛰어난 현인들, 예술가들, 철학자들을 자기들 시대와 일치시키며 마치 로마 사람들이 그리스의 신화를 받아들여서 자신들이 믿고 있던 신의 이름을 붙인 것과 같은 모습이 아테네 학당에 잘 나타난다. 말 그대로 인간중심의 문화를 만들고 그 문화에 공감대를 느끼며 다시 재생시키려고 했던 16세기 피렌체의 모습이 르네상스의 실체인 인본주의 부활의 모습이다.

2. 르네상스의 꽃, 피렌체

피렌체

영어로는 플로렌스라고도 한다. 이탈리아의 지도를 놓고 보면 이탈리아 북부 지역의 교통 중심지이며 오늘날에는 가죽으로 유명한 토스카나 지방의 중심도시이다. 마키아벨리 시대의 피렌체나 오늘날의 피렌체에는 사실 큰 차이가 없다. 도시의 전체 특징을 보면 가운데에 아르노 강이 흐르고 구도심 한 가운데 우뚝 보이는 건물이 피

• 피렌체 두오모와 도시 전경

렌체 두오모이다. 그 오른쪽으로는 피렌체 르네상스의 번영을 가져오게 했던 메디치가의 궁전이 보인다. 지금은 우피치 박물관으로 불린다. 왼쪽에는 메디치가가 세운 성당이 있다. 건물들이 모두 낮은데 재개발 허가를 내주지 않고 구도심의 모습을 보존하고 있는 전형적인 르네상스시대의 도시이다.

두오모 성당

오른쪽 사진은 두오모 성당의 설계 도면이다. 이 성당은 로렌초 메디치가 로마의 바티칸 성당에 감동을 받고 와서 피렌체에 지은 것이다. 로렌초 메디치는 피렌체에도 바티칸과 같은 성당을 짓고자 공모전을 열었다. 이 공모전에 건축가 브루넬레스키가 설계한 도면이 당선되고 그 도면에 따라 지어진 성당이 피렌체 두오모이다. 두오모는 피렌체의 중심에 있는 건물이기도 하다. 겉으로 보면 대리석과 흑요석 등 아주 비싼 돌들로 외관을 꾸몄기 때문에 매우 아름답다. 오른쪽에 보이는 돔은 보기에는 그렇게 높아 보이지 않지만 아래에서부터 꼭대기까지 150m 정도 된다. 브루넬레스키의 설계도면이 당선된 후 도면에 따라 벽돌로 성당의 돔형 지붕을 쌓아 올렸는데 이 돔형 지붕을 쌓아 올릴 인부를 구하지 못했다. 높은 곳에 올라가서 해야 하는 위험한 작업이다 보니 아무도 목숨을 걸고 하려고 하지 않았다. 그래서 설계자였던 브루넬레스키가 직접 올라가서 작업했다고 한다. 두오모 내부에 들어가면 바깥의 찬란하고 고급스러운 모습과는 달리 안은 시커멓고 을씨년스럽다. 어떤 부분은 마무리 공사를 채 하지 못해서, 골조가 그대로 드러난 부분도 있다. 이렇게 안과 밖이 매우 대비되는 것이 두오모 성당이다. 메디치가는 오늘날의 금융 재벌이었다. 그런 메디치가가 3대에 걸쳐 지었는데 중간에 메디치가가 망하면서 끝까지 아름답게 완성하지 못한 것이다. 피렌체는 메디치가의 돈으로 르네상스를 꽃피웠다고 할 수 있다. 메디치가의 사람들은 예술가를 후원하고 그림을 사 주기도 하고 공사비를 대 주기도 했는데 이런 것들이 피렌체의 르네상스를 가져온 것이다.

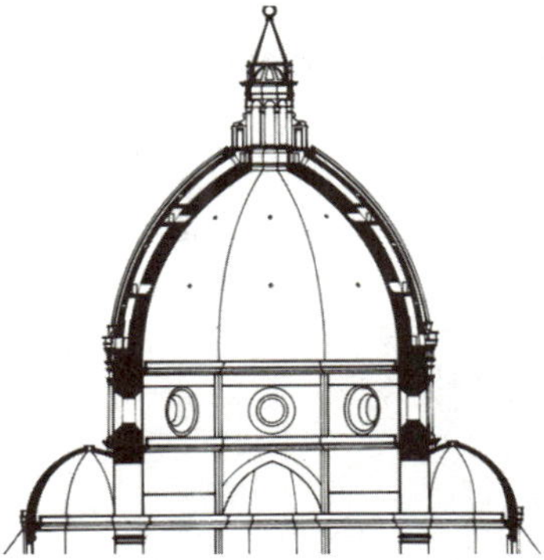

• 두오모 성당 설계 도면

• 마인데르트 호베마 〈미델하르니스의 가로수 길〉

• 에드가 드가 〈발레수업〉

화가 마사치오는 브루넬레스키의 친구였다. 마사치오는 친구 브루넬레스키의 작업장에서 우연히 설계 도면을 보다가 투시 원근법을 발견했다. 마사치오가 그린 「산타노벨라 성당의 성삼일체」에서 그림의 지붕을 보면 마치 벽을 깎아 낸 것 같이 보인다. 이것은 조각 작품이 아닌 회화 작품인데 시선의 착시현상에 의해 원근법이 살아 있게 하는 투시원근법을 사용했다. 사진은 17세기 말의 다른 화가의 작품인데 길에 서 있는 나무들 철길이 좁아져 가는 모습들 등이 투시원근법의 전형적인 모습이다. 이렇게 르네상스 시대에 투시원근법이 발달한 이유는 브루넬레스키의 영향이다. 그런 의미에서 두오모 성당은 한편으로 르네상스 회화의 원근법 발달에도 크게 기여했다고 할 수 있다. 나중에는 투시원근법이 색깔에 의해 높낮이에 의해 등 여러 가지 원근법으로 다양하게 발달한다. 절정으로 발달한 모습은 다빈치의 「모나리자」에 나타난다. 「모나리자」에는 배경과 인물 대비에 대한 처리 등 다양한 원근법이 나타난다. 이 단계에 가기까지 100여 년 이상 투시원근법이 주를 이루었다. 또 다른 그림은 19세기 후반 드가의 「발레 수업 장면」이다. 그림 바깥에 서서 보면 무도장에서 발레 연습을 하는 아이들의 모습이 뒤로 가면서 작아진다. 이 또한 투시원근법을 사용한 것이다.

산드로 보티첼리의 「봄의 여신」을 보자. 숲 속에 봄의 여신, 정령들이 모여서 봄에 새로운 생명이 태어나는 기쁨을 만끽하고 즐기는 장면을 묘사한 것이다. 보티첼리의 가장 유명한 작품은 「비너스의 탄생」이다. 개개인의 인물들이 세세하고 섬세하게 묘사된 것이 이전의 중세 작품이나 고대의 인물 묘사와는 다른 모습이다. 소재 또한 기독교적 신학적 주제가 아닌 고대의 신화나 평범한 소재들이 주

• 보티첼리의 〈비너스의 탄생〉

된 소재로 변하게 되었다. 우피치 미술관에 가면 「비너스의 탄생」의 원본을 볼 수 있다. 세로 길이가 1.3m, 가로 길이 2m 정도의 크기의 크지않은 작품이다. 진품을 보면 그 시대의 물감이 발리고 변색된 모양이 생생하게 남아있다. 「비너스의 탄생」에 관해서는 두 가지 이야기가 있는데 바다의 조개에서 탄생했다는 버전을 그림으로 그려냈다고 한다. 이 때 숲의 요정이 옷을 들고 나오는데 이 옷은 당시의 피렌체의 귀부인이 흔히 잘 입던 디자인이다. 비너스 여신의 머리카락은 갈색인데 이 또한 피렌체의 여성들에게 유행했던 머리색이다. 그림을 더 살펴보면, 이 머리카락이 영원한 생명을 상징하는 올리브 나무 잎사귀에 살짝 닿아 있다. 이것은 영원한 아름다움, 영원한 생명력을 묘사해 내려고 한 것이다. 왼쪽에는 여신과 남신이 부둥켜안고 입으로 바람을 불며 비너스를 섬으로 밀고 있다. 서풍의 신들이다. 이 신들과 비너스의 모습은 대비된다. 비너스는 품격 있고 이성적으로 묘사되어 있고 서풍의 신들은 육욕적으로 뒤엉켜 세속적인 욕망에 빠져 있는 듯한 모습이다. 보티첼리는 비너스를 통해 플라톤적인 아름다움을 묘사하려고 한 것이다. 모델이 된 대상은 그리스의 조각이었다. 그림을 자세히 보면, 그리스인들은 7등신을 많이 그렸고 헬레니즘 시대에 8등신이 되는데 비너스는 8등신인 것으로 보아 헬레니즘 시대의 조각을 보고 그린 것임을 알 수 있다. 목 부분이 기형적으로 긴데 머리가 얹힌 것이 살짝 어색하다. 조각을 보고 목 아래는 그렸는데 비너스 여신의 얼굴을 찾지 못해서 고민 중에 보티첼리가 피렌체 시내 분수에서 물을 마시다 고개를 든 순간 우연히 마주친 여인의 얼굴을 그려 얹은 것이라는 이야기가 있다. 이 작품에서 르네상스의 개성적 아름다움은 아직 나타나지 않는다. 또 아직까지 원근법도 잘 나타나지 않는다. 그러나 소재에 있어서는 그리스 신화라고 하는 르네상스의 새로운 소재로 넘어가는 모습을 보여준다.

미켈란젤로

르네상스의 3대 천재라고 하는 미켈란젤로는 노력파 천재였던 것으로 보인다. 로렌초 메디치가 어느 날 숲속을 거닐다가 돌을 깨는 소리를 들었다. 둘러보니 한 소년이 조각을 하려고 돌을 깎는 소리였다. 로렌초는 어린 아이가 조각을 하려 하는 것이 신기해서 지

• 미켈란젤로의 〈피에타〉 조각상

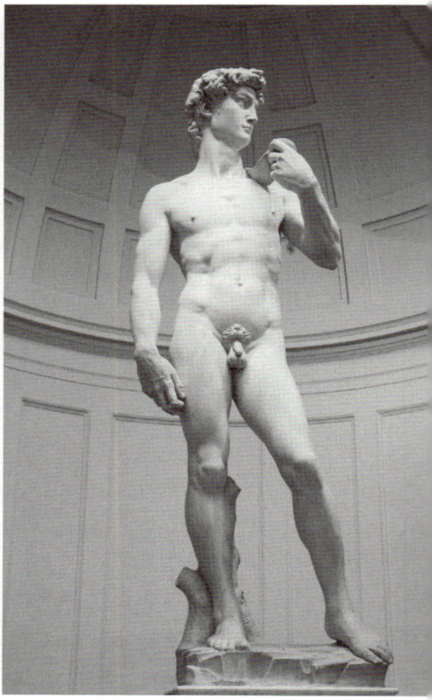

• 미켈란젤로의 〈다비드〉 조각상

켜보고 있었는데 소년은 다른 사람이 보고 있어도 전혀 동요되지 않은 채 본인의 일에만 집중해서 옆에 사람이 있는지 없는지도 자각하지 못하고 몰입을 했다. 로렌초는 어린 소년의 집중력에 감탄하여 그 아이에 대해 알아보았는데 고아였던 아이를 석공 집안의 사람들이 거두어 키우게 되었고 아이가 자연스럽게 돌을 가지고 놀게 된 것이었다. 로렌초는 이 아이를 데려와 키워서 대 조각가이자 대 화가, 르네상스의 최고 거장 중 한 명인 미켈란젤로로 탄생시켰다. 미켈란젤로에 대한 일화를 보면 정과 망치로 돌을 때려서 조각하다 보니 손에 진동이 전해져서 힘들어했고 심하면 피가 나기도 했는데, 그럼에도 쉬지 않고 작업을 할 정도로 집중력이 높았다고 한다.

미켈란젤로의 최고의 걸작 두 가지는 「피에타」와 「다비드」이다.

「피에타」는 바티칸 성당의 1층 정원에 가면 진열되어 있는데, 모르고 가면 무심코 지나치게 된다. 이 작품은 아들을 잃은 한 어머니의 처절한 슬픔이 느껴진다. 마리아가 십자가에 못 박혀 죽은 아들 예수를 안고 비통해 하는 모습을 평범한 어머니의 모성이 느껴지는 예술 작품으로 승화시켰다. 대리석을 깎아 주름까지 표현해 낸 대단한 작품이다. 「다비드」상을 조각하게 된 일화는 유명하다. 조각하기에 아주 좋은 돌을 발견했는데 위쪽이 조금 크고 아래가 작은 균형이 맞지 않는 돌이었다. 조각가들이 쉽게 인물을 조각하려고 도전하기에는 힘든 돌이었던 것이다. 그래서 피렌체 시청에서 당대 최고 조각가였던 미켈란젤로에게 주었더니 「다비드」상을 조각해 낸 것이다. 그러한 이유로 「다비드」상은 목에서부터 머리 부분이 인체 비례보다 살짝 크다. 서양 사람의 몸이라기보다는 동양 사람의 몸에 가깝다는 느낌이 드는 이유도 그것이다. 다비드의 생동감 넘치는 모습은 미켈란젤로만이 조각할 수 있었던 것이다. 「피에타」와 「다비드」상을 보면 미켈란젤로가 인체 묘사를 많이 연구했음을 알 수 있다. 미켈란젤로는 다빈치가 옛날에 밀라노에 가 있던 시절 해부학 교실에서 인체를 소묘한 작품들을 보고 많이 연구했다고 한다. 그래서 힘줄, 굴곡, 뼈의 위치, 골격 등을 섬세하게 잘 표현해 낼 수 있었다. 미켈란젤로의 걸작들은 끊임없는 노력이 만들어 낸 작품들인 것이다.

시스티나 성당에 있는 미켈란젤로의 프레스코 벽화 「천지창조」를 보자. 시스티나 성당은 바티칸 성당 뒤에 있는 교황만이 기도하는 작은 부속 성당이다. 어느 날 교황(실베스타 2세, 메디치가에서 배출해 낸 교황)이 천장을 보고 허전함을 느끼고 그림을 그려야겠다는 생각으로 메디치가에 요청해 미켈란젤로를 추천받았다. 메디치가 교황청에 금

• 미켈란젤로의 〈천지창조〉

전 출납을 담당하고 있었기 때문이다. 천장의 그림을 미켈란젤로에게 부탁했더니 본인은 조각가일 뿐 화가가 아니라며 거절했다. 이후 성당의 그림을 아무도 맡으려고 하지 않자 교황이 어떤 결과가 나와도 좋으니 그림을 그려 달라고 미켈란젤로에게 다시 부탁했다. 그래서 그린 그림이 「천지창조」라는 걸작이다. 많은 관광객들이 누워서 천장의 가운데 부분 하나님이 아담에게 생명을 불어넣는 모습의 「천지창조」를 본다. 미켈란젤로는 이미 노년이었고 유명해져 있었기에 제자들에게 시킬 수도 있었지만 3년 이상에 걸쳐서 본인이 직접 걸작을 그려 냈다고 한다.

시스티나 성당 앞쪽 벽에는 「최후의 심판」이 있다. 예수 그리스도가 최후의 심판을 하는 장면이고 그 아래편에 히에로무스 성자가

• 미켈란젤로의 〈최후의 심판〉

자신의 몸의 가죽을 벗겨서 들고 있는 모습이 그려져 있다. 천국으로 승천하는 사람들과 지옥으로 떨어지는 사람들의 모습도 그려져 있다. 이렇게 르네상스의 작품들은 인체 묘사가 섬세하고 역동적, 사실적이며 이런 과정으로 르네상스의 예술이 발달해 감을 보여준다. 보티첼리에서 미켈란젤로로 넘어가는 과정을 보면 더 생생하게

• 라파엘로의 〈아테네 학당〉

느껴진다. 라파엘로의 「아테네 학당」의 모습을 보면 플라톤, 아리스토텔레스, 소크라테스가 이야기를 하는 중이다. 그 앞에서 알렉산더 대왕이 귀동냥을 하면서 이야기를 듣고 있다. 그 아래로 내려오면 미켈란젤로가 그려져 있고 피타고라스, 디오게네스, 지리학자 스트라보, 아르키메데스 등 그리스의 현인들과 예술가, 철학자, 과학자, 르네상스 시기의 예술가들이 그려져 있고 R이라고 쓰인 라파엘로 자신도 그려놓고 있다. 이후 네덜란드 등 근대의 작품에서도 화가 자신을 그려 넣는 작품형식이 모방된다. 이 「아테네 학당」은 피렌체 르네상스의 전성기 모습을 상징한다. 메디치가의 후원에 의해 피렌체의 예술가들의 르네상스가 꽃피웠지만, 메디치가가 쇠퇴하면서 피렌체도 함께 쇠퇴하고, 밀라노, 프랑스 등지로 르네상스의 중심지가 이동해 갔다. 이러한 특징으로 이탈리아의 르네상스는 상당히 귀족적이고 탐미적이라고 이야기할 수 있다.

3. 베네치아에 가면 무엇을 볼 수 있나?

베네치아

먼저 지도를 보면, 베네치아는 이탈리아 반도, 아드리아 해에서 끝으로 올라가는 지역에 100개가 넘는 섬들로 이루어진 도시이다. 예전에는 서로마와 동로마의 경계에 있던 지역으로서 두 지역의 문화를 함께 가지고 있는 지역이다. 로마를 중심으로 보면 제국의 외곽 지대였지만 서로마 시대가 멸망하고 동로마 시대만 남게 된 후 지형적으로 아주 중요한 위치로 변했다. 또 아드리아 해로 바닷길이 열리면서 바다를 통한 베네치아의 해안 국가 건설의 새로운 시대가 중세, 르네상스 시대, 16세기까지 이어지는 놀라운 모습이 펼쳐진다. 사진들을 보면 베네치아의 대표적인 전경인 산마르코 광장, 산마르코 광장 앞의 큰 섬, 바다로 이어지는 대운하의 모습이 보인다.

• 산 마르코 광장의 종탑과 대운하

• 베네치아의 사육제

베네치아는 산마르코 광장이 중심이다. 다음 사진은 산마르코에서 1월 말에서 2월 초에 가면을 쓰고 열리는 가면 카니발의 모습이다. 나폴레옹이 베네치아를 정복하고 난 후 산마르코 광장을 '유럽에서 가장 아름다운 응접실'이라고 칭했다. 오른편 끝에는 산마르코 성당의 모습이 보인다. 전통적인 로마의 십자형 바실리카, 그 위에 지붕으로 비잔틴 양식의 돔을 올린 대표적인 비잔틴 양식의 건축물이다. 그 아래쪽은 오른편에 있던 두칼레 궁전을 반대편 항구 운하 쪽에서 바라본 모습이다. 그 오른편에 '날개 달린 사자'는 산마르코의 상징이자, 베네치아의 아이콘이다. 베네치아에서 발행하는 동전이나 깃발, 군대의 방패에 이 날개 달린 사자가 꼭 묘사되어 있다. 이렇게 베네치아는 기본적으로 기업형 국가이다. 해상 상업 국가로서 자신들의 이미지 홍보를 잘 했고 그 중 가장 유명한 것이 날개 달린 사자이다. 산마르코 광장을 지나가는 베네치아의 총독 최후 통치자인 도제의 행렬을 묘사한 삽화도 있다. 대체로 귀족 중에서 명망 있고 나이 든 사람을 종신직으로 베네치아의 행정을 담당하는 최고 수장인 도제로 추대했다. 도제는 종신직이지만 도제가 끝나면 재판을 열어, 임기 중 횡령이나 부패가 있으면 재산을 몰수하므로 한편으로는 독재에 빠지지 않게 하는 장치도 만들어 두었다. 그래서 베네치아는 기이한 공화국의 정치 형태를 띠고 있었다고 할 수 있다. 로마 공화정과 같은 모습이 아니라 종신직 도제를 두고 귀족을 중심으로 한 시민 위원회를 두어 상호 견제하며 독재에도 빠지지 않고 민중으로부터의 혁명도 방지한 독특한 정치 제도 였다.

베네치아는 기원 10세기, 이탈리아 반도의 작은 어촌에서 시작했을 것으로 추정된다. 역사에서 베네치아가 모습을 드러내고 우리가 아는 베네치아가 형성된 계기는 서로마 제국 후기에 다양한 야만족들이 내려오면서 그 야만족들을 피해 바다의 늪지대로 피신한 사람들이 도시를 형성했기 때문이다. 베네치아는 13세기 4차 십자군 전쟁이 일어난 1204년에 세계의 중심 무대에 등장했다. 십자군 전쟁은 11세기 서유럽이 인구도 늘고 기독교에 대한 열정이 커지는 과정에 동로마 제국에서 이슬람의 침입으로부터 도움을 요청받게 되자 교황 우르반 2세에 의해 시작된 대규모 기독교 성지 회복 운동이었다. 그 중 4차 십자군 원정은 예루살렘이 아닌 콘스탄티노플을 약탈하는 변질된 십자군의 모습이었는데 그 콘스탄티노플 공략의 핵심에 베네치아가 있었던 것이다.

십자군 전쟁

초기(1차, 2차) 십자군 전쟁만 해도 영주와 국왕이 스스로 돈을 내거나 세금을 걷었다. 그런데 4차 십자군 전쟁까지 가니 자원 확보가 어려워져 베네치아에 모인 십자군들은 경제적인 지원을 얻기 위해 베네치아의 총독과 비잔틴 제국에서 유럽으로 도망친 왕자 알렉시우스의 요구 조건을 들어 주기로 한다. 결국 요구 조건을 만족시키기 위해 같은 기독교 지역인 콘스탄티노플 공격을 약속하면서 십자군의 성격이 변질되었다. 베네치아 산마르코 성당의 돔 내부에서 보이는 금과 은, 대리석을 사용한 화려하고 찬란한 독특한 건축 양식은 전부 콘스탄티노플을 공격하고 약탈해 온 부로 지은 것이다. 당시 전쟁의 관례로, 정복자들은 3일간 도시를 약탈하는 관행이 있었는데 이 때 콘스탄티노플을 3일 동안 약탈하면서 전세계 부의 1/3을 가져왔다는 말도 있다[그 중 많은 부분은 나중에 나폴레옹에게 정복당한 후 프랑스에 빼앗긴다.]

산마르코 성당과 두칼레 궁전 입구 사이에 네 명의 황제의 조각상도 당시 콘스탄티노플에서 약탈해 온 것이다. 디오클레티아누스 황제가 로마 제국 군인 황제 시대의 혼란을 수습하기 위해서 로마 제국을 둘로 나누고, 각각의 황제 밑에 부황제를 두는 4두정치(Tetrarchia)를 했는데, 그 네 명의 황제를 새긴 석상이다. 이처럼 비잔틴 문화가 그대로 남아 있는 것이 오늘날의 베네치아의 모습이다.

이 시기의 지도들에는 십자군 전쟁 이후 정복지에 세워진 라틴 제국과 베네치아가 점령한 동부 지중해의 섬들이 나온다. 1212년의 크레타 섬, 1209년 유보에아 섬 이후 로데스 섬 등 동부 지중해 연안을 장악해 간 베네치아 제국의 탄생이 보인다. 베네치아는 크레타 섬을 장악한 후 오스만 투르크에 빼앗길 때까지, 400년 동안 식민지로 장악했다. 그렇기 때문에 지금도 크레타 섬에 가면 가장 많이 남아 있는 역사적 유산으로 베네치아 풍의 카페, 거리, 식당의 모습을 볼 수 있다.

• 산 마르코 성당의 4황제상

이러한 양상들이 4차 십자군 전쟁 이후 전성기를 맞은 베네치아의 모습이다. 베네치아 총독의 표현에 의하면 '로마 제국의 3/8을 우리가 지배하고 있다'라고 했다. 물론 셀주쿠 투르크가 멸망하고 오스만 투르크가 등장하며 이 구조도 변화했지만 그 전까지는 베네치아 중심의 동지중해의 지배 구조의 모습을 보였다.

베네치아의 르네상스, 티치아노

베네치아의 문화적 전성기는 역시 르네상스 시대였다. 르네상스 시대의 베네치아는 예술 분야에서 상당한 발전을 이루었는데 르네상스 하면 피렌체, 피렌체 하면 활동한 대예술가들(레오나르도 다빈치, 미

• 티치아노의 〈타르퀸과 루크레티아〉

켈란젤로, 라파엘로)을 떠올리지만 미켈란젤로 시대에 베네치아에도 티치아노라는 대화가가 있었다. 티치아노는 바로크, 로코코 시대의 스페인 회화에도 엄청난 영향을 미쳤다. 세계에서 제일 큰 프라도 미술관에 가면 티치아노의 영향을 받은 많은 회화 작품을 볼 수 있다.

티치아노의 예술 작품을 보자면 신성 로마 제국의 황제 「카를 5세」라는 색을 이용해 형태 묘사를 한 어두운 그림이 있다. 「카를 5세」는 1548년 무렵의 작품으로 추정된다. 1530년경 아내와 사별 후 티치아노의 작품들은 어두워지는 경향이 있는데 「카를 5세」는 그 어두운 시기의 대표적인 작품이다. 이 작품은 근대 회화의 사진을 찍는 듯한 기법은 아닐지라도 아주 사실적으로 표현이 되어 있음을 알 수 있다. 특히 합스부르크 왕가의 뾰족 턱이 잘 묘사되어 있다. 또 교황 바오로 3세의 초상화를 보면, 근심이 가득한 교황의 모습도 사실적으로 묘사되어 있다. 16세기 시대 상황을 고려하면 아주 실험적인 방식을 사용한 것이다. 티치아노의 최고 명작으로는 「성모 승천」을 꼽는다. 미켈란젤로의 「천지창조」의 구도와 비슷한 구도이다.

실제로 미켈란젤로는 당대 라이벌이자 대화가였던 티치아노의 작품을 보러 찾아온 적도 있다. 이들은 이탈리아 화단의 대표적인 두 거목이었다고 할 수 있다. 당시 화가들은 종교 그림을 그리기도 했지만 티치아노뿐만 아니라 많은 베네치아 화가들은 베네치아의 영광 또한 그렸다. 티치아노 또한 도제 「안드리아 그리튀」의 초상화를 그리며 16세기 전성기의 베네치아의 영광을 화폭에 담아 냈다. 이 초상화로 티치아노가 색을 어떻게 표현해 내었는가도 볼 수 있다.

르네상스의 화가로 피렌체의 화가들만 주목할 것이 아니라 베네치아의 티치아노 같은 대화가도 있었음을 생각해야 한다. 티치아노의 어두운 색감은 이후에 나폴리의 화단과 당시 나폴리를 지배하던 스페인의 화단에도 영향을 미친다. 엘 그레코의 작품을 보아도 색채 묘사가 티치아노의 영향을 많이 받았음을 알 수 있다. 그 당시 스페인의 회화에 큰 영향을 미친 것은 피렌체의 화가들보다 베네치아의 티치아노였던 것이다.

레판토 해전

베네치아의 전성기는 16세기까지 이어진다. 16세기는 한편으로 베네치아의 해상 지배권이 상당히 흔들리는 시기이기도 했다. 그 흔들리는 지배권을 다시 꽉 잡은 사건으로 '레판토 해전'이 있다. 1571년 10월에 교황청, 베네치아, 제노아 그리고 스페인 등의 기독교 유럽의 신성 동맹과 오스만 투르크의 배들이 레판토 앞바다에서 싸운 대해전이었다. 서양의 역사에서는 로마 제국으로 넘어가는 과정에 유명한 '악티움 해전'이 있었다. 옥타비아누스의 로마 원로원 함대와 안토니우스와 클레오파트라의 이집트 함대가 그리스의 악티움에서 싸운 해전이 있는데 '레판토 해전'은 그 해전 이후 최대의 해전이었다. '레판토 해전'의 주력 군대는 스페인 함대였는데 거기서 승리한 스페인 함대가 무적함대로 불리며 펠리페 2세 시대 스페인의 바다 지배의 전성기를 열어 놓게 되었다.

이 해전이 일어나게 된 동기는 터키 아래에 있는 섬들이 베네치아의 해상권 영역하에 있었는데 그 섬들을 오스만 투르크가 장악하기 시작하자 한편으로는 베네치아의 해상권을 보호하고 서부 지중해로 밀려오는 오스만 투르크의 해양 세력을 차단하기 위함이었다. 현대까지 '레판토 해전'은 이슬람 문명에 대한 기독교 문명의 승리라고 과장된 측면으로 이야기되기도 하지만 이 해전은 서유럽 스페인 전성시대, 베네치아 전성시대가 열리는 계기가 되기도 하며 오스만 투르크가 쇠퇴하는 계기가 되기도 했다. 군사전략적으로 '레판토 해전'에 대해 알아보기 위해 테페스트리(천에 수를 놓아 만드는 것)를 보게 되면, 오른쪽 페르시아 함대는 노예들이 노를 젓는 전통적인 고대의 배 형태인 갤리선이었다. 그만큼 오스만 투르크는 해전에 약했다는 것을 알 수 있다. 반면 왼쪽에는 돛을 올려 바람을 타고 가는 근대식 범선의 모습을 볼 수 있다. 배가 크다 보니 대포를 싣는 것 또한 가능했다. 이 발상은 쉽지 않았다. 포탄이 발사되는 반동에 의해 배가 뒤집어지지 않게 기술을 개발해야 했기 때문이다. 실제로 주력 함대는 스페인 함대였지만 대포를 실은 6개의 범선을 잘 운영할 수 있었던 것은 베네치아 범선이었다. '레판토 해전'의 승리는 배에서 발사하는 포탄이 큰 힘을 발휘했다. 대포를 실은 베네치아 범선의 기술적 우위, 베네치아 선원들의 뛰어난 항해술이 합쳐져서 '레판토 해전'의 승리를 가져온 중요한 요인인 것이다. 베네치아가 잃어버릴 뻔했던 동부 지중해의 해상권을 유지할 수 있는 바탕이 되는 것이 '레판토 해전'이었다.

'레판토 해전'에 참여했던 당시 스페인의 부상당한 한 젊은 병사는 훗날 작가로 변신했다. 그 병사는 미구엘 데 세르반테스였다. 서양에서 흔히 성경 다음에 가장 많이 읽히는 책인 『돈키호테』의 작가이다. 세르반테스도 '레판토 해전'에 참여했는데 본인이 겪었던 유래 없는 가장 위대한 순간의 체험이었다고 말한다. '레판토 해전'의 승리 이후 서유럽의 많은 교회에서는 축하의 종소리를 몇날 며칠을 울렸다고 할 정도로 당시 위대하던 오스만 투르크를 이긴 것은 매우 경축할 일이었다.

베네치아는 서서히 쇠퇴하게 되는데 가장 큰 이유는 오스만 투르크의 술탄, 메메르 2세에 의한 1453년 콘스탄티노플의 함락이었다. 그리고 결정적인 계기로는 신대륙 발견으로 새로운 항로가 생겨 동방 무역도 줄어들게 된 것이었다. 이제 콜럼버스와 바스코 다 가마의 신대륙 발견으로 지중해 시대에서 대서양의 시대로 넘어가게 된다. 이것은 동방 무역로를 장악하던 베네치아가 쇠퇴하게 된 계기가 되었고 그렇게 쇠퇴해 가던 베네치아는 1797년 4월에 나폴레옹에 의해 정복당한다. 나폴레옹 전쟁이 끝난 이후에는 메테르니히의 오스트리아 제국에 병합되었고 이후 19세기 이탈리아 왕국에 흡수되어 오늘날 이탈리아의 도시로 남아 있는 것이 지금의 베네치아이다.

13세기에서 16세기까지는 지중해의 여왕 베네치아의 전성기였다. 사진(p. 236)은 왼쪽이 두칼레 궁전, 오른쪽이 감옥이다. 사이에는 다

• 베네치아의 '탄식의 다리'

리가 있는데, 두칼레 궁전에서 심판을 받은 죄수는 다리를 건너 감옥으로 갔다. 죄수들이 이 다리의 창문으로 배가 지나가는 운하를 내려다보며 다시 돌아오지못할 운명을 탄식하였다고 해서 '탄식의 다리'라고 불린다. 유럽의 많은 건축물들이 이 다리를 모방해서 건물과 건물 사이에 다리를 지었다. 옥스포드대학에도 구건물과 신건물 사이에 비슷한 모형으로 지어서 탄식의 다리라고 이름을 붙인 곳이 있다. 베네치아의 역사에서 감시체제와 비밀재판으로 처형하던, 그 애환과 고통이 배여 있는 것이 이 '탄식의 다리'이다. 베네치아의 쇠퇴와 어둠을 상징한다고 할 수 있다.

이야기 둘

'장기 16세기'*와 약진하는 유럽

1. 돈키호테의 에스파냐

스페인의 작가 하면 세르반테스가 떠오르고 자연스럽게 그의 작품『돈키호테』까지 떠오른다. 여기서는『돈키호테』에 대해 다루어 보려고 한다. 단지 문학으로『돈키호테』를 다루려는 것이 아니라『돈

---

* '장기 16세기'란 1450년~1650년에 이르는 시기를 말한다. F.Braudelol 제안하고 I.Wallerstein이 확산시킨 개념이다.

• 〈돈키호테〉 삽화

키호테』(1605년 작)가 쓰인 16세기 말 17세기 초를 중심으로 당시의 유럽의 역사와 문화를 살펴보기 위한 수단으로 살펴볼 것이다. 이 시기에 스페인과 유럽의 시대상들을 작품 『돈키호테』에 담긴 모습으로 살펴볼 것이다. 보통 책을 읽을 때 '독서삼(3)독'이라고 표현하기도 한다. 일(1)독은 작품을 읽고 이(2)독은 저자를 읽고 삼(3)독은 책을 읽는 자기 자신을 읽는다고 한다. 일독으로 『돈키호테』라는 작품을 살펴보고 이독으로 작가 세르반테스를 살펴보고 삼독으로 그 작품이 담고 있는 시대 배경, 즉 16세기 말 17세기 초의 에스파냐에 대해서 살펴보도록 한다. 소설 『돈키호테』가 현대 우리에게 주는 메시지는 과연 무엇일까?

스페인어에 '돈'이란 단어가 붙으면 귀족이란 뜻이다. 작품 『돈키호테』의 주인공 돈키호테는 스페인의 라만차 지역에 사는 나이 70세 정도 된 가난한 귀족이다. 1605년에 작품이 나왔는데 그 작품의 초판본이다. 제목은 라만차 지역의 기괴한 신사, 인큐어리어스에 해당되니까 특이한 신사 정도 되겠다. 스페인 문학의 백미고 영국에 세익스피어가 있었다면 스페인에는 세르반테스가 있었다 할 정도의 인문학의 백미고 오늘날 최초의 근대소설이라고 이야기할 수 있다. 스페인 전성기인 펠리페 2세 시대의 스페인은 유럽의 최강국이었다. 무적함대 영국의 드레이크에 의해서 격파당할 때까지 스페인 전성기를 구가했다. 스페인이든 베를린이든 아니면 로마든 런던이든 파리든 한때 세계를 제패한 적이 있는 세계의 중심이었던 도시들을 가면 왠지 일반 도시와는 다른 기운이 느껴진다. 중국의 자금성 같은 곳에 가도 이와 비슷한 기운을 느낄 수 있다. 규모가 남다르기 때문이다. 스페인 마드리드도 마찬가지인데 펠리페 2세가 건설한 도시이기 때문이다.

『돈키호테』는 세르반테스가 쓴 전형적인 기사문학이다. 이 시기는 스페인에 기사문학이 유행하던 시기였다. 거의 30년 정도 세르반테스가 습작을 하고 말년(58세 정도)에 쓴 전형적인 아주 원숙한 경지에서 쓴 작품이다. 그래서 주인공은 바로 돈키호테이다. 그리고 그의 종자인 산초 판사 두 사람이 아주 대비가 된다. 엉뚱하고 기괴한 몰락한 기사, 거의 정신병 환자인 것 같은 돈키호테에 비한다면 산초는 시골촌부로 너무도 서민적이라 아주 대비되는 모습이다. 『돈키호테』의 몇 가지 키워드를 든다고 한다면 하나는 광기이다. 작품 전체에서 광기를 빼놓고는 설명할 수가 없다. 이상과 현실이 대비된다 할 때, 돈키호테와 산초가 이상과 현실에 대비된다고 이야기하듯이 돈키호테의 광기와 여기에 빨려드는 산초가 없으면 작품을 설명하기 어렵다. 그 다음 『돈키호테』는 풍자소설이다. 바로 시대를 풍자한 시대 풍자소설이다. 지금도 돈키호테가 사랑받는 것은 무모한 용기 때문이다. 사람들이 거기에 카타르시스를 느끼고 그래서 광기, 시대 풍자, 용기 이 세 개는 정말 『돈키호테』라는 작품을 설명할 수 있는 키워드들이라 할 수 있다. 그 작품에 등장하는 엉뚱한 모습들, 예를 들면 풍차를 거인이라 하면서 달려드는 돈키호테, 여관을 성이라 하면서 중세의 기사놀이를 하는 돈키호테, 그리고 다 죽을 때가 된 늙은 노새를 명마라고 부르는 돈키호테 덕분에 명마로 거듭난 로시난테, 창녀라는 천박한 신분인데 공주님으로 떠받들어지는 바로 돌시네 등은 바로 그 시대의 시대상을 그대로 풍자하고 있는 모습이기도 하다. 이걸 통해서 세르반테스는 무엇을 이야기하고 싶어 하고 이를 통해 어떤 시대상을 풍자하고자 했던 것인지는 작품을 살펴봐야 할 중요한 부분이다.

우선 작가 세르반테스가 살았던 시대의 배경을 살펴보면, 1605년 작품이 나타나는 시기를 전후로 스페인은 두 세대가 서로 엇갈리는 시대상이 나타난다. 황제도 카를 5세와 펠리페 2세로 이어지지만 스페인 세대 자체가 아버지 세대는 풍요롭고 무적함대로 상징이 되듯이 정말 끊임없는 발전에 번영을 구가하던 황금의 세기였고, 아들 세대는 결국 무적함대가 영국에 지고 하지스 같은 지역은 영국에 점령당해 현재까지도 되찾지 못하고 있다. 스페인 제일 남단에 있는 유럽으로 들어오는 입구의 해협은 지금도 영국령이다. 그러므로 엄청난 좌절감을 느끼고 자존심 상하는 바로 좌절의 시대, 쇠퇴의 시대와 함께 공존한 시대를 세르반테스가 살면서 작품에 담아내고 있다고 이야기할 수 있다.

아버지 시대는 황금의 세기를 표현하는 카를 5세 시대의 전성기다. 카를 5세는 신성 로마의 황제로 스페인의 왕을 겸했던 사람이다. 바로 카를 5세 때 세계열강의 반열에 오른다. 티치아노의 작품 중에 카를 5세를 그린 작품을 보면 합스부르그 왕가의 뾰족한 턱까지 묘사하면서 전형적인 기사 모습으로 나타내었다. 카를 5세 때 스페인은 팽창하던 시대였기 때문에 프랑스 남부 지역인 보르도 지역에서 기사도 문학들이 유입되었다. 스페인 번영의 자신감 속에서 기사도 정신이 유입되어 자긍심을 키우는 소설들이 스페인에서 많이 나타났다. 16세기의 스페인은 기사소설의 시대, 기사소설이 베스트셀러였던 시대였다. 그 바탕을 이루었던 것이 아메리카 신대륙에서 들어오는 막대한 금, 은들이었다. 막대한 부를 통해서 스페인의 번영과 발전의 절정을 이루고 그 속에서 생긴 정말 엄청난 자신감들이 기사도 문학에서 나타나는 그런 시기였다. 이 아버지 세대는 황금세기의 모습이었다. 『돈키호테』가 유명해지니 얼마 안 있어 돈키호테와 산초가 삽화로 그려졌다. 이것도 기사도 문학의 한 표현일 것이다.

이어지는 아들 시대에는 1559년에 펠리페 2세가 즉위를 하게 된다. 일반적으로 흔히 펠리페 2세 시대의 스페인, 바로 무적함대 초기에는 스페인의 전성기였다. 그렇지만 펠리페 2세는 전성기를 누리다가 몰락하고 말년에는 왕실이 파산하고 만 독특한 황제이기도 하다.

펠리페 2세의 초상화에서도 나타나지만 펠리페 2세는 자신의 시대에는 좋은 평을 받지 못했던 것으로 보인다. 시기심 많고 의심 많은 성격으로 실제로 자신의 이복동생도 죽인다. 또한 국가가 파산당할 정도로 정치를 잘못했기 때문에 당시에는 좋은 평을 받을 수 없었다. 그러나 후대에 와서는 우리가 잘 아는 레판토 해전을 승리로 이끈 위대한 군주로 또 평가받기도 한다. 펠리페 2세 시대의 가장 큰 실정, 즉 실패한 정책의 하나가 바로 펠리페 2세의 순혈주의다. 펠리페 2세는 관리가 되려면 증조할아버지 때부터 카톨릭 교도여야 한다는 순혈주의를 도입했는데, 카톨릭 중심의 순혈주의 때문에 당시의 많은 기술자들이 스페인을 떠나게 되었다. 그리고 유대인들마저 스페인을 떠나 펠리페 2세의 실정으로 국가의 부와 기술이 유출되었다고 평가받기도 한다. 물론 근본적인 원인은 스페인 자체가 제조업이 발달하지 않았기 때문에 신대륙으로부터 들어오는 막대한 은을 그저 소비문화에 쓰고 말았기 때문이다. 그때 들어오는 돈으로 제조업을 키웠어야 하는데 말 그대로 파티를 하는 데 다 소비한 것이다. 반면에 영국은 그것을 토대로 산업혁명을 일으켜 번영을 누리게 되었다. 기술 개발에 투자하지 않은 것이 바로 스페인이 쇠퇴한 이유이기도 하지만 그 가운데에는 순혈주의도 한 몫 했다.

펠리페 2세 시대 말기에 바로 이러한 좌절의 시대가 시작되는데 1570년대 레판토 해전에서부터 나타나기 시작한다. 레판토 해전은 우리가 잘 알다시피 스페인과 베네치아, 교황청으로 구성된 유럽의 신성함대와 오스만 투르크의 배가 터키 앞 레판토에서 벌인 해전이다. 이 해전으로 오스만 투르크의 이슬람 세력이 유럽으로 진출하는 것을 막았기 때문에 유럽의 역사에서는 마치 카를 마르텔(Charles Martel)이 투르·프와띠에(Tours-Poitiers) 전투에서 스페인의 피렌체 산맥을 넘어오는 이슬람 세력을 막은 것처럼 아주 높게 평가되었다. 그러나 펠리페 2세의 주요 업적임에도 불구하고 이 시기부터 이미 스페인은 쇠퇴해가고 있었다. 펠리페 2세는 당시 사령관이었던 자신의 이복동생인 돈 후안을 결국 음모를 뒤집어 씌워 제거했는데 이 사건 역시 펠리페 2세의 실정이었다.

그래서 '1590년 세대'라는 표현이 있는데 1590년 무렵 정말 스페인 사회는 자신감을 잃고 환멸과 좌절감에 젖어 버린 세대였기에 이

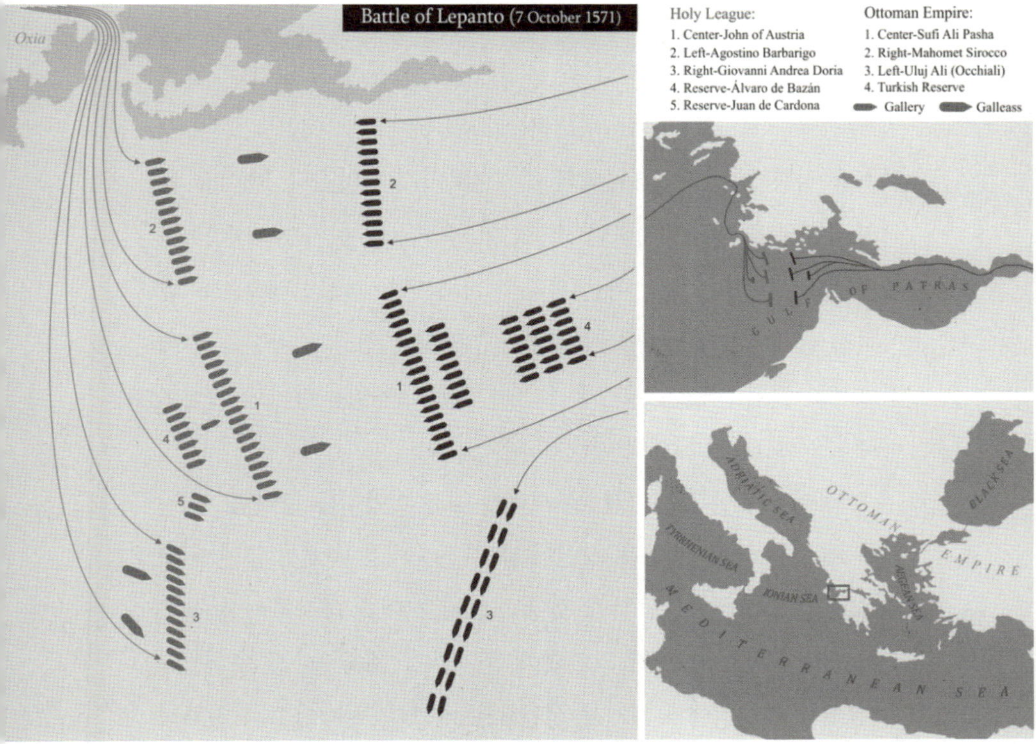

• 레판토 해전(1571)의 지도

렇게 이야기할 상황이 된다. 그 사이에 네덜란드에서는 반란이 일어나 네덜란드가 떨어져 나가고 1588년에는 영국의 엘리자베스가 후원하는 해적 드레이크에게 무적함대가 아메리카 식민지에서 실어 오던 금은보화를 약탈당하고 무적함대는 격파되고 만다. 이때만 해도 펠리페 2세가 심각한 사건의 단초라 여기고 제대로 대처했어야 했는데 단순히 일시적인 사건으로 간주하고 넘어가 버려 위기의 원인을 바로 잡지 못했다. 그런 상황에서 1590년에 접어들면서 전염병과 기근이 들어 스페인은 아주 어려운 상황이 되었고 말년에는 왕실 재정에 파산 선언까지 하게 되었다. 불행은 여기서 끝나지 않았다. 엎친 데 덮친 격으로 1596년에는 엘리자베스의 군대가 스페인 남부의 카디스를 점령하여 대서양 무역의 진입항로마저 빼앗겼다. 대서양 무역의 주도권을 좌지우지하던 스페인이 주도권을 놓치는 그러한 시대가 바로 좌절의 세기, 아들 세대의 모습이다. 세르반테스는 이런 아버지 세대와 아들 세대의 두 세대에 있었던 영광과 좌절을 함께 겪고 살아갔던 사람이었다. 22살 때 레판도 해전에 참가한 경험이 바로『돈키호테』의 시대적 배경이다.

그래서 세르반테스가 산 두 시대에 대해 이야기를 한다면, 1590년에 새로운 사회, 새로운 정신이 태어나는 배경 속에서 15년 뒤에 세르반테스의 작품이 등장한 것이고 당시 시대를 풍자하는 풍자문학이 성행했다. 1590년이 되면 스페인 사회를 지켜준다는 수호성인이 산티아고 성인에서 테레사 성인으로 바뀐다. 산티아고는 전투적이고 호전적인 수호성인이었다고 한다면 테레사는 여성적이고 수동적이므로 스페인 사회가 수동적이고 자신감을 잃어가는 모습을 단적으로 보여 준다. 또한 테레사는 복자이기도 해 개인적인 구복을 원하는 사회로 바뀌었다는 것도 알 수 있다. 스페인 전반에 종교적인 변화와 사회 분위기가 변화하고 있음을 수호성인 변화에서도 엿볼 수 있다. 1590년 이후의 스페인 사회 상황 속에서 세르반테스가 작품을 쓴 것이다.

세르반테스의 작품에는 필연적으로 두 개의 시대, 영웅의 시대와 환멸의 시대가 담길 수밖에 없었다. 영웅의 시대는 카를 5세의 시대였고 1547년생인 세르반테스가 가장 존경하는 이가 카를 5세이기도 했다. 반면에 펠리페 2세는 존경하지 않았다고 한다. 세르반테스가 22살 때 레판토 해전에 참전하고 돌아오다가 알제리 해적들에게 납치를 당해 약 10년 동안 노예 생활을 하게 되었다. 이런 인생 경험은 스스로 남다른 인생을 살았다며 영웅적 생에 대한 자부심을 가지게 했고 작품을 쓰는 데 반영되었다. 그래서 어떤 사람은 세르반테스가 곧 돈키호테의 자화상이라고 이야기하기도 한다. 그러므로 영웅적 생에 대한 개인적인 자부심에 카를 5세에 대한 존경심과 카를 5세 시대에 대한 동경들이 세르반테스를 이해하는 중요한 키워드들이다. 세르반테스 자신은 카를 5세 시대의 영웅적이고 로맨틱한 기사도 정신이 배어 있는 세대를 대표하는 정말 진실한 대변자의 모습을 가지고 있다. 그리고 이런 특징이 잘 반영된 것이 바로 『돈키호테』이다.

또 하나의 시대는 바로 펠리페 2세의 환멸의 시대이다. 세르반테스는 포로 생활을 하던 중 1580년에 우연히 들렀던 수도사들에 의해서 풀려나 귀환하게 된다. 고향으로 돌아왔으나 달리 할 일이 없어 물건 구매를 돕거나 세금 징수하는 일을 도우며 근근이 살았다. 사실 1580년대 이후에 스페인 사회가 전체적으로 침체하고 있었는데 세르반테스 개인은 훨씬 더 힘든 삶을 살았다. 그래서 빚도 많이 지고 빚 때문에 파산하게 되니 본의 아니게 교회로부터 성직자로 속여 물건을 팔았다는 일로 파문도 당하고 사기죄로 몰려 투옥도 당했다. 감옥에 있을 때 『돈키호테』를 구상했다고 한다. 사마천의 경우도 그렇고 위대한 작품은 역경 속에서 등장하는 듯하다.

주인공인 돈키호테는 은퇴한 다음 3년 동안 기사문학에 빠져 머릿속에 기사에 대한 생각으로 꽉 차 현실과 소설을 착각하게 된다.

그래서 자신이 기사가 되어 세상을 바로 잡겠다고 집을 떠나는데, 돈키호테의 에라스무스적인 자유주의자 경향과 현실 사회가 전부 마법에 걸려 잘못되어 있다고 생각하는 현실 부정은 감옥 속에서 구상되었다고 한다.

1605년에 나타난 『돈키호테』는 위대한 풍자문학의 금자탑이라 할 수 있다. 세계적인 『돈키호테』 연구자들은 돈키호테를 작가 세르반테스와 동일시하기도 한다. 그래서 『돈키호테』에 나타나는 것은 시대 풍자만이 아니라 자기풍자도 있다. 세르반테스 자신이 인생을 살면서 포기했던 부분들, 예컨대 삶의 고상한 목표와 목표 달성 과정에서의 실패를 돈키호테에 투사했다. 그리고 세르반테스가 하고 싶은 이야기는 미래 세대에게 해 주고 싶은 이야기가 아니라 당대를 풍자한 이야기이다. 젊은 시절 영광을 누렸고 나이 들어서는 환멸을 느끼는 그런 스페인에서 살아가는 자신들의 세대에 대해 이야기하고 싶었던 것이다.

그래서일까? 돈키호테의 광기에 나타난 정신나간 이상주의와 너무도 진부한 현실의 대비, 그것이 돈키호테와 그의 종자 산초에게 투영되어 나타나는 것이 이 작품을 많은 사람들에게 인기를 얻게 하였다. 누구나 공감할 수 있는 현실이 있고 누구나 이루지는 못하지만 꿈꾸어 보고 싶은 꿈이 있다는 점은 이 작품이 사랑 받는 요인 중의 하나다. 또한 돈키호테의 무모한 용기와 그가 추구하는 비전도 꾸준히 사랑받고 있다. 다시 말해 『돈키호테』는 사람들과 공감대를 형성하고 또 공감대를 형성할 수 있는 보편성도 담고 있으면서 용기와 비전을 전하기에 사랑받고 있는 것이다. 1963년 뉴욕 맨하튼의 극장에서는 뮤지컬 〈Man of Lamancha〉가 상영되었다. 돈키호테는 국내에서도 많이 번역되어 공연되고 있으며 소설로도 여러 작품에 큰 영향을 끼친 작품이다.

스페인 문학의 백미이자, 최초의 근대소설로 400년 이상 사람들에게 감명을 주고 영향을 주고 사랑받은 『돈키호테』를 살펴보았다. 그리고 작품으로서의 『돈키호테』의 저자에 대한 이야기와 그것이 담고 있는 시대 배경에 대해서도 살펴보았다. 이번 기회에 『돈키호테』를 한번 읽어보고 싶다거나 16, 17세기 펠리페 2세 시대의 스페인을 읽어 보고 싶다는 생각이 들어도 좋을 것이다. 소설 『돈키호테』를 통해서 무엇을 얻을 것인가, 현대에 던지는 메시지는 과연 무엇일까에 대해서도 생각해 볼 수 있겠다.

어느 날 '디폴트 모던 네트워크'라는 용어를 접한 적이 있다. 이것은 뇌 과학에서 쓰는 용어 인데 우리가 가만히 누워 있을 때 그때 뇌가 더욱 활성화되어 창조력이 높아진다는 것이다. 즉 뇌를 계속 활용하고 밤샘해서 일할 때 나오는 것이 아니라 가만히 누워서 멍때릴 때 창의력이 발휘된다고 해서 뇌 과학에서는 디폴트 모던 네트워크라고 한다. 『돈키호테』를 생각하면 이 단어가 떠오른다.

우리가 일상적으로 가지고 있는 사고의 틀을 깨고 새로운 사고를 하는 것이 돈키호테적인 용기이다. 틀을 깨는 변화의 용기, 돈키호테적인 용기 어찌 보면 무모하지만 우리에게는 꿈이 있기에 그렇게 할 수 있는 용기를 돈키호테에게서 얻을 수 있는 것이 아닐까? 요즘 시대는 창의력이 필요한 시대이다. 그 출발점은 바로 틀을 깨는 데서 나온다. 변화에 도전하는 것을 두려워하지 않는 용기야말로 돈키호테가 주는 매력이 아닐까.

2. 자본주의로의 길에 올라서다

자본주의의 발달에 관해서 이야기를 해 보자. 우리는 오늘날 자본주의 사회를 살고 있는데 유럽에서는 자본주의가 언제 어떻게 시작되었을까? 이 질문을 다루기 전에 먼저 자본주의란 무엇인가 하는 개념문제, 또 자본주의가 발전한 원인은 무엇인가 하는 원인문제, 어느 시기부터 자본주의가 발전했는가 하는 시기문제 이 세 가지를 중심으로 살펴보고 이른바 근대 초기의 자본주의와 현재 21세기의 자본주의가 어떻게 다른지 과거에서 미래까지 자본주의의 간략한 특징도 살펴보도록 하겠다.

자본주의란 무엇일까? 이는 개념문제, 원인문제, 시기문제의 세 가지 문제와 관련되는데 결론적으로 이야기하면 하나의 합치되는 의견은 없다고 할 수 있다. 그만큼 다양한 해석이 존재한다는 것이다. 가장 큰 이유는 무엇일까? 그것은 자본주의가 지금도 현재 진행형이기 때문이다. 자본주의가 등장한 시기를 16세기 유럽이라고 해도 거의 500년이 되었다. 500년 된 사회경제 체제에 대한 정의를 내리려고 하면 아무래도 다양한 해석이 가능할 것이다. 그것이 자본주의와 관련된 특징이다. 지금부터 하려는 이야기는 옥스퍼드대학의 하트웰이라는 교수가 국제학회에서 발표했던 내용을 중심으로 세 가지 문제를 잠깐 소개를 하고 거기에 덧붙여 필자가 생각하는 자본주의의 특징을 막스베버와 피케티의 이야기를 중심으로 해 볼까 한다.

첫 번째 개념문제이다. 자본주의에 대한 개념으로 모든 학자들이 일치하는 정의는 없다. 하트웰(Hartwell) 교수는 지금까지 자본주의를 정의하는 방식을 세 가지로 분류했다.

자본주의를 정의하는 세 가지 방식

1) 제도로서의 자본주의
- private ownership(사적소유권)
- free competition(자유 경쟁)
- limited government(제한적인 정부)

2) 경제체계로서의 자본주의
- Capiltal(자본)의 기능 변화와 확대에 주목
  예: Adam Smith, "self-generous"(자기중심적인 기능)
- Market(시장)의 역할에 주목

3) 이데올로기로서의 자본주의
- 이윤추구의 정신
- 근검절약의 정신
- 자유주의적 개인주의(liberal individualism)

첫째, 제도로서 자본주의를 보는 방식. 둘째, 이코노믹 시스템, 즉 경제 체계로서 자본주의를 보는 방식. 셋째, 하나의 이데올로기 즉, 에토스로서 자본주의를 보는 방식이 있다. 이 중에 첫번째 제도로서 자본주의는 우리에게 익숙하다. 제도로서의 자본주의의 특징은 세 가지이다. 하나는 바로 private ownership, 번역하자면 사적소유권, 사유재산 제도이다. 사유재산 제도가 있느냐 없느냐는 우리가 흔히 제도로서 자본주의를 구분할 때 비교되는 개념이 자본주의

대 사회주의였다. 그렇게 따지면 자본주의는 사유재산 제도가 있고 사회주의는 사유재산 제도를 부정한다. 그 다음은 free competition, 자유경쟁 체제이다. 자유계약과 자유경쟁 체제는 말 그대로 자본주의의 가장 큰 특징인 개개인이 의사결정해서 스스로 계약하고 더 많은 이익을 남기기 위해서 끊임없이 경쟁하는 것이다. 자본주의의 핵심은 경쟁체제이다. 그렇기 때문에 한편으로 냉혹함도 나타난다. 그에 비한다면 사회주의 체제는 공유경제 체제이다. 고스플랜(Gosplan)이라고 하는 국가 주도의 기구에 의해서 이루어지는 계획경제 체제이다. 한쪽은 자유경쟁 체제고 다른 한쪽은 계획경제 체제이다. 셋째는 limited government 즉, 제한적인 정부이다. 이것은 초기 자본주의가 나타날 당시에 유럽 사회의 특징이다. 말 그대로 아담 스미스 시대의 초기 자본주의의 모습이다. 아담 스미스가 이야기했듯이 자본주의가 발달하기 위해서 국가가 해야 될 역할은 국방, 치안, 외교 정도의 최소한의 기능만 담당하고 경제는 시장에 다 맡겨 놓는 제한적인 정부의 역할이다. limited government는 제한적 정부, 다른 말로 야경국가, 경찰국가라고 번역되기도 한다. 그에 비한다면 사회주의 체제에서는 당 중심의 강력한 국가 주도의 경제체제로 생각이 다르다. 제도로서 자본주의의 특징은 세 가지, 사유재산 제도, 자유경쟁 체제, 제한적인 정부의 역할(야경국가)이다. 이런 제도가 자본주의라는 하나의 제도로 발전해가는 과정에 주목하는 학자들이 제도사학파이다. 분명히 자본주의는 이런 제도의 특징을 가지고 있다. 그렇지만 그것을 운용하는 방식은 오늘날 많이 변했다. 이미 잘 알고 있듯이 아담 스미스 시대를 넘어서 케인즈 시대에 재정지출 정책의 변화를 겪었다. 지금도 금융 시장에서의 화폐량을 조정하는 통화

정책이란 또 한 번의 변화를 겪으면서 20세기의 자본주의는 많은 변화를 겪었다.

두 번째, 경제체제로서의 자본주의란 무엇인가? Capitalism이란 무엇인가? 한마디로 말하자면, 자본주의란 이코노믹 시스템, 즉 '경제체계'라고 보는 것이다. 그럼 어떤 경제체계냐고 했을 때 하나는 캐피탈(자본), 또 하나는 마켓(시장)을 주목한다. 다시 말하자면 캐피탈의 기능이나 캐피탈의 역할을 새롭게 보는 것이고, 마켓도 시장이 예전과는 다른 기능이나 역할을 수행하게 되었다고 보는 것이다. 우선 Capital이라는 단어는 재미있는 단어이다. 영어나 독어나 불어나 캐피탈의 철자가 동일하고 단지 읽는 방식만 다르다. Capital이라고 하든 까피탈이라고 하든 캐피탈이라고 하든 철자는 동일하다. 왜 그럴까? 가장 큰 이유는 단어의 어원이 라틴어이기 때문이다. 기원전 5세기 로마의 최초 성문법인 12표법에 이미 Capital이란 단어가 등장한다. 12표법에 나오는 캐피탈은 '원금 덩어리'를 말한다. 그래서 캐피탈이 있고 그 원금 덩어리와 구별되는 이자, 원금과 이자라는 개념의 구별이 있었다. 바위처럼 딱딱하게 고정되어 있는 원금 덩어리, 얼음덩어리 같은 그런 원금 덩어리일 때 캐피탈은 자본주의의 캐피탈이라고는 할 수 없다. 그래서 이 캐피탈이 바위 덩어리처럼 굳어있고 고정되어 있는 것이 아니라 변할 수 있으며 이렇게 기능이 바뀌는 것이 자본주의의 진정한 모습이다. 대표적으로 그것을 잘 지적한 사람이 아담스미스이다.

아담스미스의 『국부론』에 보면 Capitalism, 즉 자본주의란 무엇인가 묻고 있다. 그 답은 캐피탈이 '셀프 제너러스'(self-generous)의 기능을 갖는 경제체제라 보는 것이다. 그럼 셀프 제너러스가 무엇인지 번역하면 '자기증식'이라 할 수 있다. 자기증식의 가장 대표적인 예는 바로 주식이다. 자본주의 세상을 알려면 주식시장을 알아야 되고 주식 시장은 자본주의 경제를 예민하게 지켜볼 수 있는 현장이다. 똑같은 가격으로 유지되는 것이 아니라 시간마다 가격이 움직이고 바뀐다. 올라갈 수도 있고 내려갈 수도 있는 것이 바로 셀프 제너러스한 기능이다. 예전에 로마 때처럼 원금 덩어리가 아니라, 16세기 이후에 유럽의 자본주의 단계에 와서 캐피탈은 바로 셀프 제너러스한 자본으로 바뀐다. 그래서 캐피탈이 기능 변화를 하게 되었을 때, 캐피탈이 자기증식적인 변화를 갖게 되었을 때 그것을 Capitalism이라고 한다. 이렇게 아담스미스는 정의했다.

하나의 경제 체제로서의 정의방식은 아담스미스 이래로 캐피탈리즘(자본주의)을 캐피탈과 관련시켜 보려고 시도한 학자들도 무수하게 많다. 그 중에 가장 고전적이고 대표적인 사람이 아담 스미스이므로 여기서는 아담스미스 정도만 언급한다. 아담스미스에 따르면 캐피탈이 자기증식 기능을 갖는 경제체계가 곧 자본주의이다. 이는 자본주의 사회를 이해하는 데 아주 중요하다. 우리가 지금 자본주의 사회를 살고 있기 때문에 매우 의미가 있는 정의이다. 다시 이야기하면 내 주머니에 만원이 있다 하면 내가 만원 가지고 있다고 생각하는 사람은 고대 로마인과 같은 생각을 하는 사람이고, 그 돈이 만원이 될 수도 있고 천원이 될 수도 있고 십만원이 될 수도 있다고 생각하는 사람이 진정한 20세기 자본주의 시대를 사는 것이다.

다음은 마켓의 역할이다. 시장의 역할인데 옥스퍼드 대학의 하토일 교수의 표현을 빌리자면 이미 인류 초기 사회인 원시 사회에서부터 거래는 있었다. 즉 작은 규모의 시장이 있었다. 그런데 자본주의 사회의 시장은 대규모 시장이다. 시장의 규모가 작은가, 큰가, 얼마나 더 커졌느냐에 따라 자본주의냐 아니냐를 구별할 수 있다는 것이다. 인류가 태초부터 먹고 남는 물건이 있으면 물물교환을 했으니 거래는 계속 이루어졌던 것이다. 다음으로 화폐를 교환하는 교환 화폐경제도 발달했을 것이고 그것이 모여서 교환하는 시장의 발달도 가져왔을 것이다. 고대 그리스의 아고라나 로마의 포룸과 같은 시장이 발달했을 것이다. 바로 이러한 모습들로 시장의 규모가 커졌다. 거래는 있었지만 일정 규모 이상 커졌을 때 우리는 그것을 자본주의라고 한다. 이렇게 시장의 역할을 주목하는 것이다. 그랬을 때 자본주의라는 경제체계는 시장을 중심으로 한 교환경제 체계인 것이다. 우리는 이런 식으로 자본주의를 정의할 수 있다. 자본주의를 어떻게 정의하느냐에 따라서 그 자본주의가 가진 성격의 특징을 볼 수 있다. 세 번째는 자본주의는 하나의 이데올로기다. 사람들의 정신구조인 것이다. 윤리 체계이기도 하고 정신 체계이기도 하다. 우리는 폭넓은 의미로 이데올로기라는 표현을 쓴다. 그래서 자본주의란 이윤을 추구하는 정신이다.

자본주의에 대한 연구자 가운데 현대 20세기에 유명한 역사가인 프랑스의 페르낭 브로델(F. Braudel)이 있다. 『물질문명과 자본주의』는 유명한 책으로 16세기 유럽에서 자본주의가 발달하게 된 과정을 쓴 역저이다. 브로델은 칼 마르크스가 보았던 자본주의 분석 방식과는 전혀 또 다른 분석 방법을 시도했는데 자본주의는 한마디로 끊임없는 이윤추구의 경제체계라고 불렀다. 이윤만 남으면 끊임없이 달려들어 가지고 물건을 팔려고 하는 데 이것을 자본주의의 실체라고 불렀다. 이윤추구는 일리 있는 이야기이다. 이윤을 추구하지 않는다면 물건을 생산하고 판매하려고 노동을 제공하고 월급을 받으려고 하겠는가. 모두 이윤추구의 정신이다.

자본주의의 핵심은 근검절약의 정신이다. 이는 막스 베버(Max weber)의 이야기이다. 막스베버는 바로 자본주의 정신이 곧 근검절약의 정신이라고 했다. 열심히 일하고 차곡차곡 모아서 저축하고 그 속에서 자본주의가 발달했다. 정말 초기 근대 자본주의의 발달이다. 막스 베버식의 설명에 따르면 상당히 근검해야 한다. 20세기 후반 자본주의 하면 '소비는 미덕이다'라는 말이 생각난다. 막스 베버의 생각과 같이 근검절약만 하면 안 된다. 국가 정책적으로 경제를 발전시키려면 소비를 촉진해야 한다. 소비 촉진을 위해 세금도 줄여주곤 한다. 20세기 후반 이후 자본주의의 다른 모습이다. 근검절약의 정신이라고 자본주의를 정의하는 것은 이데올로기나, 에토스, 즉 하나의 윤리 체계로서 자본주의를 정의하는 방식이다. 또 하나의 자본주의의 정의 방식은 자본주의는 리버럴 인디비주얼리즘(liberal individualism)이라고 보는 것이다. 자유로운 개인들이 그런 개인주의에 바탕을 두고 자유롭게 행동한다. 제도로서 자본주의의 중요한 특징은 자유경쟁 체제 와 자유계약 제도였다. 자신이 자유롭게 의사를 가지고 계약하고 판매하려는 물건이 있으면 자유롭게 경쟁하는 것이 자본주의라고 했듯이 리버럴 인디비주얼리즘 체계가 발달하니 자본주의도 발달한 것이다. 중세 공동체적 강제 속에서 자본주의가 어떻게 발달하겠는가? 자유주의적 개인주의가 자본주의의 토대이고 이데올로기적 토대이다. 이것이 자본주의를 정의하는 방식이다.

두 번째는 자본주의 시기의 문제이다. 자본주의 기원에 대해서는 고대 기원설, 중세 기원설, 근대 기원설이 있다. 사실 기원 1세기 로마 제국 때만 해도 지중해 경제 공동체를 이루었고 그 지중해에 가라앉은 배들을 보면 그 시절에 백만장자들이나 움직일 수 있을 정도의 거대한 무역선들이 많다. 정말 대규모 무역 상업이 발달했던 시대였다. 기원 1세기 로마 제국을 막스 베버 같은 사람은 고대 자본주의라고 불렀다. 그렇지만 이것이 오늘날의 자본주의와 직접 연결되었다고 말하기는 힘들다. 두 번째는 그 유명한 벨기에의 역사가 앙리 피렌느(H.Pirenne)의 중세 11세기 자본주의 기원설이다. 11세기 원거리 무역이 발달하면서 상업이 부활하고 그 속에서 부르주아가 탄생을 했다. 그래서 부르주아의 활동무대로서 중세도시도 등장을 한다. 이런 설명이 앙리 피렌느에 의해서 이루어졌는데 앙리 피렌느의 설명에 따르면 부르주아란 단어도 브루브 비오유알지 브르에서 나왔다.

'부르그(bourg)'라는 단어는 성채를 의미한다. 옛날에 고대 로마 때 군사 지배를 하기 위해서 만들었던 군인들의 성채 요새도 부르그이고 수도원이 있는 성채, 영주가 가지고 있던 성채도 부르그이다. 그런 성채 도시들을 중심으로 때로는 폐허가 된 성채에서, 아니면 수도원 부근에서, 아니면 영주의 영지 부근에서 물건을 사고팔고 그곳에 머물면서 때 오는 물건을 파고 사는 사람들이 정착하다 보니 새로운 계층의 사람이 등장을 했는데 그 사람들이 부르그를 중심으로 생활하는 사람들이었다. 그 사람들이 부르주아지(bourgeoisie)라고 불렸다고 한다. 바로 부르주아의 탄생이다. 다시 말해 부르주아의 탄생은 부르그라는 단어와 관계가 있다. 앙리 피렌느(H.Pirenne)는 11세기의 상업 부활과 더불어 원거리 무역체제의 부활로 부르주아가 탄생하고 자본주의가 시작이 되었다고 주장한다.

물론 일리가 있는 이야기이고 많은 학자들이 관심을 가지고 있지만 11세기부터 자본주의가 시작이 되었다고 하더라도 그 자본주의가 바로 오늘날 우리가 보는 근대적 자본주의 모습으로 직접 연결되는 데는 시간이 많이 걸렸다. 그래서 근대적 자본주의 모습은 16세기 유럽에 가서야 나타난다고 할 수 있다. 즉 16세기 유럽에 와서 자본주의 초기 형태가 등장했다. 자본주의의 시작과 관련된 학설들을 가지고 폭넓게 종합적으로 이야기한다면 11세기에 유럽에서 부르주아가 탄생하기 시작했고 16세기에 와서 본격적인 자본주의의 모습이 드러난다고 할 수 있다.

세 번째는 이런 자본주의가 시작된 원인에 관한 문제인데 이 주제는 국제적으로 엄청난 학술 논쟁이 있는 주제이다. 그리고 그 논쟁들이 결국은 합의점을 찾지 못한 채 유보되었다. 대표적인 것이 유명한 1950년대의 논쟁인데, 이 논쟁을 가리켜서 '자본주의 이행논쟁'이라고 부른다. 어떻게 해서 봉건제에서 자본주의로 이행해 갔는가에 대한 논쟁이다. 1950년대 논쟁은 런던 대학의 경제학자였던 모리스 돕(M.Dobb)과 폴 스위지(P.Sweezy) 간의 논쟁에서 촉발이 되었다. 모리스 돕은 기본적으로 막시스트였고 칼 마르크스에 의존을 했는데 폴 스위지는 앙리 피렌느에게 의존했다. 다시 이야기하면 모리스 돕은 계급 투쟁설과 내부 기원설에 의존을 했다고 할 수 있다면 폴 스위지는 상업의 발달과 원거리 무역체제의 발달을 언급한, 그래서 외부 기원설에 의존을 했다. 앙리 피렌느에 의존한 것이다. 그래서 논쟁은 모리스 독과 폴 스위지 간에 벌어졌지만 이론적 배경은 칼 마르크스와 앙리 피렌느였다. 주제는 계급 투쟁설과 상업 발달설이 핵심이었다. 그래서 자본주의로 넘어가는 과정이 봉건사회 내부에서 시작해서 넘어갔는지 외부적 요인에 의해서 촉발되어서 넘어갔는지에 대한 논쟁이 있었다. 그리고 그 과정 속에서 부르주아가 어떻게 탄생되었고 프롤레타리아가 어떻게 형성이 되었으며 산업자본은 어떻게 축적이 되었는가에 대한 많은 연구가 이루어지는 계기도 가져왔다. 1950년대 논쟁은 결론을 내지는 못했지만 자본주의 발달과 관련한 많은 연구 특히 16세기 유럽에 주목하게 되는 상당한 관심과 계기를 가져왔다는 점에서 논쟁의 의의가 있었다. 그래서 1950년대에 모리스 돕과 폴 스위지의 논쟁은 1970년대 많은 학자들에게 자본주의에 대한 다양한 새로운 관심들을 불러일으켰다. 계급투쟁설이나 상업 발달설이 아닌 다른 요인에서 자본주의의 발달을 찾으려고 하는 설명 방식들이 1970년대에 많이 나타났다. 대표적인 것이 농민들의 지대투쟁설, 가격혁명설, 15세기의 전반적인 문제에 대한 다양한 원인 제기 등이다. 이것을 1970년대 '2차 자본주의 이행논쟁'이라고도 부른다. 그런데 이러한 자본주의 이행논쟁들에 공통된 특징은 하나의 결론을 도출하지는 못했다는 것이다. 어느 학자도 많은 학자들의 공감대를 불러일으킬 수 있는 이론을 내놓지는 못했다. 오히려 오늘날 관점에서 되돌아본다면 사실은 여러 가지 복합적인 요인들이 결합 된 것이 자본주의로 이행한 원인이라 할 수 있다. 가장 큰 이유는 인간 사회의 삶은 어느 한 가지 요인으로 설명하기 힘들기 때문이다. 봉건제에서 자본주의로 넘어가는 요인도 다양한 요인이 결합되었다고 볼 수 있다. 사실 50년대와 70년대에 많이 제기되었던 다양한 요인들이 복합적으로 결합된 것이 자본주의로의 변화의 진정한 원인이다. 결론적으로 이야기한다면 현재 학자들이 할 수 있는 이야기는 한 가지 원인으로는 설명할 수 없지만 분명한 것은 16세기에 오게 되면 유럽은 자본주의 사회에 접어들었다는 사실이다. 도처에서 자본주의 모습이 나타난다. 나탈리 제먼 데이비스가 쓴 『마르탱 게르의 귀향』이라는 책은 16세기 프랑스 남부 농촌을 중심으로 한 이야기인데 상업적 마인드와 중세의 농촌적 마인드가 갈등을 빚는 그런 과정을 다룬 이야기이다. 바로 16세기 유럽이 이러한 모습을 여러 다양한 공간에서 보여준다고 할 수 있다. 사실은 16세기 유럽하면 제일 먼저 떠올리는 것이 르네상스와 종교개혁인데 르네상스와 종교개혁의 토대가 되는 것도 자본주의로 넘어가는 유럽사회의 거대한 변화였다. 그래서 자본주의에 대한 다양한 정의, 시기 논쟁, 원인 논쟁을 통해서 16세기는 유럽 사회가 자본주의 사회로 전환된 시기였다는 사실을 명확하게 이야기할 수 있다.

그 이후에 유럽 사회에서 자본주의가 발달해 가는 과정에서 엠마누엘 월러스틴(I.Wallerstein)이라고 하는 뉴욕대학의 교수가 내놓은 유명한 개념인 '자본주의 세계체제론'이 등장한다. 이 이론의 핵심은 한 국가의 자본주의의 발달 과정을 설명할 때 독립적으로 설명하기 어렵다는 것이다. 다시 말하면 세계 자본주의 체제 속에서 그 국가가 어떤 위치에 있는가를 봐야만 그 국가의 자본주의의 발달 과정을 설명할 수 있다는 것이 '자본주의 세계체제론'의 핵심이다. 바로 이러한 '자본주의 세계체제론'이라고 하는 자본주의를 이해하는 새로운 틀을 내놓은 사람이 엠마누엘 월러스타인이다. 월러스타인의 '자본주의 세계체제론'에 따른다면 두 가지 중심적인 설명 방식이 있다. 그 중 핵심 키워드 하나가 장기 16세기라는 개념이다. 한 세기는 100년이다. 그러면 16세기는 1500년대에 해당하는데 월러스타인이 이야기하는 장기 16세기는 200년간이다. 대략 1450년에서 1650년에 이르는 약 200년간으로 이것을 긴 장기 16세기라고 부르며 이 장기 16세기 동안에 유럽이 자본주의 사회로 넘어갔다고 설명하는 것이다. 상당히 일리가 있는 시기이다. 알다시피 이 시기에 일어난 큰 변화가 유럽의 신대륙 발견(1492년)이다. 그리고 1517년에 루터의 종교개혁도 일어났다. 또한 이 무렵에 마키아벨리의 군주론도 쓰여진다. 피렌체를 중심으로 한 유럽의 르네상스와 북쪽으로 이동해 간 르네상스도 이 시기에 나타난다. 정말 '장기 16세기'라는 개념은 월러스타인이 내놓은 독특한 개념이기도 하지만 유럽의 자본주의를 설명하는 데 상당히 재미있는 접근 방식이다. 장기 16세기 동안 유럽은 자본주의 사회로 넘어갔다. 그래서 장기 16세기 동안 유럽에 자본주의가 발달하면서 중심부와 주변부가 형성이 되었고 그러한 구조들은 19세기에 전 지구적으로 확대되었다는 것이 월러스타인의 생각이고 그것이 그 유명한 '자본주의 세계체제론'이다. 그 자본주의 세계체제론에 따른다면 '자본주의 세계체제'는 세 부분으로 이루어져 있다. 중심부가 있고 그 다음에 반 중심부가 있고 그 다음에 주변부가 있는 구조이다. 주변부에서 중심부로 끊임없이 잉여가 이동한다. 그래서 중심부는 더욱 더 번영하게 되는 것이고 주변부는 더욱 더 침체하게 된다는 것인데, 이러한 접근 방식은 그 이전 학자들의 영향을 받은 것이다. 남미의 경우에는 신대륙의 발견 이래로 자본주의가 시작된 시기가 유럽과 차이가 없다. 그런데 유럽은 자본주의가 고도로 발달해 갔는데 20세기에도 남미는 자본주의가 발달하지 못했다. 그 원인에 대해 프랑크(A. G. Frank)는 브라질 경제를 연구해 '저발전의 발전'이라는 유명한 이론을 내놓는다. 남미 경제는 저발전의 발전만을 거듭해 왔다. 가장 큰 이유가 중심부에 종속되어 있기 때문이라는 그 유명한 종속이론이 등장한다. 바로 월러스타인은 남미 경제를 설명했던 종속이론의 아이디어를 가지고 와서 전 세계적 규모로 그의 자론주의 체제론을 확산시켰다. 그래서 한 국가의 자본주의 실체를 파악하려면 개별적으로는 파악할 수 없고 전체 세계 자본주의 체제 속에서 그 나라의 자본주의가 중심부에 있는가, 반중심부에 있는가, 혹 주변부에 있는가 하는 위치와 관련해서 파악해야만 그 자본주의의 발달 과정이나 현재의 성격을 잘 규명할 수 있다는 것이 월러스타인의 유명한 '자본주의 세계의 체제론'이다. 이 이론은 자본주의를 이해하는 데 상당히 새로운 시각을 제공했다. 그래서 20세기 자본주의를 설명할 때 관심을 가지고 봐야 하는 거대한 이론 중 하나이다.

자본주의의 과거와 미래를 간략하게 이야기해 본다면 학자 두 사람을 살펴봐야 한다. 한 사람은 초기 자본주의의 발달 과정을 설명했던 독일의 막스 베버이고, 다른 사람은 『21세기 자본』이란 책을 쓴 프랑스의 피케티라는 학자이다. 한 사람은 19세기 자본주의를 분석을 했고 다른 한 사람은 21세기의 자본주의의 과제를 분석해서 자본주의의 과거와 미래를 동시에 비교해 볼 수 있는 특징을 보여 준다.

첫 번째는 막스 베버이다. 막스 베버는 그의 유명한 책 『프로테스탄트 윤리와 자본주의 정신』에서 칼뱅의 개혁에 의한 프로테스탄트적인 생활태도가 자본주의 정신의 발달을 가져왔으며 그 자본주의 정신이 근검하고 절약하는 정신이라고 했다. 초기 근대 자본주의를 설명하기 위해 근검·절약하는 정신이 자본주의의 발달을 가져왔다고 했다. 근검하고 절약하고 아껴 쓰고 모으다 보니 자본축적이 이루어지고 그 속에서 자본주의가 발달했다는 것이다. 그러나 20세기 중반에 1939년에 세계 경제 대공항을 겪기 시작하면서 막스 베버식의 자본주의만으로는 자본주의가 안고 있는 문제를 해결할 수 없었다. 그래서 20세기 후반에는 소비가 있어야 다시 생산을 끌어당긴다는 새로운 자본주의의 모습이 나타나기 시작한다.

두 번째는 토마 피케티이다. 『21세기 자본』은 국내에도 번역이 되어 있는데 한마디로 이야기하면 현재 자본주의가 가지고 있는 문제는 빈부 격차라고 한다. 어떻게 하면 빈부 격차를 줄이는가에 집중해야 인류 공동 번영의 길이 가능하다고 하면서 앞으로 자본주의가 가야 할 길을 제시하고 있다. 막스 베버와 피케티의 이야기를 통해서 근검·절약도 상당히 중요하지만 또 한편으로는 소비가 진작이 되어야 생산이 촉진이 되는 20세기 자본주의 모습에서 상당히 크게 나타난 빈부의 격차를 우리가 어떻게 해결할 것인가 하는 것이 21세기 자본주의가 안고 있는 커다란 과제이다. 그러한 모습에서 16세기부터 500년간 진행되어 온 인류의 자본주의의 모습들의 한 특징들을 간단히 살펴볼 수 있을 것이다.

우리는 현재 자본주의 세계에 살고 있는데 그 자본주의 속에서 과거부터 현재, 그리고 미래로 나아가는 자본주의 사회의 특징을 염두에 두면서 우리 사회를 잘 관찰해 보는 자세도 필요하다.

3. 지구가 하나되는 시대가 열리다

지리상의 발견, 흔히 신대륙의 발견 시대라고 하는 기원 1500년을 중심으로 한 사회의 변화를 살펴보도록 하자. 모두가 잘 알고 있는 사실이지만 르네상스, 종교개혁 그리고 지리상의 발견 이 세 가지의 거대한 변화를 통해서 근대 유럽이 탄생했다. 세계가 새롭게 하나가 되는 시대의 중심에는 포르투갈과 스페인이 있었다. 포르투갈은 아시아 쪽으로, 스페인은 남미 대륙을 중심으로 세계로 확산되어 가는 모습을 보여 준다. 이러한 지리상의 발견은 세계사에서 또 인류의 삶에서 어떤 의미를 갖게 되었을까? 한마디로 이야기한다면 각기 지구상에서 따로 흩어져서 독립적으로 살던 인류가 이제 본격적으로 서로 연결되는 하나의 세계가 된 새로운 시대가 열린 것이다. 이런 점에서 1500년은 인류 역사에서 하나의 커다란 전환점이 되었다.

우리는 이것을 일반적으로 지리상의 발견의 시대라고 부른다. 그래서 14세기에서 16세기에 걸친 르네상스, 종교개혁 그리고 지리상의 발견을 통해서 유럽에서는 새로운 근대 사회가 열렸고 새로운 근대 문화가 형성되기 시작했다. 왜 포르투갈과 스페인은 이 시기에 바다로 나가게 되었을까?

포르투갈

먼저 포르투갈을 살펴보자. 대국굴기의 포르투갈이라고 표현해 볼 수 있다. '대국굴기'는 중국의 CCTV에서 대국으로 성장한 아홉 개 나라들의 사례를 살펴보고 대국으로 성장하는 과정에서 교훈을 배운다는 취지로 만든 프로그램이다. 포르투갈 편도 있었는데 신대륙 발견의 시대로 나간 포르투갈을 강조하는 표현으로 적절해 보인다. 포르투갈은 사실 대서양으로 진출하면서 새로운 시대가 열렸다. 포르투갈은 13세기경에 가서야 국가가 만들어져 유럽의 작은 변방 국가일 뿐이었다. 이베리아 반도 끝에 위치해 세계사의 중심으로 등장하리라고는 누구도 생각하지 못했는데 바로 그 계기가 되는 사건이 바다로의 진출이었다. 오랫동안 유럽 문명의 중심 바다는 지중해였다. 지중해를 중심으로 유럽과 아프리카, 아시아가 서로 문물을 교류하고 교역이 이루어져 경이적인 번영을 이루었다. 그 중심에 로마 제국도 있었고 이슬람 문명도 있었고 비잔틴 제국도 있었다. 그러나 새로운 시대는 지중해가 아닌 대서양으로 먼 바다로 나가는 출발점을 포르투갈이 열어 놓은 것이다.

포르투갈이 대서양으로 나가기 전에도 지중해를 중심으로 한 동방 교역은 꾸준히 있었다. 그리고 그 중심에는 아랍 사람들이 있었다. 유럽 사람들은 고기를 많이 먹었기 때문에 후추 같은 향신료가 대단히 중요했다. 왜냐하면 냉장고가 있는 시대 같으면 고기를 오랫동안 보관을 하겠지만 그렇지 못한 시대에는 후추와 같은 향신료를 사용해야 고기를 약 일주일가량 장기 보관할 수 있었다고 한다. 향신료를 사용하면 고기가 부드러워지고 맛도 좋아질 뿐만 아니라 보관 기간도 늘어나니 향신료는 유럽의 식생활에서 꼭 필요한 재료였다.

로마 제국 때는 동방에서 오는 이 향신료가 사치품이어서 남자들이 오늘날 향수 뿌리듯이 그 향신료를 몸에 뿌렸다고도 한다. 그만큼 향신료는 사치품이고 비쌌다. 멀리 인도네시아에서 오는데 인도를 거쳐 아라비아 상인의 손에 이끌려 페르시아 만이나 홍해로 들어와 알렉산드리아 항구나 바그다드에서 베네치아로 넘어오게 되면 베네치아에서 유럽의 다른 지역으로 퍼졌다. 유럽은 베네치아 상인들이 동방무역을 주도했고 그 중심은 지중해였다. 그러다가 13세기 말 14세기 초 들어 오스만 투르크가 등장을 하고 오스만 투르크에 의해서 동방 교역로가 차단이 되면서 지중해, 홍해, 페르시아만으로 이어지는 인도 항로의 무역이 차단되고 만다. 그래서 유럽은 새로운 항로의 개발이 절실했고 그 선두주자가 대서양을 접하고 있었던 포르투갈이었다.

새항로 개발이란 시대적인 과제, 그 속에서 정말 새로운 물결의 변화를 탄 것이 포르투갈이었다. 포르투갈의 역사를 봤을 때 정말 세계사의 중심이 될 수 있는 기회가 왔다는 것도 신기한 일이다. 중국의 신흥재벌 중 한 사람이 TV 인터뷰에서 한 이야기가 문뜩 떠오른다. 태풍의 길목에 서 있으면 돼지도 하늘을 나를 수 있다고 했는데 정말 시대의 새로운 변화 길목에 포르투갈이 서 있었고 대서양을 날아올랐던 것이다.

그러나 시대적인 과제가 있고 기회가 온다고 해서 누구나 그것을 잡을 수 있는 것은 아니다. 준비하고 노력한 자만이 잡을 수 있는데 포르투갈에 그런 사람이 있었다. 바로 '항해 왕자'라고 불리는 엔리케(Enrike) 왕자였다. 포르투갈의 엔리케와 같이 새로운 생각을 가지고 미래를 준비하는 사람이 없었다면 아마 세계사에서 대항해 시대를 주름잡은 포르투갈의 역사는 보기 힘들었을지도 모른다. 엔리케 왕자는 왕이 될 수 없는 세 번째 왕자로 태어났다. 그렇지만 앞으로 새로운 변화의 시대는 바닷길이라는 시대 인식을 분명히 가지고 있었기에 자기가 할 수 있는 역할을 다했는데 그 대표적으로 항해학교를 세웠다. 요즘으로 말하자면 해양사관학교나 해양대학 같은 학교로 해양 관련 최초의 학교를 세운 것이다. 포르푸갈은 이 학교에서 선원을 키우고 배를 만들고 항해술을 연구했다. 엔리케에 관한 기록을 보면 그는 상당히 포용력이 있었던 사람이다. 엔리케가 포용력이 있었기 때문에 다양한 이슬람 상인들과 이슬람 학자들까지 포함을 해서 다양한 문물을 받아들인 것인지 아니면 목표가 있었기 때문에 포용적인 정책을 취한 것인지는 알 수 없다. 그렇지만 엔리케의 포용력 덕분에 이슬람에서 아주 중요한 문헌 하나가 포르투갈에 들어온다. 바로 그리스의 프톨레마이오스의 지리학 책이다. 책에 기록된 세계에 대한 설명에 엔리케는 자극을 받아 더욱 더 바닷길로의 진출을 추진한다. 아버지에게도 조언을 하고 또 형의 손자였던 사람들에게도 후대에 왕이 된 사람들에게도 조언을 해서 포르투갈이 바다 진출을 국가 프로젝트로 추진하는 그 중심에 엔리케 왕자가 있었다. 그래서 엔리케는 한 번도 바다에 나가 보지는 않았지만 오늘날 항해의 왕자라고 불리며 포르투갈의 항해 진출의 주역이 되었다.

엔리케의 항해학교에서 양성된 사람들이 중심이 돼서, 바스코 다 가마 같은 사람들이 희망봉을 발견하게 된다. 그 전까지만 해도 대부분 연안 항해였다. 그러나 바스코 다 가마는 사각형의 돛을 달아 바람으로만 가는 배가 아니라 삼각형의 돛을 삼단으로 펴서 먼 바다까지 갈 수 있는 배로 중국에서 온 나침반을 사용해서 먼 바닷길로 나가게 되었고 아프리카 연안을 탐험하던 중 풍랑을 만나 육지에 닿게 된다. 그곳이 바로 희망봉이라고 불리는 오늘날 남아프리카공화국의 아프리카의 끝이었다. 그곳을 돌자 바로 인도로 가는 항로가 열리게 되었다. 희망봉에서 인도로 가는 항로를 발견하고 개발한 것도 바로 포르투갈의 엔리케가 양성한 항해학교의 사람들이었다. 그래서 이 동방 항로를 포르투갈이 장악을 하게 되고 거기에 무역 거점들을 세우고 무역선들을 보호하기 위하여 군사 기지를 설치하고 하면서 포르투갈의 대항해 시대가 열리게 된 것이다. 그래서 인도의 면직물이라든지 중국산 비단이라든지 인도네시아, 인도를 통해 들어온 후추, 육두구, 정향과 같은 대표적인 향신료들이 유럽으로 들어왔다.

특히 후추는 엄청난 이윤을 남겼다. 지중해 교역로가 막히면서 유럽에서 후추 가격이 폭등한 상황에서 다시 수입된 후추는 희귀하므로 가격이 폭등할 수밖에 없었으며 귀금속도 유입되면서 포르투갈은 엄청난 부를 축적하게 되었다. 거기에 상인과 선교사들도 따라 나가게 되었다. 당시 배를 타고 나가는 상인들은 포루투갈이든 스페인이든 왕실과 계약을 했는데, 어떤 지역을 발견할 경우 발견한 지역에서의 점유 사용권에 대한 것은 발견한 사람 몫으로 주지만 그 지역에 대한 주권은 재정적인 지원을 한 포르투갈이나 스페인의 왕실에 귀속이 되었다. 포르투갈의 식민지가 되는 것이고 스페인의 식민지가 되는 것이다. 아메리카 대륙을 발견해서 이름을 붙였던 아메리고 베스푸치도 원래 이탈리아 피렌체 사람이고 콜럼버스도 이탈리아 제노아 사람이지만 포르투갈의 국가의 지원을 받아 신대륙 발견에 나섰기에 포르투갈 국가의 업적이 되었다. 콜럼버스는 자신이 발견한 곳이 아메리카라는 땅인 줄 모르고 인도의 한쪽 구석에 도착한 줄 알았지만 아메리고 베스푸치는 그곳을 세 번 항해해 보고 신대륙임을 깨달았다. 그래서 나중에 아메리카 대륙이라고 불리게 된 것이다.

아메리고 베스푸치에 관해 유명한 이야기가 있다. 신대륙에 도착했을 때 아메리고 베스푸치는 자신들에게 필요한 것은 기독교 전파와 후추라고 했다. 당시 향신료 무역이 얼마나 신대륙 개발과 새로운 항로의 개발을 자극했는가를 엿볼 수 있다. 또 그런 과정에서 신이 보호해 줄 것이라는 믿음이 그들을 망망대해로 나가게 하는 큰 힘이 되었다. 사실 콜럼버스 경우에도 포르투갈과는 전혀 다른 항로를 찾아 나선 것이었다. 대서양을 가로질러서 아메리카로 가는 길이 콜럼버스가 발견한 길인데, 망망대해로 나가니 두 달 동안 땅 한 조각 볼 수 없었다. 그래서 배에서 폭동이 일어나고 콜럼버스를 바다에 던져 버리려는 선상 반란까지 일어나게 되었다. 그러나 그런 힘든 상황을 극복하고 갈 수 있었던 힘도 바로 신앙, 믿음이었다. 그래서 신대륙의 발견은 경제적인 동기만 있었던 것이 아니라 종교적인 믿음도 작용했던 것이다.

스페인

다음은 대국굴기 스페인 편이다. 이렇게 포르투갈이 선두주자로 나섰지만 포르투갈은 작은 나라였다. 그러나 스페인은 1492년에 1월에 이슬람 왕국 남쪽에 있던 그라나다를 함락하면서 대통일 국가를 이룬다. 콜럼버스는 이 시기 전에 이미 6년 전부터 포르투갈의 후안 2세 왕에게 계속 대양을 바로 질러갈 수 있는 길이 있다고 재정지원을 요청했지만 포르투갈은 이미 아프리카의 희망봉을 돌아 인도로 가고 있었기에 콜럼버스의 제안을 거부한다. 콜럼버스가 포르투갈에게 제안을 거부당하자 결국 스페인의 이사벨라 2세를 찾아가 설득해 이사벨라 2세와 콜럼버스 간에 계약이 체결이 된다. 그래서 대서양을 가로지르는 항로를 개발하되 거기서 발견되는 새로운 땅에서 나오는 수익물의 10분의 1은 콜럼버스가 가지고 나머지는 전부 스페인 왕실이 가지며 주권도 스페인 왕실에 귀속되게 되었다. 물론 새로운 항로로 오고 가는 배에 대한 통행세의 8분의 1도 콜럼버스가 가지고 나머지는 스페인 왕실이 갖는 조건이었다. 콜럼버스는 이런 계약 조건으로 신대륙 발견의 길에 나서게 되었다. 그것도 6개월이나 걸렸다.

1492년 8월에 콜럼버스가 신대륙 발견의 길에 나서게 된다. 그러나 두 달 동안 항해하는데도 망망대해만 펼쳐지니 선상 반란이 일어났다. 그때 콜럼버스가 자신에게 3일간만 더 시간을 달라고 제안한다. 3일 더 항해를 해 보고 새로운 땅이 발견이 되지 않으면[당시 콜럼버스는 그 땅이 인도라고 생각했다.] 돌아가기로 했다. 그런데 마침 10월 22일 바다를 관찰하던 선원들이 '육지다' 라고 소리를 지른다. 바로 10월 22일에 그 유명한 새로운 땅 아메리카의 서인도제도에 도착하게 된다. 그래서 스페인은 이 날을 국경일로 정하고 오늘날에도 기념하고 있다.

• 신대륙에 도착한 콜럼버스

신대륙에 도착한 콜럼버스의 삽화를 보면 콜럼버스가 타고 간 세 척의 배가 뒤로 보인다. 이후 스페인은 코르테스가 아즈텍 제국을 공격해서 정복하고 피사로가 잉카 제국을 공격해서 정복하면서 스페인 제국의 전성시대가 열린다. 잉카 제국의 황제 아타우알파 생포 장면을 그린 삽화도 있다. 피사로가 잉카 제국을 정복할 때도 잉카 제국의 아타우알파 황제가 동원한 병사는 무려 8만 명이었다. 역사에서 해프닝과 같은 사건이 피사로의 아타우알파 생포 장면이다. 아타우알파 황제는 8만 명의 병사를 데리고 뭍에 상륙한 260여 명의 병사를 막으려고 했는데 총을 쏘니까 모두 놀래서 기겁을 했다. 그리고 말을 타고 달려가 황제를 순식간에 체포해 전쟁은 싱겁게 끝나버렸다. 이것이 잉카 제국이 멸망으로 가는 해프닝이다. 더욱 재미있는 사실은 잉카 제국 사람들은 황제가 포로가 되었는데도 계속 황제의 명을 따랐다는 것이다. 그래서 피사로는 포로가 된 황제를 조정해서 잉카 제국의 엄청난 황금을 수탈한다. 큰 방에다 황금으로 가득 채우라고 황제가 명령을 하면 잉카 제국 사람들이 황금을 가져와서 다 채우고 그것을 배로 스페인에 실어 나르는 과정이 전형적인 스페인의 약탈 모습이다. 그리고 이것이 대국굴기 스페인으로 가는 모습이고, 『총·균·쇠』의 저자 제러드 다이아몬드가 들고 있는 대표적 사례이다.

스페인의 전성기는 펠리페 2세 시대에 열린다. 신대륙에는 황금이 엄청나게 많다는 소문이 돌자 수많은 사람들이 남미로 간다. 그 중에는 군인, 선교사, 행정 관리들이 남미로 가서 정착하고 그들을 중심으로 엔코멘데로(스페인 국왕으로부터 토착민에게 세금과 노역을 부과할 권한을 위임받은 사람들)라는 상류 계층을 형성한다. 그리고 원주민들을 착취해서 그들로부터 세금을 받고 스페인 왕실은 그들에게 공납을 부과하는 권리를 부여해 속주에 식민 계층을 형성하는 스페인 지배 경영 시대가 열린 것이다. 또한, 그 속에서 귀금속을 약탈하고 금광, 은광을 채굴했다. 금광이나 은광을 채굴할 때 원석에서 금이나 은을 녹여 내는 데는 수은이 필요했다. 그러다 보니 수은 중독으로 사망하는 원주민들이 아주 많았다. 거기에 또 금광이나 은광의 채굴의 한계에 다다르니 노동력을 착취하는 설탕, 담배, 커피, 카카오 등 황금 작물들을 재배해서 스페인으로 실어 나르는 무적함대 펠리페 시대의 스페인 전성기가 열린 것이다.

이렇게 스페인은 브라질을 제외한 중남미 대륙을 장악하고, 포르투갈은 희망봉을 돌아서 인도로 이어지는 동방항로를 개척한 것이 당시에 식민지 경영의 가장 전형적인 모습이다. 그 스페인에서는 세비아 같은 항구가 바로 이런 무역항 기지로 엄청나게 발달을 하고 그 무역선들을 보호하기 위해서 해군을 키우고 해군력 강화 정책 속에서 이른바 무적함대가 등장하는 스페인의 모습을 보게 된다. 한편으로는 원주민들을 그들의 이름과는 관계없이 인디오라고 불렀다. 스페인 사람들에게 인디오라 불린 원주민들은 광산을 개발하고 커피와 설탕농원에 강제 동원되고 사육되었다. 그 과정에 유럽에서 넘어간 많은 질병들이 신대륙에도 확산이 되어 천연두, 홍역, 인플루엔자 등 여러 질병들이 발생해 인구의 90%가 사망을 했다고 한다. 1520년에 3400만 명 되었던 원주민들이 불과 한 80년 뒤인 1600년경에는 100만 내지 200만으로 줄어들었다고 하니 인구의 90%가 사망했다. 한편으로는 신대륙의 발견이었지만 신대륙의 원주민에게는 엄청난 대재앙이 닥친 것이었다.

이후 19세기에 들어 나폴레옹 전쟁 시대에 유럽이 혼란기에 빠지게 되자 몇몇 나라들이 독립을 하게 되는데 그 독립 과정에서 북쪽에 있는 아메리카 합중국인 미국이 그 유명한 먼로 독트린을 내놓게 된다. “유럽은 아메리카 문제에 간섭하지 말라.” 아메리카도 유럽 문제에 간섭하지 않겠다고 협상한다. 그러나 이는 명분뿐이고 실질적으로는 중남미가 미국에 예속되는 현상이 나타나 지금까지도 계속되고 있다. 이러한 남미 대륙의 식민지 지배 이후에 나타난 정책의 가장 큰 특징은 엄청난 빈부의 격차와 ‘저발전의 발전’만 거듭되는 현상, 군부정부의 지배하에서 민주주의 쇠퇴 등이다. 그래서 이것을 흔히 종속이론 학자들은 바로 식민지 본국에 종속된 구조에 따른 불균형 성장 때문에 그렇다고 했다. 한 국가의 산업이 골고루 성장하지 못하고 식민지 본국의 필요한 부분만 기생적으로 불균형하게 성장하는 것이 바로 남미의 오랜 저발전의 악순환의 원인이라는 것이다.

1494년 토르데시아스 조약을 계기로 해서 포르투갈과 스페인 간에 세계 대분할이 일어나게 된다. 희망봉을 돌아서 인도 쪽으로 이어지는 동방 쪽과 브라질을 뺀 중남미 대륙은 스페인이 장악하는 대분할이 이루어지고 이것이 스페인과 포르투갈의 전성기가 되었다. 그후 스페인이 펠리페 2세 때 포르투갈을 장악하게 되자 정말 스페인 세계 제국의 시대가 열리게 되었다. 그 결과 유럽의 경제 자체도 지중해 시대에서 대서양 시대로, 유럽의 금융과 무역의 중심지가 마드리드-암스테르담-런던으로 이동을 하는 모습도 나타난다. 또 신대륙으로부터 막대한 금은과 귀금속들이 유입이 되면서 서유럽의 물가가 폭등해 화폐 가치가 폭락하고 땅을 가진 봉건 영주나 급여를 받는 임금 노동자 계층이 몰락하는 유럽 사회의 대변화도 나타난다. 그것을 가리켜 이런바 '가격혁명'이라고도 부른다.

또 한편으로는 유럽 사회가 임금 노동자들, 즉 자본주의로 발달해 가는 과정에서 필요한 노동계층을 만드는 새로운 변화로 가는 길을 열어 놓게 된다. 이러한 지리상의 발견이 가지고 있는 의미를 몇 가지 살펴본다면 하나는 그때까지만 해도 지구상에 각기 독립적으로 흩어져 따로 따로 발전했던 작은 독립 세계가 이제는 동양과 서양이 접촉하게 되고 또 하나의 세계를 이루었다는 것이다. 물론 지리상 발견의 시대인 1500년을 전후한 시기보다 100여 년 앞선 시기에 중국 명나라 정화의 원정이 있었지만 그 원정은 영락제의 명령을 받은 환관 정화가 "세계의 끝이 어딘가 가서 보고 오라"고 해서 말 그대로 보고 온 것이다. 당시 중국은 세계에서 제일 잘 사는 나라였기 때문에 무역의 필요성을 느끼지 못했다. 즉 식민지 경영을 할 필요가 없었다. 그냥 세계가 어떻다는 것을 보고 오는 것, 아프리카의 기린을 잡아 가져와서 사람들이 한번 신기하게 쳐다보고 하는 그런 정도의 의미가 있었던 것이다. 그래서 정화의 원정이 아니라 유럽의 신대륙 발견의 시대에 와서 진정한 하나의 세계라는 바로 새로운 세계사가 탄생한 것이다.

그것은 곧 유럽이 주도하는 새로운 세계사가 열린 것이다. 그 이래로 지난 오백 년간의 세계사는 유럽의 사상, 유럽의 학문, 유럽의 기술과 종교 등이 전 세계로 확산되어 간 인류 역사에 유럽 중심의 시대의 등장이라는 의미를 갖게 된다. 이것이 지리상의 발견이 가지고 있는 세계사적인 의미다. 하지만 이런 지리상의 발견도 원주민의 90%가 사망하는 유럽 중심의 약탈의 세계사 그리고 식민지에 대한 엄청난 후유증이 오늘날까지도 계속 이어지는, 종속이론 학자들이 주장하듯이 남미의 엄청난 불균형 성장과 저발전의 발전이란 왜곡된 현상의 악순환 등이 남아 있다. 애드워드 사이드는 오리엔탈리즘 같은 용어나 표현이 서양이 동양을 지배하기 위한 수단으로 날조한 동양에 대한 왜곡된 이미지라고 고발한다. 오리엔탈리즘의 비판이라든지 앙드레 프랑크의 이른바 '저발전의 발전'이라는 현상은 오늘날 우리가 알고 있는 종속이론이라는 유명한 이론 틀로 나온다. 남미는 유럽 경제에 종속되어 있기 때문에 발전할 수 없었다는것이 종속이론이다. 이것이 지리상의 발견 시대에 대한 가장 비판적인 시각이다.

1500년을 중심으로 한 새로운 세계, 말 그대로 지구가 새롭게 하나가 된 그러한 새로운 시대는 분명히 의미가 있다. 그 중심에 포르투갈과 스페인이 있었다. 두 국가의 공통점은 누구도 주목하지 않았던 바다인 대서양으로의 진출이라고 하는 새로운 국가 프로젝트를 추진하였다는 것이다. 그러면 전성기를 구가했던 16세기의 스페인은 왜 쇠퇴하게 되었을까? 오늘날 그리스, 스페인은 글로벌 경제 침체에 영향을 준 대표적인 EU의 환자들이다. 왜 스페인은 이런 길을 가게 되었을까? 가장 큰 원인은 전성기의 스페인은 국가경제 개발을 위해 자국 내에 상공업을 육성하고 그 제품을 만들어서 세계로 진출한다는 생각을 하지 못하고 외부로부터 들어오는 사치품으로 그 번영을 즐기기만 했던 것이다. 그것이 바로 스페인 제국 몰락에 가장 중요한 원인이었다.

우리는 역사 속에서 어떤 교훈을 배울 수 있다. 어떤 국가도 전성기가 왔을 때 내실을 다지지 않으면 그 번영은 한 번 쓰고 마는 소비재처럼 잠시 스쳐 지나간다는 것이다. 스페인 제국의 번영과 몰락이 보여주는 역사의 교훈도 그러한 것이 아닐까? 신대륙 발견의 시대는 한편으로는 인류가 하나가 되는 시대지만, 또 한편으로는 신대륙 원주민의 90%가 이런저런 이유로 죽어가게 되는 대재앙의 시대이기도 하다. 역사에는 항상 이런 양면성이 남아있다.

이야기 셋

'새로운 시대'로 크게 돌아서는 유럽

1. '오직 성경만이!'

16세기 유럽에서 일어났던 거대한 변화들, 즉 르네상스와 종교개혁, 자본주의의 발달, 그리고 신대륙 개척의 시대, 그 거대한 변화들과 관련해서 이번에는 종교개혁의 문제를 살펴보도록 하자. 종교개혁의 배경이 된 것은 무엇일까? 원인은 무엇이고 역사적으로 어떤 의미를 갖는 것인가?

• 루터(상)와 칼뱅(하)

종교개혁의 핵심은 역시 루터와 칼뱅의 개혁이었다. 루터와 칼뱅 개혁의 특징을 살펴보고 종교개혁이 지닌 역사적 의미를 통해서 유럽 사회가 어떻게 변화해 왔고 또 현재에는 어떤 의미를 주는가에 대해 살펴보도록 한다. 다음은 루터와 칼뱅이라는 개혁자들의 모습이다. 위 사진이 루터고, 아래가 칼뱅인데, 두 사람의 그 초상화에서 개혁의 특징 같은 것이 비쳐지는가? 한 사람은 좀 더 원칙주의자 같고, 다른 사람은 뭔가 변화하는 현실의 필요성을 인정해 간 실용주의자의 모습 같은 것이 보이는가? 루터와 칼뱅의 개혁을 중심으로 16세기 유럽의 종교개혁의 모습을 한 번 살펴보도록 하자.

루터와 칼뱅이 태어난 시기를 보면, 루터가 1493년이고 칼뱅은 1509년이다. 두 사람이 주로 활동한 지역을 보면 루터는 작센 지방에서 칼뱅은 스위스의 제네바를 중심으로 활동을 했다. 직업을 보면 루터는 신학자이자 사제였고 칼뱅 역시 신학자요, 목회자였다. 루터의 가장 큰 업적으로 95개조의 반박문이 가장 잘 알려져 있지만 성경을 독일어로 번역한 것이 가장 큰 업적이다. 그에 비하면 칼뱅은 『기독교강요』란 책을 써서 기독교에 대한 개혁된, 개신교의 기본적인 교리의 틀을 만들었다. 이들은 바로 개신교 개혁자들이었다.

루터의 유명한 〈95개조 반박문〉을 살펴보자. 1517년에 루터의 종교개혁에 대한 배경으로는 교황권의 쇠퇴, 교회의 부패를 들 수 있다. 사실 이 문제가 핵심이다. 그 중에서도 유럽에서 세속 권력이 약했던 지역이 바로 독일 지역이다. 이 지역은 세속 권력이 약해 교황권의 수탈이 더 심했다. 독일은 교황청의 젖소라는 말이 있을 정도로 교황청의 수탈이 심하고, 그러다보니 거기에서 교황청에 대한 반발이 일어났다고 할 수 있다. 이것이 종교개혁의 아주 중요한 배경이다. 첫째로 교황권의 쇠퇴와 성직자의 부패, 교회의 타락을 들 수 있다면, 두 번째는 세속권이다. 16세기 유럽 사회는 자본주의가 발달해 경제력을 갖춘 강력한 영주들이 등장하는 시기였다. 바로 왕권강화, 중앙집권적 국가로 이행해 가는 시기였다.

12세기에 옥스퍼드대학의 유학생 출신이었던 체코의 얀 후스라는 종교개혁가가 있었다. 이미 얀 후스가 루터가 했던 이야기를 그대로 12세기에 말했다. 바로 신에 의해 구원받는 일은 성서에 달려 있다며, 성서를 열심히 읽자면서 성서를 강조했다. 하지만 그 무렵에 이단으로 몰려서 화형을 당했는데 루터의 경우처럼 보호해 줄 수 있는 세속 권력이 없었던 것이다. 교황청에 맞서는 작센 영주의 보호가 없었다면 루터의 종교개혁도 성공하기 힘들었을 것이다. 바로 이러한 세속권, 중앙집권국가로 세속 권력이 강화되어 가는 모습이 종교개혁의 또 다른 중요한 배경이었다. 세 번째는 지적으로 사상적으로 교회의 타락을 비판할 수 있는 눈과 안목을 가진 글들이 등장을 했다. 그 대표적인 것이 르네상스와 인문주의고 그 인문주의자 중에 아주 대표적인 사람이 에라스무스이다. 에라스무스는 『우신예찬』을 통해서 교회의 타락상과 부패상을 강렬하게 비판을 하였고, 95개조로 반박문을 쓰고 교황청에서 파문을 당한 루터는 작센 영주의 영지로 피신했다. 그곳에서 3년 동안 있으면서 루터가 한 일은 많은 사람들이 읽을 수 있도록 라틴어로 된 성경책을 독일어로 번역한 것이다. 그런데 문제는 번역을 중세 때처럼 사람 손으로 필사를 해야 했다. 그러나 이미 한 50년 전에 구텐베르크에 의한 활자술이 발명되어 금속활자로 책을 찍어 낼 수 있게 되는데 이것이 바로 종교개혁의 중요한 성공 요인이다. 루터의 종교개혁이 일어나기 반세기 전에 구텐베르크에 의한 활자술의 발명이 없었다면 루터 종교개혁이 과연 성공했을까?

종교개혁이 일어난 배경이 바로 교황권의 쇠퇴와 성직자의 부패라고 한다면 직접적인 계기가 되는 사건이 하나 더 있었다. 바로 로마의 성베드로 성당의 개축 문제이다. 성베드로 성당은 교황 레오 10세가 개축을 명한다. 성베드로 성당은 장대하고 멋진 모습을 드러내고 있지만 당시 개축을 위한 자금이 엄청나게 필요했다. 개축 자금을 모금하기 위해 교황청에서는 면죄부를 팔았다. 1517년 마인쯔에서 주교직 선거가 있었는데 상자 속에 돈을 넣으면 주교가 손을 잡고 죄를 사하여 준다고 했다. 돈을 넣으면 죄를 사하게 된다고 하면서 상자에 돈을 넣도록 만들었다. 그리고 이 돈의 일부는 교황 레오 10세에게 보내서 성베드로 성당의 개조 비용으로 쓰게 했다. 당시 젊은 사제였던 루터는 이에 대한 잘못을 지적했다. 95개조의 낱낱이 비판하는 글, 반박문이 쓰여진다. 그 유명한 95개조 반박문이다. 루터의 95개조의 핵심은 바로 '인간이 인간의 죄를 면해줄 수 없다'는 점이다. 인간의 죄를 면죄해 줄 수 있는 것은 벌을 주시고 죄를 주신 신만이 할 수 있기에 면죄부는 아무 소용이 없다고 했다. 이것이 바로 루터의 주장이었고 95개조의 반박문을 비텐베르크 성당에 딸린 신학교의 문에 써 붙인 것이다. 우리가 한 번 토론을 해 보자는 취지로 올렸는데 교황청에서 알게 되어 일이 확대되었다. 독일 지역에 대한 교황청에 의한 엄청난 수탈 속에서 나타난 불만들과 그 속에서 작센 영주가 루터를 보호해 주면서 교황과 대립하는 과정이 바로 루터의 종교개혁으로 가는 과정이었다.

2. 자연과 우주를 보는 새로운 눈

이제 과학 혁명과 이성의 시대 17세기 유럽 사회의 변화를 살펴보려고 한다. 과학 혁명은 코페르니쿠스에서 뉴턴에 이르는 과학의 발전을 말한다. 이것은 과학적 사고의 발전도 가져왔으며 이성 중심의 철학이 발전하는 계기가 되고 대륙에서는 합리론이 바다 건너 영국에서는 경험론이 발달하게 된다.

코페르니쿠스, 케플러, 갈릴레이, 뉴턴으로 이어지는 과학의 발전으로 이루어진 17세기 과학 혁명은 과학적 사고의 발달을 가져와서 근대 철학의 발전도 이루게 된다. 베이컨, 로크, 데카르트, 스피노자, 라이프니츠, 그리고 칸트에 와서 완성될 때까지 근대 철학의 발달을 가져오게 되는데 한편으로 이러한 발전은 유럽사회에 새로운 변화도 가져온다. 이른바 홉스, 로크, 루소에 의한 사회 개혁설, 18세기에 와서는 볼테르, 몽테스키외, 루소, 달랑베르에 이르는 계몽사상의 발전을 가져오게 된다. 이것이 17, 18세기 유럽 문화에 거대한 변화를 이뤄내고 그 속에서 바로크, 로코코 양식, 그리고 고전음악과 고전문학도 발전하는 유럽 사회의 대변혁기가 나타나게 된다. 그 모든 출발점이 17세기 과학 혁명에 있었다고 할 수 있다. 요컨대, 과학 혁명이 근대 철학의 발전을 가져오고 그것이 사회 계약설로 이어지고 그 속에서 계몽사상이 꽃피게 되어 가는 모습을 볼 수 있다.

17세기 과학 혁명은 르네상스 과학이 발전하는 연장선상에서 이루어진다. 이 시기에 와서 과학 분야에서 아주 탁월한 업적들이 나타나게 되는데 그 중심에 코페르니쿠스, 케플러, 갈릴레이, 뉴턴이 있었다. 먼저 코페르니쿠스는 폴란드의 신학자였다. 르네상스 시기 피렌체에 유학을 온 유학생이었는데 그 유학의 경험이 코페르니쿠스에게 큰 영향을 미친다. 코페르니쿠스의 책 『De revolutionibus orbium coelestium』은 번역하면 '천구의 회전에 관하여'라는 뜻이다. 여기서 태양을 중심으로 지구가 돈다는 지동설을 주장하게 된다. 이것은 고대 그리스 이래의 천동설, 즉 지구가 중심이고 하늘의 태양이 돈다는 프톨레마이오스의 천동설을 뒤집어엎는 정말 혁명적 발상이었다. 하지만 코페르니쿠스는 죽을 때까지 책을 내지 못한다. 이 책은 그의 사후에 출판하게되는데 당시에는 상당한 이단적 요소가 있었기 때문이다. 코페르니쿠스는 평생에 이 책을 출간하고 싶었

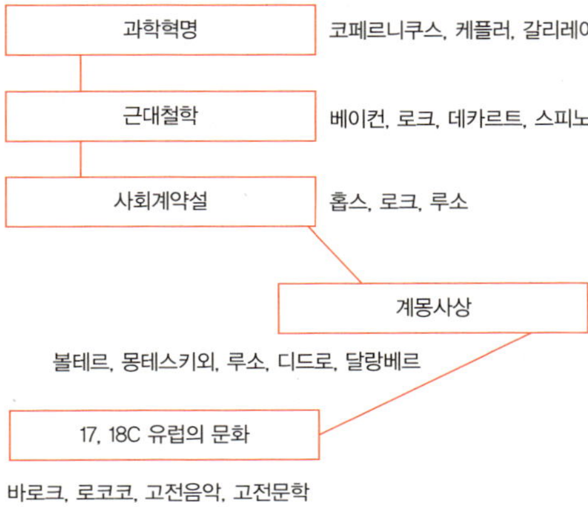

지만 써 놓고 말년까지 출판을 못하고 있었다고 한다.

다음으로 케플러는 화성에 대한 연구를 많이 했다. 물론 케플러도 망원경을 사용해 우주에 대한 관찰을 많이 했다. 나중에 망원경을 사용해 훨씬 더 많은 관찰을 한 사람이 갈릴레오이지만, 갈릴레오 이전에 천체에 대한 상세한 기록을 남긴 것은 케플러라고 할 수 있다. 특히 화성에 대한 관찰을 많이 했다. 케플러는 화성을 꾸준히 몇 십 년간 관찰해 보니까 재미있는 사실을 발견했는데 그것은 화성의 궤도가 동그란 원형이 아니라 타원형이었다는 것이다. 코페르니쿠스는 원형으로 돈다고만 생각했는데 원형이 아니라 타원형으로 돌았던 것이다. 이것은 이론에 의한 것이 아니라 케플러의 관측에 의한 결과였다.

그 다음에 천체에 대한 관측을 한 단계 업그레이드 한 사람은 갈릴레이다. 갈릴레이가 종교 재판에 몰려 결국은 자기의 학설을 부정하고 살아남기 위해서 재판이 끝나고 나오면서 중얼거렸다는 유명한 이야기를 알고 있을 것이다. 갈릴레이는 망원경을 혁신했다. 당시 네덜란드에서는 망원경이 개발돼 상업적 용도로 팔리기도 했는데 그것을 갈릴레이가 개량을 해 오목렌즈와 볼록렌즈의 사용과 거리도 늘렸다. 갈릴레이가 사용한 망원경은 20배 정도 크기까지 관측이 됐던 것이다. 그래서 갈릴레이는 자신이 만든 망원경을 가지고 달을 관측한 다음에 그 생생한 느낌을 친구에게 편지로 썼다. '내가 남들보다 20배 큰 크기로 달을 관측해 보니까 달은 평평하지도 않았고 평면도 아니었다. 달은 울룩불룩했다. 내가 세계 최초로 달을 관측한 사람이다. 그것은 내가 남들보다 20배 크게 볼 수 있는 망원경을 발명했기 때문이다'라고 친구에게 보낸 편지가 있다. 그 망원경을 가지고 갈릴레이는 달 뿐 아니라 금성, 목성 등을 관측해 태양계로 관측 범위를 넓혔다. 그랬더니 금성이 똑같이 그대로 있는 것이 아니라 시간에 따라서 크기와 모양이 변하더라는 사실을 새롭게 관측해 냈다. 금성이 작은 초승달 같은 모양에서 거의 반달 모양으로 자꾸 변하는 것이었다. 만약 천동설의 설명을 따른다면 한쪽 면에만 태양의 빛이 비칠 테니까 계속 초승달 모양으로 똑같아야 할 텐데 어떤 때는 초승달이었다가 어떤 때는 반달 모양으로 변한다는 사실은 지구가 태양을 중심으로 돌고 있기 때문이다. 그런 코페르니쿠스의 지동설을 관측에 의해서 입증한 사람이 갈릴레이이다. 그래서 갈릴레이는 종교재판 이후에 '그래도 지구는 돈다'라고 중얼거린 것이다. 갈릴레이는 그 외에도 두 번째 목성을 관측해서 목성 주변에 목성을 도는 위성이 4개 있다는 것을 발견해 그것을 갈릴레이 위성이라고 이름을 붙였다. 1995년 갈릴레이가 관측한 지 거의 3백 몇십여 년이 지난 다음 인류가 우주선을 목성에 쏘아 목성을 관측하게 되었다. 그 우주선의 이름이 갈릴레이호였다. 그 갈릴레이호가 보내

Galilei

낙하운동 실험을 통해 자유낙하법칙 발견.

자유낙하법칙이란 중력의 작용하에 공기의 저항이나 기타 마찰력이 없는 진공에서 자유낙하 하는 물체는 그 질량, 모양, 종류 등에 관계없이 일정한 가속도를 가지고 낙하한다는 법칙

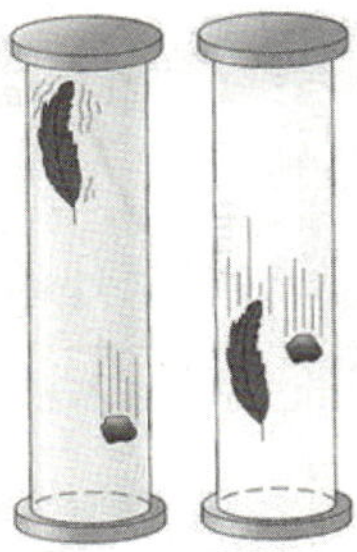

〈진공상태에서 사과 깃털의 낙하 실험〉

동영상 바로가기▶

천문학과 물리학에 큰 업적

• 갈릴레이의 낙하운동 실험

Isaac Newton(1642~1727) '만유인력의 법칙'(Law of universal gravitation)

$$F = G\frac{mm'}{r^2}$$

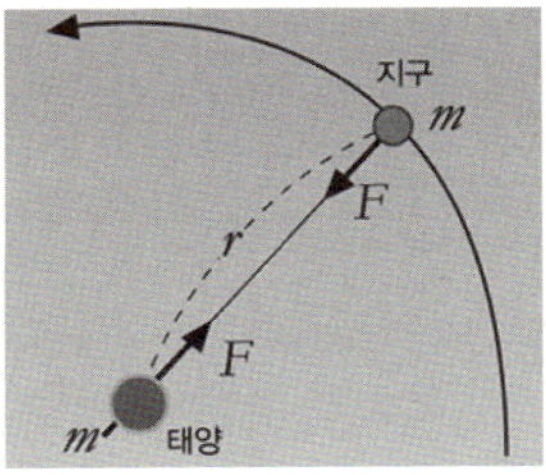

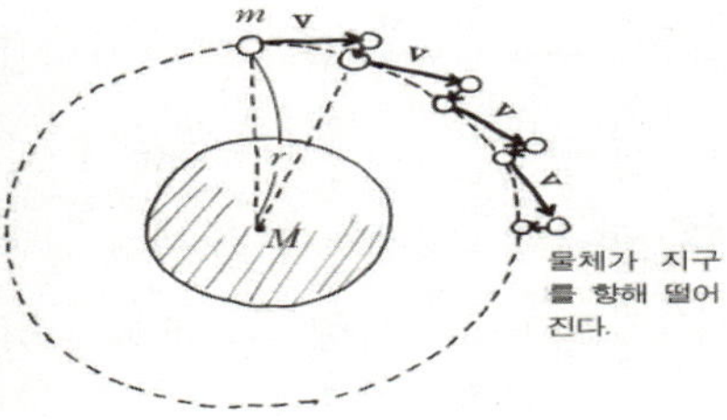

〈코페르니쿠스와 갈릴레이의 이론을 수학적으로 입증〉

• 뉴턴의 만유인력의 법칙

의 왼쪽 작은 사진을 보면, 공기 튜브에 있는 돌덩이하고 새의 깃털은 다른 속도로 떨어지지만, 오른쪽 진공 튜브에 있는 새의 깃털과 돌멩이는 같은 속도로 떨어진다. 즉 중력은 동일하기 때문에 공기의 저항이나 마찰력이 없으면 자유낙하하는 물체는 그 질량, 모양, 종류에 상관없이 일정한 가속도를 가지고 낙하한다는 이른바 자유낙하의 법칙을 갈릴레이가 낙하실험으로 발견한 것이다.

다시, 그림을 보면 영국의 BBC 방송에서 진공상태에서 사과와 깃털이 동시에 떨어지는 낙하 모습을 실험한 장면이 있다. 갈릴레이는 천문학과 물리학의 발전에 아주 큰 업적을 남겨 놓았다. 17세기 과학 혁명의 아주 중요한 공헌자라고 할 수 있다. 17세기 과학의 발전을 완성한 또 다른 사람은 아이작 뉴턴이다. 17세기 이성의 시대의 철학을 18세기 와서 종합 정리한 사람이 칸트라고 한다면, 물리학계의 칸트는 아이작 뉴턴이었다. 우리가 잘 아는 것이 뉴턴의 만유인력의 법칙이다. 뉴턴은 사과가 떨어지는 모습을 보고 중력을 발견하고 그 속 상호 당기는 힘에는 어떤 보편적인 법칙이 있다고 생각하여 만유인력의 법칙을 발견하게 된다. 인력은 두 물체간의 거리의 제곱에 반비례하고 두 물체의 질량의 곱하기에 비례한다는 중력의 법칙을 발견한 것으로 이것이 만유인력의 법칙이다. 사진 속의 공식을 보면 M이라는 태양이 있으면 m인 지구와의 사이에 중력F가 발생을 하는데 그 힘은 두 물체의 질량의 곱에 비례하고 거리가 멀어질수록 거리의 제곱에 반비례해서 힘이 약해진다. 그래서 지구가 직선으로 태양을 돌지 않고 당기는 힘 때문에 곡선으로 태양을 돌게 된다는 중력의 법칙을 발견한 것이다. 물체가 지구를 도는 달의 경우에도 우리 주위를 도는 인공위성도 마찬가지이다. 물체가 지구 바같의 궤도로 빠져나가지 않고 지구가 당기는 힘 때문에 지구를 향해서 원으로 돌게 된다. 그래서 물체가 지구를 향해서 떨어지는 현상을 뉴턴은 수학적으로 설명했다. 코페르니쿠스와 갈릴레이의 이론을 수학적으로 풀어낸 것이 뉴턴의 물리학이라고 할 수 있다. 이런 뉴턴의 물리학은 17세기 과학 혁명을 완성시켰고, 20세기에 와서 우리가 잘 아는 $E=mc^2$이라는 상대성 이론으로 유명한 아인슈타인에 의해 또 한 번 변화할 때까지 물리학의 기본적인 이론으로 자리를 잡고 있었다.

이렇게 뉴턴의 발견이 가지고 있는 의미는 새로운 우주를 보는 세계관을 정립시켰다는 것이다. 이것을 기계론적 우주관이라고 한다. 기계론적 우주관이란 세계와 자연의 모든 과정이 필연적이고 자연적인 인과 법칙의 지배를 받으며 인간의 이성으로 기계적 인과 관계를 파악하고 설명할 수 있다는 세계관이다. 과학의 발견이 새로운 과학적 사고와 새로운 세계관을 가져오게 만들었다. 이것을 과학 혁명이라고 부른다. 프랑스의 뉴턴이라고 흔히 불리는 라플라스는 우리가 우주를 설명할 때 뉴턴의 발견을 계기로 더 이상 신을 이야기할 필요 없다고 했다. 성 어거스틴은 우주나 자연을 설명할 때 전부 신의 섭리로 설명했다. 그런데 이제는 우주를 설명할 때 인간의 이성으로 자연의 법칙으로 설명하게 된 것이다. 이는 대단한 혁신이고 혁명적인 발상이었다고 할 수 있다. 이것이 바로 17세기 과학 혁명이다.

과학 혁명으로 촉진된 새로운 사고방식, 과학적 사고방식이 자연이나 우주뿐만 아니라 인간 사회를 이해하는 데도 적용된다. 유럽에서 17세기에 이성 중심의 근대철학이 발달하는 계기가 된 것이다. 그 중심에 영국의 경험론과 프랑스의 합리론이 있는데 대표적인 사람들이 프란시스 베이컨, 존 로크, 데카르트 등이다. 우선 프란시스 베이컨과 존 로크는 영국의 옥스퍼드대학의 크라이스트 처치 칼리지의 교수였다. 필자가 2007년부터 2008년까지 크라이스트 처치 칼리지에 교환교수로 갔었는데 그 대학의 교수들이나 학생들이 자랑스러워하는 역대 교수들 중에 베이컨과 로크가 있었다. 먼저 프란시스 베이컨은 관찰과 실험을 중시했다. 관찰하고 실험하는 것이 과학적 방법이므로 개별적 경험을 통해서 일반적 결론으로 이어질 수 있다는 귀납법적인 사고를 주장해 영국 경험론의 기원을 이뤘다.

사실 연역적으로 사고하느냐 경험적으로 사고하느냐 하는 것은 프란시스 베이컨과 데카르트에서 시작된 것은 아니다. 근대에 와서 베이컨과 데카르트에 의해 시작된다고 한다면 멀리 고대 그리스 때는 플라톤과 아리스토텔레스부터 시작되었다. 라파엘로의 그림 「아테네 학당」을 보면 이런 모습이 잘 그려져 있다. 「아테네 학당」에 나오는 플라톤과 아리스토텔레스를 근대식으로 각색해서 그린다면 베이컨과 데카르트의 얼굴로 바꿔 그릴 수 있을 것이다. 이는 근대의 귀납법과 연역법이 다시 출발하는 모습을 상징할 수도 있다. 두 번째는 존 로크이다. 존 로크 역시 경험을 강조했고 인간의 정신은 원래 아무것도 쓰여있지 않고 아무 생각도 들어 있지 않은 백지상태와 같다고 생각했다. 그리고 그 백지상태를 메우는 것은 한마디로 인간의 경험이라고 생각했다. 그래서 인간 지식의 원천은 환경과의 접촉, 자연과의 접촉에서 얻는 경험과 그 일에 대한 성찰인데, 감성으로 판단한다는 과거와는 달리 이성에 의해서 판단하는 것이다. 경험에 의한 성찰을 이성으로 분석해 낸다면 진리를 알 수 있다고 했다. 두 사람 모두 경험과 이성을 강조했다.

한편, 대륙의 합리론이 있는데 어찌 보면 플라톤적이라고 할 수 있다. 데카르트의 아주 유명한 이야기가 있다. '나는 생각한다. 고로 존재한다(Cogito, ergo sum).' 데카르트는 모든 진리의 출발은 회의하고 의심하는 데서 시작한다고 생각했다. 그래서 끝까지 회의하고 의심해야 하는데 마지막까지도 회의하고 의심할 수 없는 부분이 있다는 것을 발견하게 된다. 바로 내가 의심한다는 사실이다. 즉, 내가 생각한다는 사실이다. 그래서 데카르트도 바로 이 사실만은 부정할 수 없어서 내가 존재한다는 것은 생각하는 것이고 인간은 사유하는 존재라는 점에서 동물과 다르다고 생각했다. 그것이 데카르트의 존재와 사유라는 이원론의 모습이고 모든 것은 회의하고 의심해야 한다는 방법론적 회의, 그리고 여기에서부터 하나씩 개별적인 사례를 설명할 수 있다고 하는 연역법의 주장들이 나타난다. 이것을 대륙의 합리론이라고 할 수 있고 스피노자나 라이프니치도 바로 이러한 접근 방법들을 취했다고 할 수 있다. 그 중에 스피노자는 자연과 신이 같은 개념이라는 접근 방법을 취했다고 한다면 라이프니치는 원자에 주목을 해서 원자가 서로 잘 연결되어 서로 일치해서 하나의 세계를 이루고 있다는 원자론을 강조했다. 이러한 과학적 사고에서 나타나는 이성적 분석의 방법이 대륙의 합리론의 큰 틀이었고 그 중심에 데카르트가 있었다고 할 수 있다.

이런 대륙의 합리론과 영국의 경험론은 각기 장단점이 있다. 그 장단점을 칸트가 발견했다. 합리주의와 경험주의 모두에 모순이 존재한다고 생각한 것이 칸트였고 그 둘을 종합해서 새로운 철학으로 가는 길을 열어 놓았다. 칸트의 그 유명한 순수 이성 비판이다. 이제 18세기에 나타나는 새로운 철학으로 변화하는 모습이다. 칸트는 사람들이 판단을 할 때 분석해서 하는 '분석 판단'과 종합해서 판단을 하는 '종합 판단'이 있는데, 대륙의 합리주의는 분석하는 판단에 해당하고 영국의 경험론은 하나씩 모으는 종합 판단에 해당한다고 했다. 그런데 두 가지 모두 단점이 있다. 예를 들자면, 백마는 희다고 했을 때 백마가 검다, 희다, 아니면 적색이다 이런 분석의 결과가 나타났을 때 백마는 희다 외에 또 다른 지식의 확장으로 이어지지 않는다는 단점이 있다. 반면 경험론은 어떤 물체는 무겁다, 들어보니까 무겁더라는 것이다. 그런데 진리의 필연성을 찾을 때마다 계속 경험할 수는 없다. 그래서 이런 접근법은 진리의 필연성을 찾을 때 한계가 생길 수밖에 없고, 칸트는 이 두 가지를 결합하는 새로운 철학 분야를 개척한 것이다.

과학 혁명을 살펴본 것을 정리하자면, 과학 혁명이란 자연에 대한 과학 사상의 큰 변화를 일컫는 17세기에 과학기술의 발전을 일컫는 말이다. 이 과학 혁명은 1543년 코페르니쿠스의 『천체의 회전에 관하여』 출간을 계기로 우주의 중심은 태양이고 지구가 그 태양을 돈다는 새로운 사실의 발견에서 시작되어 1687년 뉴턴의 『자연철학의 수학적 원리』에 의해 완성이 되고 종결되는 모습으로 이어지는 17세기의 일련의 거대한 과학의 새로운 발견들이다. 이러한 과학의 발달은 유럽 근대 문화의 특징인 사람들의 과학적 사고의 발전을 가져오게 되고 그 속에서 이성 중심의 합리주의가 강화되고 발전했다고 할 수 있다. 이제 우주와 자연도 신이 창조한 신비스러운 대상이 아니라 합리적인 법칙과 질서로 구성되는 하나의 연구 대상으로서 인간의 이성으로 파악하고 조작할 수 있다는 믿음이 사람들에게 생기게 되어 자연과학적 인식이 발달하는 계기를 가져왔다. 이렇게 자연과학과 산업기술의 발달이 이어져 오면서 중세적, 기독교적 세계관은 이제 합리적 의심과 관찰을 중시하는 새로운 세계관으로 전환되었다. 17세기에 이러한 거대한 변화를 다 합쳐서 과학 혁명이라고 부르고 이것이 인류 역사에서 갖는 의미는 아주 거대한 혁명적 변화였다.

근대 철학도 17세기에서 19세기 사이에 그 영향을 받게 된다. 먼저 그 특징을 보면, 종교개혁을 통해 교회의 권위가 하락하고 과학 혁명을 통해 과학의 권위와 과학적 사고가 발전하고 르네상스를 통해서 개인에 대한 자각과 존중, 개인에 대한 관심도 증가하게 되었다. 이런 것들이 결합이 되어 17, 18세기를 겪으며 근대 철학이 성립되는 모습을 보인다. 이러한 근대 철학의 특징은 중세의 기독교적 세계관을 거부하고 신이나 자연의 섭리, 정치·경제적 질서에 인간이 수동적으로 종속되는 것을 거부하고 있다. 여기에서 해방되기 위해서는 그런 것들이 작동하는 원리를 알아야 한다는 깨달음에서 출발하여 인식론적 각성의 요구에 인류가 도달하게 된 것이라고 할 수 있다. 진리를 알 수 있는 방법은 무엇이 있는가? 경험에 의해서 알 수 있다는 경험론과 이성에 의해 알 수 있다는 합리론이라는 거대한 두 개의 조류가 근대철학에 나타났다. 시간이 가면서 영국의 경험론이 대륙의 합리론을 흡수해가는 모습을 18세기 철학이 발전해 가는 과정에서 보게 된다.

이렇게 17세기 과학 혁명에 대해 살펴보았다. 코페르니쿠스에서 뉴턴에 이르는 변화의 모습이 어떠했는지, 그러한 과학적 발견이 과학적 사고의 발전을 가져오게 되고 그것이 이성 중심의 철학의 발달로 이어져 경험론과 합리론이 발달하는 모습을 살펴보았다. 유럽의 17세기는 과학 혁명과 이성의 시대라고 말할 수 있다. 우리가 오늘날 유럽이나 서양 문명을 가리켜 과학기술의 문명이라고 이야기할 수 있다면 그 출발점은 17세기 과학 혁명 그리고 과학 혁명과 이성의 시대에서 시작했다고 할 수 있다. 유럽 역사에 인류 역사에 아주 중요한 한 시기가 17세기였다.

3. 인간은 평등한 존재라는 믿음

계몽사상은 18세기에 널리 확산되었는데 시민혁명에도 상당한 영향을 미쳤다. 그렇다면 계몽이란 도대체 무엇인가? 그리고 그 속에서 나타난 사회계약설들, 홉스, 로크, 루소의 설명들은 어떤 공통점과 차이점이 있는가? 계몽사상과 그러한 사회 계약설이 갖는 역사적 의의에 대해서도 살펴보겠다. 계몽사상과 사회 계약설은 17세기의 과학 혁명과 근대 철학 발전의 연장선상에 있었다고 할 수 있다. 17세기는 절대왕정의 시대였는데 흔히 절대왕정의 사상적 기반은 왕권신수설이라고 한다. 왕권신수설이란 왕의 권한은 신으로부터 받은 것이므로 왕은 지상에서 신의 대리자로써 신으로부터 위임받은 권한으로 통치를 한다는 게 17세기 왕권신수설이다. 이 왕권신수설은 장 보뎅 등에 의해서 절대주의 시대 절대 권력을 강화하는 이론으로 자리를 잡았다. 그러나 자본주의가 발전해 유럽이 16세기 자본주의 시대에 들어가게 되니 부르주아를 중심으로 한 시민 사회가 성장하게 되었다. 또한 새로운 세계관과 과학기술이 발전하고 과학적 사고가 발달하면서 이성 중심의 분석적이고 합리적인 철학도 발달해 그 속에서 자연법 사상에 바탕을 둔 사회 계약설이 등장하게 되었다.

자연법 사상이란 우리가 알고 있는 실정법을 넘어서는 보다 기본적인 어떤 근원적인 법이 있는데 그것이 바로 자연을 움직이는 자연법이라는 생각이다. 그 중심에 있었던 사람은 세 명 바로 홉스, 로크, 루소라고 할 수 있다. 홉스와 로크가 대략 50년 차이가 나고 그 다음 로크와 루소가 약 80년 차이가 나니 이들을 17세기 그 다음에 18세기로 넘어가는 과도기에 살았던 아주 대표적인 사회 계약설의 사상가 세 명이라고 할 수 있다. 기본적으로 이 세 사람들은 인간의 아주 원시적인 자연 상태를 어떻게 보느냐 어떻게 사회, 국가라는 삶의 상태로 이행해 왔느냐, 설명해 내는 게 상당히 중요한 관점이었다고 이야기할 수 있다.

먼저 토마스 홉스에 대해 살펴보자. 홉스는 여전히 절대왕정 시기에 절대왕권을 신봉하는 모습을 가지고 있었다. 홉스는 『리바이던』을 썼는데 리바이던은 바다에 산다고 생각하는 상상 속의 괴물이다. 홉스 하면 우리는 '만인의 만인에 대한 투쟁 상태'라는 말을 떠올린다. 그 이야기의 요점을 살펴보면, 대충 이런 특징이 있다고 할 수 있다. 정치권력이 존재하지 않는 자연 상태에서 인간은 외롭고 가난하며 동물적이다. 또한 단명한 존재에 불과하며 서로 싸우는 전쟁 상태에 있다. 바로 '만인의 만인에 대한 투쟁 상태'이다. 이러한 무정부와 공포 죽음의 상태에서 벗어나기 위해 강력한 정부가 필요하다. 인간은 개인행동의 자유를 지배자의 손에 맡기기 위한 일종의 합의나 계약을 하게 된다. 그러나 이 경우 지배자에게 무제한 절대적 권력이 주어져야 한다. 그렇지 않으면 질서를 유지할 수 없으며 사회는 또다시 만인의 만인에 대한 투쟁 상태로 돌아가기 때문이다. 절대왕정 시대에 권력을 이론적으로 뒷받침하는 측면이 여전히 남아 있는 것이 홉스의 설명 방식이었다.

이런 이행 과정을 거쳐서 로크에 가게 되면 훨씬 더 진일보한 진정한 시민사회적인 사회계약설로 넘어가게 된다. 로크는 그의 『시민정부론』에서 이렇게 이야기한다.

"자연 상태는 살기에 불편하므로 사람들은 공동 관심사인 사회와 정부를 세우기 위해 계약을 맺게 된다. 근데 인간은 자연권인 생명, 자유, 재산에 기본적 권리를 가지고 있다. 인간의 이러한 모든 권리가 잘 보장되도록 정부를 세우는 데 합의하고 계약하는 것이다. 만일 정부가 기본권인 생명, 자유, 재산의 이런 기본적 권리를 보장하지 않고 방자해 진다면 정부가 물러나야 하며 극단의 경우 혁명의 의해 타도될 수 있다."

바로 시민혁명론이다. 이러한 국민의 기본적 권리를 지키기 위해서 국가가 있는 것이다. 홉스의 경우는 인간이 서로 싸우는 만인의 만인에 대한 투쟁 상태였으므로 그걸 막기 위해서 국가가 군주가 강한 권력을 가져야 한다는 생각이었는데 로크는 인간의 기본적 권리를 잘 보존하고 지키기 위해서 국가를 세운 것이다. 그 국가가 역할을 못하면 국가를 맡고 있는 정부를 바꿀 수 있다는 생각이 로크의 시민정부론이라고 할 수 있다.

다음으로 루소는 이렇게 이야기한다.

"인간은 자연 상태에서 자유롭고 평등하다. 인간은 자연 상태에서 자유롭고 평등하지만 오직 본능에 따르기 때문에 개인의 자유와 재산을 보장할 수 없다. 그래서 사회 계약을 맺는다. 인간은 계약을 맺음으로써 자연적 자유 대신에 정의와 도덕에 의거하는 법적 자유를 얻는다."

자연 상태에서 인간이 계약을 맺어서 사회를 만드는 과정 속에서 자연적 자유가 법적 자유로 바뀐다. 그래서 계약을 통해 구성된 국가의 주권은 당연히 전체적인 인민에게 있는 것이고 구성원들을 위해 있는 것이기 때문에 전체 인민이 통치자여야 한다. 주권은 공공의 복리를 지향하는 초개인적인 의사인 일반 의지의 자유이다. 그래서 국가의 주권은 국민에게 있다. 우리나라 헌법 제1조 1항이 '대한민국은 민주공화국이다'이다. 민주는 주권재민이다. 주권은 국민에게 있다고 루소가 선언한 것이 우리나라 헌법에도 그대로 나타나 있다. 바로 이러한 사회 계약설의 발달과 더불어 18세기가 되면서 유럽의 각국에서 과학 지식을 탐구하는 것이 확산되고 그러한 과학적 사고가 인간 사회에도 적용되며 그 과정에서 계몽사상이 널리 확산되고 전파된다.

이 계몽사상에 대해 칸트는 "계몽이란 인간이 미신과 악습의 지배를 받는 정신적으로 미성숙한 상태에서 벗어나서 밝은 지식의 빛 속으로 들어가는 것"이라고 했다. 말하자면 인간에게 지식의 밝은 빛이 쐬는 것이다. 다만 인간에게는 밝은 빛을 받으면 발휘할 수 있는 기본적인 상식이 있다는 것이 전제가 된다. 즉 인간은 상식이 있는 존재이기 때문에 교육하고 계몽하면 계발될 수 있다는 것이 바로 계몽사상의 아주 핵심적인 접근 방법이다. 프랑스의 많은 살롱들에서 지식인, 학자들이 모여 계몽사상의 다양한 지식과 정보에 대해 이야기하고 토론하면서 자신을 계발해 가는 삽화들도 흔히 눈에 띈다. 오늘날로 보자면 웹 상이나 포털사이트에서 지식을 검색하고 SNS를 통해 정보를 주고 받고 토론하는 것과 유사하다. 18세기에는 살롱에서 이루어졌으며 그 속에서 계몽사상이 확산되어 갔다.

계몽사상은 1789년에 일어난 프랑스 대혁명과 관련시켜 볼 수 있다. 프랑스 혁명이 일어난 데 계몽사상의 영향이 있었다는 것이 전통적인 해석 방식이었다. 그러나 최근 들어 계몽사상이 프랑스 혁명의 원인이 되었다기보다는 프랑스 혁명을 통해 계몽사상이 사회 전반으로 널리 확산되었다고 보는 견해도 있다. 즉 18세기의 유럽은 계몽사상이 살롱을 통해 시민 혁명을 통해 널리 퍼져 사회 전반적으로 변화의 바람이 일어난다.

이러한 변화의 중심에는 대표적인 지식인들이 있었다. 그 중의 한 사람이 볼테르이다. 볼테르는 계몽군주제를 옹호해 군주들이 제일 좋아했던 사람이기도 하다. 러시아, 오스트리아 헝가리 제국뿐만 아니라 중국의 계몽군주들이 볼테르를 초청해 이야기를 듣고 싶어 했다. 가장 큰 이유는 볼테르가 공화주의자가 아니고 계몽군주제를 옹호하는 사람이었기 때문이다. 계몽주의자로써의 볼테르의 사상은 한마디로 압축된다. 'écraser l'infame!' 불어로 écraser는 영어의 erase, '지운다'는 말이다. 'l'infame'는 미신이다. 즉 "미신을 지워버리자, 떨쳐버리자, 과거에 가지고 있던 편견을 다 버리자, 그래서 이성의 빛을 쐬어서 우리가 진리를 찾아가자"라는 것이 볼테르의 기본 생각이었다. 이런 볼테르식의 생각을 토대로 디드로 등의 학자들에 의해 백과사전이 만들어졌다. 그 백과사전의 서문에 있는 삽화 그림을 보면 왼쪽에 뒤에서 빛이 비치는 진리의 여신이 있다. 진리의 여신이 나타나니 세상에 빛이 비쳐 캄캄한 계곡 같은 어두운 곳에 진리의 빛이 비친다. 진리의 빛이 비치니 철학과 이성의 신들이 나타나 가운데 있는 여성의 겉옷을 벗긴다. 바로 이 진리의 낡은 겉옷을 벗겨 버리는 것, 이것이 바로 계몽이다. 편견과 미신의 겉옷을 벗고 진실의 진짜 옷을 입어야 한다는 것이 계몽사상가의 생각이었다. 그러다 보니 새로운 지식을 많이 알리기 위해 백과사전을 편찬했던 것이다. 이것이 프랑스의 계몽 사상가들의 아주 큰 흐름이었고 그 중심에 볼테르와 디드로와 같은 백과사전파가 있었다.

계몽사상의 또 다른 대표적 학자는 몽테스키외이다. 몽테스키외는 우리가 잘 알듯이 삼권분립론을 그의 『법의 정신』에서 논의했다. 그는 국가에서 한 기구가 권력을 독점하게 되면 독재가 생기고 폐단이 생기므로 서로 견제할 수 있는 몇 개의 기구를 두어 상호 견제하게 해야 한다고 주장했다. 그리고 기구는 세 개가 적당하다고 제안했다. 바로 로마 공화정이 그 모델이다. 로마 공화정에서는 원로원, 정무관, 그리고 민회, 이 세 기구가 상호 견제와 힘의 균형을 이루었는데 이를 모델로 행정, 입법, 사법 이 세 개의 국가 권력 기구를 두어 서로 견제하고 균형을 이루도록 하자는 것이다. 서로 견제해 힘의 균형이 깨져 어느 한쪽으로 쏠리지 않도록 하기 위해서는 권력 분립이 필요하다는 것이 몽테스키외의 삼권분립론이다. 이러한 생각이 근대 사회 들어 구현된 근대 국가가 미국이다. 독립전쟁 이후 미국의 헌법에 삼권분립론이 반영되었다. 그리고 미국의 영향으로 우리나라에서도 1945년 광복 이후 제정된 헌법에 '대한민국은 민주공화국이다'라고 명시해 주권은 국민에게 있지만 공화국 형태로 권력을 행사한다는 삼권분립론을 수용하고 있다. 삼권분립론의 기본 정신은 견제와 균형에 의한 권력 분립이다. 권력을 3개로 쪼개면 삼권분립이고 4개로 쪼개면 사권분립이다. 우리나라는 바로 몽테스키외적인 미국식의 삼권분립론에 바탕을 두고 있다. 대만 같은 나라는 입법, 행정, 사법에 더해 교육부가 있어 사권분립론에 바탕을 둔다.

3개로 나누든 4개로 나누든 공통된 정신은 권력을 나누어 가지고 상호 견제해서 균형을 취하는 체크 앤 밸런스이고 견제와 균형의 원칙에 따른 권력 분립 모델이다. 앞서 보았던 사회 계약설에서 루소가 이야기했던 주권재민 사상을 국가 기구에서 어떻게 효율적으로 반영할 수 있을까 하는 고민 속에서 바로 이러한 권력분립론이 이론적으로 등장할 수 있었다.

이제 계몽사상에 대해 정리해 보자. 인간의 지성, 혹은 이성을 바탕으로 문화와 문명을 진보·발달시키려는 사상 그것이 계몽사상이고 계몽사상은 인간의 존엄과 평등 인간의 자유권을 강조한다. 그렇게 함으로써 유럽의 중세 시대를 지배한 적이 있었던 전제군주나 기독교와 같은 종교 신학의 독단적인 교시에서 벗어나고자 했다. 교회와 국가를 비판함으로써 그들이 가진 지나친 권리를 상당 부분 낮추는 데 계몽사상이 기여했다고 할 수 있다. 계몽사상의 영향으로 국가는 더 이상 목적이 아니라 국민의 권리를 보장하고 유지하기 위한 수단이 되어야 하고, 인간의 권리와 행복을 보장하기 위해 만든 국가는 국민의 동의를 받지 않고는 존재할 수 없으므로 국가가 책임을 다하지 못하고 국민의 기본권을 배반하거나 짓밟을 경우 민중은 혁명적인 저항권을 발동해 국가나 정부를 교체하거나 폐지할 수 있다는 사회 계약설이 등장했다. 이것이 18세기로 가는 유럽 사회의 모습이었고 이러한 계몽사상은 시민 혁명에도 영향을 미치게 된다. 다만 그 수가 적기 때문에 시민 혁명이 진행된 이후에는 사회 전반으로 더욱 더 확산되어 갔다고 할 수 있다. 1789년 프랑스 대혁명의 의의 중 하나가 바로 계몽사상의 확산이었다.

사회 계약설을 다시 정리해 보면, 모든 인간은 바로 자연 천부의 권리를 가지는데, 자연 상태에서는 이러한 자유와 권리의 보장이 확실하지 않으므로 개인들의 합의나 계약에 의해서 국가가 출현한다는 것이 핵심 사상이다. 사회 계약설을 주장한 대표적인 사람이 홉스, 로크, 루소이다. 이들은 인간의 본성에 대해서 선한가, 백지 상태인가 아니면 악한가를 놓고 견해가 달랐다. 즉 성악설, 백지설, 성선설로 차이가 있다. 그 다음으로 자연 상태를 보는 시각에 따라서 만인의 만인에 대한 투쟁 상태인가, 자유롭고 평등한 상태인가 아니면 자유와 행복이 있는 상태였는가로 나뉜다. 그래서 나타나는 국가를 만들어 가는 사회 계약의 상황도 자연권을 완전히 넘겨준 상태여서 절대적으로 복종해야 한다, 통치권은 국가에 완전히 넘겨준 게 아니고 위임한 것일 뿐이라 주권은 국민이 가지고 있으므로 위임받은 정부가 잘못하면 혁명에 의해서 바꿀 수 있다, 주권이 국민에게 있지만 개개인의 국민이 그 주권을 행사하는 게 아니라 국민 전체의 의지를 종합적으로 통일한 총합으로서의 일반 의지에 의해서 주권이 만들어진다는 생각으로 나뉜다. 그래서 국민의 저항권에 대한 생각도 홉스는 당연히 인정하지 않았고 로크가 처음으로 인정했고, 루소의 경우에는 주권재민의 사상만 인정했고 국민의 혁명권에 대해서 언급하지 않았다.

지금까지 18세기 계몽사상을 살펴보았다. 이 계몽사상을 살펴보고 우리는 이 시기 유럽의 지식인들은 '인간에 대한 믿음이 있었다'는 것과 인간에 대한 기본적인 존중과 자긍심이 있었다는 사실을 알 수 있다. 가장 중요한 것은 바로 인간이고 인간은 계몽해서 계발되고 만들어질 수 있는 존재이며 인간의 합의와 계약에 의해 국가와 정부가 나타나고 사회도 만들어진다는 생각이 18세기 유럽에서 시작되어 오늘까지 이어지고 있다. 그래서 계몽사상의 의의는 바로 인간에 대한 굳건한 믿음, 그것을 인류가 확인한 시대였다는 것이다. 교육을 통해서 인류의 발전이 가능하다는 생각도 이 시기에 나타났으니 인류에게 아주 소중한 자산이라고 할 수 있다.

이야기 넷

혁명은 세상을 발전시키는가?

1. 아메리카에서 시작된 독립전쟁

고전적 시민 혁명, 미국 독립 전쟁

미국 독립 혁명을 알아보자. 미국 독립 전쟁은 고전적 시민 혁명의 한 유형이라고 말한다. 고전적 시민 혁명에는 영국 혁명, 미국 독립 혁명, 프랑스 대혁명 세 가지가 있다. 세 가지 혁명은 각각의 특징이 있고, 그 중 가장 전형적인 시민혁명은 1789년의 프랑스 대혁명이다. '르페브르'에 의하면 시민혁명이 성립하기 위해서는 두 가지 요건, 즉 지배계급 구조의 교체와 짧은 시간 내의 급격한 변화, 이 두 가지 요건이 갖추어져야 한다. 이 개념을 가지고 세 혁명을 비교해 보자.

영국혁명 같은 경우 서서히 원만하게 진행되었다. 1688년에 명예혁명에 의해 입헌군주제로 가는 모습이 드러나지만 그 뿌리를 보면 국왕을 압박하여 귀족들이 원하는 조약을 공표하고 조약이나 장전 같은 것들을 승인하게 만드는 것이 영국식의 개혁 방식이다. 처음에는 귀족들만 혜택을 받았지만 법이 가진 보편성 때문에 서서히 평민들에게까지 혜택이 확대돼 오면서 영국 사회는 변화했다. 그 뿌리는 1215년 마르나카르타까지 올라간다. 명예혁명은 470년 동안 진행된 변화의 과정이다. 급격한 변화에 해당하지 않는다. 또한 지배계급 구조의 교체도 일어나지 않았다. 프랑스 혁명에서 보는 봉건 지배계층에서 부르주아 시민 계층으로의 한 사회 지배 개혁 구조가 교체되는 모습은 아니다.

미국은 기본적으로 식민지에서 출발해서 봉건적 역사가 없다. 17세기 1640년대 이후 사람들이 본격적으로 아메리카로 넘어가기 시작했다. 콜럼버스에 의해 아메리카가 발견된 것은 15세기 말이지만 사람들이 이주해서 살아가는 데는 150년 이상이 걸렸다. 17세기 중엽에 가서야 아메리카에 식민지가 생기기 시작했다. 봉건적 역사의 경험이 없기 때문에 반봉건적 성격이라고 하는 시민 혁명의 성격이 성립할 수 없는 것이다. 세부적인 이야기를 하자면 토지 분배가 잘 이루어져야 한다. 왜냐하면 중세적 수취 체제와 근대적 체제의 차이가 자연 농민이 얼마나 성장할 수 있는가를 중요하게 생각하기 때문이다. 대주주 계층 중심이냐 자영 농민 중심이냐는 토지 분배가 얼마나 이루어지나를 봐야 한다. 미국 독립전쟁 경우 혁명 이후에 토지 분배를 경멸했다. 결국 돈 있는 자산가들이 다시 사들였다. 그래서 미국 독립전쟁이 과연 시민 혁명이 맞는가 물었을 때 반봉건적 역사의 경험도 없을 뿐 아니라, 토지 혁명이 이루어지지 않았다는 비판을 듣게 되는 것이다. 이런 점에서 프랑스 혁명이 영국 혁명, 미국 독립전쟁과는 다르다고 할 수 있다. 그래서 한때 '르페브르' 같은 사람들은 완전한 시민 혁명은 프랑스밖에 없다는 이야기를 했다. 물론 지금은 다르게 보는 수정주의적 시각도 공존한다.

미국 독립전쟁은 남북전쟁, 1, 2차 세계대전, 월남전 등과 마찬가지로 미국 역사에서 큰 변화를 가져온 사건이다. 미국 역사가들은 미국 역사를 해석할 때 세 가지 패턴이 있다고 한다. 첫 번째 패턴은 보수와 진보 관점이다. 미국 사회가 번영하고 안정돼 있을 때는 보수적 해석이 크게 자리 잡고, 미국 사회가 어려울 때는 진보적인 해석이 작용되는 것이 반복되는 것이다. 보수와 진보가 교차하면서 미국의 역사에 반영이 된다. 두 번째 패턴은 낙관적으로 해석하는 경향과 비관적으로 해석하는 경향의 반복이다. 미국 사회의 미래를 밝게 보려는, 또 비판적으로 보려는 시각이 반복되는 것이다. 마지막 패턴으로는 미국 사회를 기본적으로 통합된 사회로 보려는 시각과 다양한 계급, 계층, 이해관계로 분열된 사회로 보려는 시각이다. 이 세 가지 패턴이 미국 사회의 해석에 계속해서 시기에 따라 반복해서 나타난다. 미국 독립전쟁 또한 해석의 유형이 시기에 따라 달라진 시각이 반영된다.

1750년대 무렵에는 13개주의 식민지에 대략 250만의 인구가 있었다. 그러나 초기의 식민지 형성 과정에는 정착의 실패가 있었다. 신대륙으로의 항로가 발견되었다고 바로 이주가 시작되는 것은 아니다. 유럽에서 가져간 농작물이 재배가 되지 않아서 인디언들로부터 옥수수 재배방법을 배운 이후부터 이주한 사람들이 정착하여 살 수 있게 되었다. 이것이 1640년대(17세기 중엽)에 나타나는 모습이다. 그렇기 때문에 아메리카 대륙의 식민지 형성 과정은 17세기 중엽부터 시작했다고 보면 되는 것이다. 아메리카 식민지가 가지고 있는 이데올로기를 반영하는 '청교도'가 등장한다. 영국에서 종교의 자유를 찾아 새로운 대륙으로 이주해 온 사람들이었다. 이 사람들이 추구하는 것은 '자유'였다. 청교도들의 이주에서는 자유에 대한 추구와 새롭게 간 땅에 본인들만의 공동체가 만들어지면서 민주주의적 형태가 많이 나타났다. 이것이 아메리카 식민지의 중요한 특징의 하나인 이주 식민자들에 의한 초기 민주적 사회의 출발이라고 할 수 있다[왕정시대의 영국의 간섭이 생겼을 때 두 사회가 충돌하게 되는 모습인 것이다.]

초기 식민지에는 인구도 적고 본국에서 얻을 만한 이득도 없었기 때문에 무관심했다. 그러나 18세기 중엽이 되니 식민지의 인구가 늘어나면서 식민지 본국이 갖게 되는 의미가 달라진 것이다. 이 시기에 영국의 조지 3세는 강력한 왕권을 추구했다. 강력한 왕권은 재정이 필요했다. 국내에서는 이미 입헌군주제로 의회의 동의 없이는 세금을 받을 수 없는 상황이었으므로 식민지에서 돈을 가져오려고 했다. 이것이 식민지의 조세 정책으로 변하게 된다. 이에 대한 반발로 미국의 독립전쟁이 일어났다. 이런 과정에서 초기 정착한 이주자들이 식민지 의회 조직의 모임도 가지고 자유에 대한 추구를 바탕으로 자치를 했다. 학자들 중에는 미국 독립전쟁이란 기본적으로 식민지 본국인 영국과 미국 식민지 간의 갈등으로 설명하기도 하지만(제국학파), 미국 독립전쟁의 실체는 누가 미국을 지배하고 통치할 것인가라는 자치의 문제에서부터 독립전쟁의 원인이었다고 설명하기도 한다.

초기 미국 독립전쟁으로 가는 과정의 식민지의 전체적인 특징은 신대륙의 발견의 시대에 노동력을 수탈당하던 스페인의 식민지 모습과는 달랐다. 스페인의 남미 식민지 경영은 원주민의 90%가 죽을 정도로 처참했다. 물론 유럽에서 들어온 질병에 의해 죽기도 했지만 개미처럼 원주민을 죽였다는 표현이 있을 정도였다. 그러나 미국의 경우 이주민들에 의한 식민지 건설의 형태로 스스로 독립된 정치 체제를 추구하는 과정으로 갈 수 있었다. 미국 독립전쟁으로 가는 길을 보면 누가 여론을 주도할 것인가도 매우 중요한 점이었다. 미국 독립전쟁의 시기에는 '존 핸코크'라는 사람이 중심이 됐고 핸코크 형제가 미국 독립전쟁의 중심적인 인물이 됐다. 형제는 미국에서 태어나 하버드대학을 졸업한 젊은이들이었다. 식민지에서 태어나 영국과는 다른 생각을 가지고 새로 건설된 하버드대학에서 영국과는 다른 교육을 받은 학생들이 미국의 독립전쟁을 주도하게 되었다는 의미이다. 스페인 식민지 같은 경우에는 스페인 사람들과 원주민 사이에서 태어난 자식들인 '엔코미엔다'들이 식민지 지배의 중간고리 역할을 하게 된다. 이런 '엔코미엔다' 같은 계층이 미국 식민지에는 없었다는 것이 독립의 길에 중요한 요인이기도 했다.

미국의 독립전쟁으로 가는 중요한 요인 중의 하나는 영국의 식민지 정책의 변화이다. 영국의 전통적인 '고귀한 무관심 정책'이 강력한 간섭 정책으로 전환된 1750년, 갈등이 시작됐다. 간섭 정책으로 1763년 7년 전쟁이 끝난 이후 막대한 전쟁 비용, 프랑스와의 식민지 전쟁으로 인한 재정 적자, 아메리카에서 서쪽으로 진출하기 위한 주둔 영국군의 방위비 분담 문제를 해결하기 위한 조세 정책이 나타나면서 충돌이 일어난다. 대표적인 일로 수입 관세부터 시작했는데 이러한 갈등을 결정적으로 촉발시킨 계기는 '인지세 법'이었다. 신문이나 종이에 세금을 부과하는 법이다. 식민지 땅 내부에서 생산된 물건에서도 세금을 부과한 것이다. 이러한 갈등들이 유럽 대륙에서 아메리카로 건너온 계몽 사상가들의 영향을 받게 된다. 식민지에서는 "영국 의회에 대표자를 파견한 적이 없는데, 영국 의회의 결정에 의해 왜 세금을 내느냐?"라며 '대표 없는 곳에 과세 없다'는 구호도 떠올랐다. 결국은 보스톤 항구에서 홍차를 내리기 위해 정박해 있는 배를 인디언으로 가장해 불을 질러 버리는 '보스톤 티파티' 사건이 일어나게 되는 것이다. 이 사건으로 인해 영국과 식민지의 갈등이 절정으로 다다랐다.

어느 나라나 갈등이 생기면 협상의 길, 협상의 길이 성사되지 못하면 강경파가 득세하게 된다. 그 중심을 이루었던 것은 대륙 회의였다. 필라델피아에서의 1차 대륙 회의가 1774년에 소집되어 13개 주의 대표들이 모였다. 이 시기에 대표자들의 구성을 보면 '영국 아래에 남자'는 왕당파, 중도파, '영국과 결별하자'는 강경파가 골고루 존재했다. 1차 대륙 회의에서는 협상단을 꾸미고 대표자로 '프랭클린'을 내세워 영국의 왕 조지 3세를 만나러 갔다. 프랭클린은 옥수수를 하나 가져갔다. 조지 3세가 "왜 세금을 내지 않으려고 하는가?" 묻자 프랭클린은 옥수수를 꺼냈다. "이것을 아메리카에서는

'콘'이라고 부르는데, 이것은 영국에 없는 것이다. 이렇게 미국과 영국은 다르다. 그리고 미국은 아직 성장하는 어린아이와 같다. 어린아이가 성장할 때까지 부모는 돌봐 줘야 하고 어린아이는 성장 후에 부모에게 보답한다. 아직 아메리카는 세금을 낼 여력이 없다"라고 대답한다. 그러나 조지 3세는 일언지하에 거절했다. 대표단이 떠날 때 영국의 신문 제목은 "홍차에 대한 세금을 내라. 그렇지 않을 것이라면 목을 내놓아라"였다. 결국 2차 대륙 회의에서는 강경파가 득세하게 된다. 강경파는 식민지에서 태어나서 하버드와 같은 식민지의 학교를 졸업한 사람들로 이루어졌다. 이것이 바로 무장 투쟁의 독립전쟁으로 가는 길이었다. 1776년 7월 4일 워싱턴이 독립선언문을 발표하며 독립전쟁이 발발한다.

초기 전쟁에서 식민지는 상당히 불리했지만 식민지는 중요한 명분이 있었고 새롭게 변하는 시대를 지향하고 있었음이 독립선언문에도 나타난다. 독립선언문은 계몽 사상가였던 '존 로크'의 정치사상도 반영되고 많은 계몽사상의 세계관이 반영된다. 민주주의의 기본 원리에 대한 선언, 인간의 존엄권에 대한 자연법의 원칙에 대한 천명 등이 나타나게 된다. 미국 독립선언문의 일부를 보자면, '우리들은 다음과 같은 것을 자명한 진리라고 생각한다. 즉, 모든 사람들은 평등하게 태어났으며 조물주는 몇 개의 양도할 수 없는 권리를 부여했으며 그 권리 중에는 생명, 자유, 행복의 추구가 있다'라며 인간의 기본권과 천부인권설에 대한 선언이 나타나게 된다.

미국 독립선언문이 프랑스 인권선언문과 다른 점으로는 '행복에 대한 추구권'이 있다는 것이다. 몇해 전, OECD포럼에서 앞으로 선진 자본주의 국가들이 나갈 방향을 모색하면서 그 방향을 '행복'으로 잡은 책이 있다. 1776년 미국의 독립선언문에서도 그동안 어디에도 나타나지 않았던 기본적인 인간의 행복 추구가 명확하게 천명되어 있다. 선언문을 조금 더 살펴보면 '그 다음 권리를 확보하기 위하여 인류는 정부를 조직했으며 이 정부의 정당한 권리는 인민의 동의로부터 유래하고 있는 것이다. 또 어떠한 형태의 정부이든, 이러한 목적을 파괴할 때에는 언제든지 정부를 개혁 내지 폐지하여 인민의 행복과 안정을 가장 효과적으로 가져올 수 있는 그러한 원칙에 기초를 두고 그러한 형태로 기구를 갖춘 정부를 조직하는 것은 인민의 권리인 것이다'라고 선언한다. 대한민국 헌법 1조 1항 '대한민국은 민주 공화국이다'와 2항 '대한민국의 주권은 국민에게 있고 모든 권력은 국민으로부터 나온다'와 같은 내용이 미국의 독립선언문에 나타나 있는 것이다.

미국의 독립선언문은 구체적인 정부 조직법, 헌법적 규정에 대한 선언이 있는 것은 아니고 인간의 기본적인 권리와 왜 이런 일을 해야 하는지 명분을 설명하기 위한 내용이었다. 기본적인 인간의 권리와 주권 재민의 사상이 강력하게 나타날 뿐이다. 초반에는 미국이 불리했지만 유럽 열강들이 영국을 견제하기 위해 프랑스, 스페인, 네덜란드가 지원을 해 주고 러시아가 불리하지 않은 무장 중립 선언의 정책을 취하는 등의 과정들이 미국이 승리할 수 있는 길을 열어 주었다. 마찬가지로 미국 남북 전쟁의 경우에도 남북 간의 싸움에서 초반에는 남부가 유리했지만 북부가 승리하게 된 요인은 유럽의 지원이었다. 두 사건 모두 유럽의 도움이 중요한 역할을 했다. 결국 요코타운 전투에서의 승리를 계기로 미국의 독립전쟁이 성공하고 1783년에 파리 조약으로 미국은 독립 승인을 받아 낸 후 헌법을 만들며 미합중국이 탄생하게 된다. 1787년에 미합중국의 헌법이 선포되며 우리가 아는 U.S.A.가 등장하는 것이다.

물론 초기의 미국 사회가 안고 있는 문제도 있었다. 각각의 주별로 독립한 나라를 이루자는 '주 중심주의자'가 있었고 연방 국가를 만들자는 '연방주의자'가 있었다. 연방주의자의 대표자였던 '해밀턴'이 '워싱턴' 초대 대통령하에서 국무장관을 하며 연방주의를 강력히 주장해 오늘날 미국의 모습을 완성시킨 것이다. 100년 뒤 남북전쟁으로 쪼개지고 분열되었지만 그 이후 용광로처럼 하나로 녹여내는 과정이 있었고 이러한 사건들이 없었다면 지금의 U.S.A.는 없었을 수도 있다.

독립전쟁의 의미에 대해 3명의 역사가의 견해를 살펴보자. 먼저 '찰스 비어드'의 의견을 알아보자. '찰스 비어드'의 미국사 책은 미국 문화원에 가면 무료로 나누어 주는 책 중 하나이다. 고전적인 해석으로 자리 잡은 견해인 것이다. 찰스 비어드는 '미국 독립전쟁은 영국과의 전쟁인 동시에 식민지 귀족에 대한 전쟁이었고 이 과정에서 민중을 결합시키며 식민지 내에서 사회 혁명을 이룩해 낸 사건이었다'라고 한다. 영국으로부터 독립하는 전쟁이었을 뿐 아니라 미국이 봉건사회를 벗어나 시민 사회로 나아가는 전쟁이었다고 보는 것이다. 두 번째는 보수주의 역사가 '조지 뱅크로프트'의 해석이다. '미국의 독립전쟁은 식민지인들이 자신들의 자유와 재산을 보호하기 위해 싸운 운동이었다'라고 말한다. 영국 의회정치의 발달 과정에서는 휘그적 해석과 토리적 해석이 있는데 이 해석을 휘그적 해석의 연장선이라고 생각한다. 그래서 미국 독립전쟁에 대한 휘그적 해석이라는 이름을 붙이기도 한다. 이 설명에 따르자면, '미국독립전쟁은 자유주의적 개인주의를 지키기 위한 전쟁'이라고 결론지었다. 뱅크로프트는 이것을 가리켜 '아메리카니즘의 출발'이라고 하기도 했다. 마지막으로 '로날드 파머'의 '대서양 혁명론'이다. 미국 독립전쟁은 대서양 혁명이라는 중도적이고 타협적인 성격이다. 18세기 미국 식민지 사회는 초기의 단순성을 상실하고 유럽 세계의 구제도 사회로의 복귀를 보이려는 조짐이 있었는데, 그 과정에서 사회 계급의 분화와 토지귀족 계급이 향상되고 있는 상황이었던 것이다. 또한 그 과정에 나타난 계급적 갈등과 사회적 긴장이 있었다.

미국 독립전쟁은 기본적으로 자유에 대한 추구가 목적이었지만 한편으로는 식민지에서 생기기 시작한 지주적 성격의 귀족적 세력과 그들에 대한 민주주의적 세력의 투쟁이기도 했다. '반봉건적 성격이 있었다'고 해석된다. 요컨대, 미국 독립전쟁은 복합적 성격, 즉 영국으로부터 벗어나려는 독립전쟁의 성격과 동시에 식민지에서 성장하기 시작한 계급적 갈등도 극복하려는 복합적 성격을 가지고 있었던 것이다.

2. 바스티유 무너지고 앙시앙레짐 해체되다

프랑스 대혁명(1789)

프랑스 혁명에 대한 고전적 해석은 '시민 혁명'이란 해석이다. 여기서 시민은 여러 가지로 정의될 수 있지만 역사적 개념, 곧 부르주아를 가리킨다. 20세기의 시민의 개념과는 다른 것이며 프롤레타리아도 빠지고 봉건 영주, 지주 계층도 빠지며 자본주의의 발달로 인해 나타난 상인 계층 중심의 사람들을 가리키는 것이다. 프랑스 혁명은 곧 부르주아의 혁명이었다.

그러면 혁명이란 무엇인가? 라틴어로는 '순환한다, 돈다'라는 의미밖에 없었다. 19세기에 와서야 오늘날의 혁명의 의미로 발전한 것이다. 그 출발점은 르네상스 시대의 코페르니쿠스의 책에서부터 시작된다. 이 책은 기존의 천동설이 지동설로 바뀌는 유명한 책으로 '천체의 순환에 관하여'라는 문구가 있다. 이 코페르니쿠스의 책이 혁명적 의미를 갖게 되며 여기서의 '순환'이 '혁명적 전환'이라는 뜻을 갖게 된다. 우리가 오늘날 보는 정치적, 사회적 혁명의 의미로 발전시키는 데는 영국의 의회 정치의 발달에서 나타난 용어들이 기여한다. 영국의 의회 정치 개혁기, 입헌 군주제가 발달해 가는 과정에서, 정치가들이 코페르니쿠스의 책에서 나온 것과 같은 '정치적 순환'이 필요하다는 연설에 사용되며 정치적 의미로 변형된 것이다. 우리가 아는 오늘날 쓰이는 '한 사회가 완전히 바뀌는 사회 혁명'의 의미로 바뀌는 것은 칼 마르크스가 주도했다. 오늘날 우리가 쓰는 혁

• 바스티유 감옥 습격

명이라는 개념은 사회 혁명으로서의 개념이다.

시민 혁명에 담긴 개념은 두 가지 부분이다. 가장 정통적, 교과서적으로 정리한 사람은 소르본느 대학의 프랑스 혁명사 교수 조르주 르페브르(G. Lefevtre)였다. 그는 1949년에 시민 혁명에 관한 책을 쓰게 된다. 번역하자면 '89년사'가 된다. 1789년의 89를 딴 것이다. 이 책에서 오늘날의 프랑스 혁명에 대한 고전적 해석을 정립했다. 우리나라 고등학교 세계사 책의 프랑스 혁명사 부분이 르페브르의 해석이다. '프랑스 혁명은 시민 혁명이다'라고 하는 고전적인 해석, 즉 정통설을 정립시켰다. 르페브르는 혁명이라는 개념에는 두 가지 요소가 필요하다고 했다. 첫째, 지배 계급 구조의 교체가, 둘째, 짧은 시간 안에 급격하게 변해야 한다는 조건이었다. 이 두 가지 조건을 만족하면 혁명이라고 할 수 있는 것이다. 한 사회의 지배 계급의 구조가 봉건영주 계층에서 부르주아 중심으로 급격하게 교체된 것이 프랑스 혁명이다. 고전적 시민 혁명의 세 가지 유형 프랑스 혁명, 영국 명예혁명, 미국 독립전쟁 세 가지 모두가 이에 해당한다.

1789년의 프랑스 혁명은 여태껏 어떻게 보여 왔는가? 크게 세 부분으로 나눌 수 있다. 첫 번째로, 1789년 당시에는 누구도 혁명이라는 단어를 개념화하지 않았었다. 반란이나 사태라고 보는 보수적 해석이 주류를 이루고 있었고 극소수의 몇몇 사람만이 진보적 해석을 했다. 진보적인 해석의 대표적인 두 사람으로 프랑스 진보적 귀족 '아데 씨에이에스(E. Sieyes)'와 영국 타임즈 신문의 특파원 아더 영(A. Young)이 있었다. 이 두 사람의 생각은 이후 혁명사를 해석하는 데 아주 중요한 사료가 된다. 씨에이에스는 「제3신분이란 무엇인가?」라는 팸플릿에서 '제3신분'이라는 용어를 만들어 낸다. 이 팸플릿에서는 당시 신분 계층을 세 개로 나눈다. 성직자와 귀족, 그리고 인구의 97%에 해당하는 제 3신분 계층. 성직자와 귀족, 즉 전체의 5%도 되지 않는 사람들이 프랑스의 모든 정책 결정권을 가지고 프랑스 사회를 움직이니 이러한 소외문제가 지금 일어나고 있는 일의 원인이라고 설명한다. 제 3신분의 소외에 주목한 것이 씨에이에스의 분석이다. 이 분석 틀과 문제의식을 계승한 사람이 20세기에 와서 프랑스 혁명에 대한 고전적 해석의 틀을 정립시킨 르페브르이다. 르페브르의 해석은 씨에이에스의 해석의 연장선이라고 할 수 있다. 영국 기자 아더 영은 남쪽의 보르도 지방을 취재하고 있었다. 베르사이유, 파리에서 일어나고 있는 일련의 폭동을 취재하라는 요청을 받고 보르도 지방에서 신발도 없이 농사를 짓는 농민들과 그 농민들의 궁핍함을 목격하고 이것이 당시 사회의 문제라고 말한다. 사건은 파리를 중심으로 일어났지만 결코 간단한 문제가 아니며 전국적으로 확산될 것이라고 예측했고 실제로 확산되었다[당시의 다른 사람들은 일시적인 사태라고 생각했다.]

두 번째 시각은 1848년에 일어났던 2월 혁명 이후 1789년에 일어났던 대사건을 혁명으로 보기 시작한 것이었다. 2월 혁명도 그 연장선상에 있다고 생각하기 시작한 것이다. 그리고 1789년의 사건을 혁명으로 기록하기 시작하는 책들이 출간되기 시작했다. '혁명'이라는 용어가 처음 등장하기 시작한 것이다. 이 시기에 나타나는 특징으로는, 그 일련의 변화라는 것이 계몽사상의 영향, 프랑스 사회의 계급적 갈등 속에서 일어났다고 말하기 시작한다. 혁명의 원인을 우발적인 사건이 아닌 프랑스 사회의 필연적 현상으로 보았던 것으로 진일보했다. 이 시기에 많은 계몽 사상가들이 이런 종류의 글도 많이 썼다. '볼테뉴'도 여기에 속한다.

세 번째로, 프랑스 혁명 이후 본격적으로 소르본느 대학을 중심으로 학문적 연구가 시작됐다. 프랑스 혁명 100년 후 소르본느 대학에 미슐레 교수가 혁명사 강좌를 처음 개설하게 된다. 처음으로 혁명을 학문적으로 다루기 시작한 것이다. 이렇게 형성된 해석을 소르본느 학파의 '정통론'이라고 말한다. 19세기의 미슐레, 20세기 중반의 르페브르, 1970년대의 알베르 소불로 이어지는 소르본느 학자들에 의해 프랑스 혁명사의 교과서적인 이론들이 만들어지고 수정, 보완되는 과정이 이루어진다. 이 정통론은 르페브르에 의해 완성되며 1949년 그의 책에서 '프랑스 혁명은 시민 혁명'이라는 틀로 해석된다. 1970년대에 들어서자 프랑스 혁명의 불완전한 부분을 비판하는 관점이 많이 나타나기 시작했다. 이 학자들은 프랑스 혁명의 완전성에 대한 의문을 제기하기 시작한다. 1970~80년대 초 여기에 미국, 영국 학자들이 가담하며 프랑스 혁명의 불완전한 성격을 밝히는 대규모 연구가 등장하기 시작한다. 이러한 해석을 가리켜서 '수정주의적 해석'이라고 부른다. 이로써 오늘날 우리가 가지고 있는 프랑스 혁명에는 크게 정통론과 수정주의적 해석이 있는 것이다. 르페브르의 정통론이 수정주의자들에 의해 공격당하자 알베르 소불이 조금씩 르페브르의 정통론을 수정하기 시작했다. 프랑스 혁명을 '완전하지는 않지만 부르주아를 위한 혁명'이라며 일보 후퇴하는 해석으로 나가게 되는 것이 소불의 '부르주아 혁명론'이다. 이러한 과정이 소르본느 학파의 정통론과 그 정통론이 수정되어 가는 모습이다.

프랑스 혁명에 대해 정통론의 교과서적 해석을 정립시켰다는 르페브르의 해석을 살펴보자. 르페브르는 혁명의 원인이 앙시앙 레짐(구 정권)의 모순과 부르봉왕조의 재정 위기 때문이라고 보았다. 구조적인 원인이 있었고 그 원인에 화약에 불을 붙이듯 촉발하게 되는 사건이 있었다고 보는 것이다. 그 구조적인 원인인 앙시앙 레짐의 모순이란 신분제의 모순을 말하는 것이었다. 이런 상황을 그려 낸 삽화를 보면 성직자와 귀족이 제3신분인 가난한 농민들의 등을 타고 있다. 2700만 인구 중에서 5%도 되지 않는 인구가 프랑스 사회의 50%이상의 토지를 소유하며 세금도 내지 않았다. 이런 과정에서 부르봉 왕조의 루이 14세 때부터 시작된 오스트리아 왕위 계승 전쟁, 미국 독립전쟁에 대한 지원, 베르사이유의 궁전 건설, 마리 앙투아네트와 왕실의 엄청난 사치, 그에 따른 왕실 재정의 파탄 상태 등이 혁명의 원인이 된 것이다. 루이 16세가 귀족들에게 세금을 받으려고 하자 귀족들은 명사회(귀족들의 모임)을 소집했고 귀족들은 '세금 문제를 논하기 위해서는 우리끼리 결정할 수 없으니 삼부회를 소집하자'라며 왕의 제안에 반발했다. 프랑스 혁명은 이렇게 귀족들의 혁명에서 시작하여 삼부회가 소집된 후 진보적인 부르주아들이 연단을 장악하고 제3신분이 중심이 되어 뛰쳐나가는 것이다. 테니스 코트에 모여 '우리들이 진정한 국민의 대표'라는 국민 공회가 결성되었다. 도시에서 시작한 혁명은 베르사이유와 파리를 중심으로 대중 혁명으로 확산되고 이후 농촌으로 확산되는 농민혁명으로 발전한다. 르페브르는 프랑스 혁명을 귀족혁명, 부르주아 혁명, 도시혁명, 농민혁명의 네 단계로 분석한다. 이렇게 나타난 혁명이 완전한 시민 혁명이되었다는 것이 르페브르의 주장이다. 정치적으로는 절대왕정을 타도하고 시민 계급이 권력을 장악했으며, 경제적으로는 봉건적 잔재가 제거되고 자본주의가 발전하였고, 사회적으로는 자유롭고 평등한 근대 시민사회가 발전하고, 사상적으로는 계몽사상이 승리하고 확산된 완전한 사회 혁명이라는 것이 르페브르의 해석이다.

이러한 해석에 1970년대에 과연 '프랑스 혁명은 완전한 혁명인가?'라는 비판의 시각이 등장했다. 이러한 시각을 막아내기 위해 '소불'은 한걸음 물러선 '혁명 해석론'을 내놓는다. 이 주장은 혁명 성격에 대해 다르게 해석하며 소불은 '혁명적 부르주아'라는 새로운 개념을 내놓는다. '상 퀼로뜨'(각반이 없는 사람, 말을 탈 수 없는 사람으로서 곧 일반 평민들을 의미함)가 프랑스 혁명의 중심이었고 그들이 바로 혁명적 계층이었다고 말한다. 르페브르는 부르주아를 한 계급으로 보았지만, 소불은 대지주나, 대상인들이 혁명에 반대했고(비혁명적 부르주아), 부르주아 중에서도 혁명에 찬성한 계급(혁명적 부르주아)이 있었다고 부르주아를 구분했으며, 프랑스 혁명의 주역에는 혁명적 부르주아가 있었고, 농민이 그들의 동맹이었다는 것이다. 그리고 혁명의 적은 앙시앙 레짐이었다. 대상인과 같은 사람들은 앙시앙 레짐과 이해관계를 같이 했기 때문에 부르주아의 전부가 혁명의 주역이라고는 할 수 없었다. 이러한 혁명은 '완전한 시민 사회를 이루었다'고 하기보다는 '부르주아가 중심이 되는 부르주아 지배 국가를 만들었다'고 설명된다. 혁명을 직접 추진한 것은 상 퀼로뜨 중심의 민중세력이었지만, 그 결실을 가로챈 것은 부르주아였다는 것이다. 소불의 설명에 따르면, 결과적으로 앙시앙 레짐 및 귀족을 대신해서 부르주아가 지배계급이 되었고, 자본가적 부르주아들을 위한 근대 국가가 성립되었다는 것이 프랑스 혁명의 역사적 의의이다. 완전한 시민사회가 이루어졌다는 르페브르의 해석과는 약간 다른 것을 알 수 있다. 부르주아를 보는 시각도 달라졌고 혁명의 주역도 부르주아에서 상 퀼로뜨로 좁혀졌다. 소불은 혁명의 진행 과정을 다섯 단계로 나눈다. 귀족의 반란으로 시작하여 농민 혁명, 92년의 제2의 혁명 이후 테르미도르의 반동기, 브뤼메르의 18일로 끝나는 것이다. 르페브르의 해석에서는 시간이 갈수록 혁명의 성과가 커지고 참여 계층도 넓어졌다고 하지만, 소불의 해석으로는 혁명이 처음에는 성과가 커지다가 테르미도르의 반동기부터 성과도 작아지고, 참여계층도 좁아진다고 설명된다.

3. 혁명이 지나간 길과 유럽의 운명

계몽사상

프랑스 혁명의 가장 큰 변화는 계몽사상의 확산이다. 프랑스 혁명의 원인을 말할 때 볼테르, 루소와 같은 학자들은 계몽사상의 영향을 강조했다. 그러나 현대 학자들의 생각으로는 계몽사상이 살롱을 중심으로 이야기 되긴 했지만 혁명에 큰 영향을 미칠 정도는 아니었다고 본다. 프랑스 혁명의 원인이 아닌 혁명이 진행해 가면서 계몽사상이 널리 확산되었다고 보는 것이다. 프랑스 혁명과 계몽사상에 관해 이야기 할 때, '인간과 시민의 권리 선언'에 대한 부분이 많이 언급된다. 먼저 아메리카에서 1776년 미국 독립에 의해 인간의 기본권과 자유에 대한 선언이 있었지만 유럽과 세계사에 더 큰 영향을 미친 것은 프랑스 혁명의 '인간과 시민의 권리 선언'이었다. 1조를 읽어 보면, "인간은 자유롭고 평등한 권리를 지니고 태어나서 살아간다. 사회적 차별은 오로지 공공이익에 근거할 경우에만 허용될 수 있다"라고 인간의 기본적인 권리에 대한 '천부 인권설'을 선언하며 이것이 사회 전반에 널리 확산되는 모습을 보여 줬다. 인간은 자유롭고 평등한 권리를 가지고 태어났다는 생각이 계몽사상의 영향을 크게 받고 있었다.

이런 계몽사상은 여러 분야 여러 사람들에 의해서 많이 나타나는데 '인권 선언'이 대표적이라고 이야기할 수 있고, 혁명기에 이런 계몽사상을 확산시킨 혁명의 지도자들을 얘기하자면 대표적인 사람인 로베스 피에르와 못지 않게 중요한 역할을 했던 사람 마라가 있다. 마라의 경우에는 개인 신문(팸플릿)을 발행하여 '인민의 벗'이라는 글을 인쇄하여 나눠 주며 혁명의 계몽사상을 확산시키는 데 큰 기여를 했다. 당시로는 상당히 급진적인 생각이었다. 한편으로는 마라의 글이 혁명을 과격하게 만들고 사회를 혼란에 빠뜨린다고 생각한 사람들이 있었다. 그러던 어느 날, 시골 처녀 한 사람이 칼을 품고 마라의 집에 침입하여 목욕하고 있던 마라를 칼로 찔러서 사망케 하는 사건이 발생했다. 그 후 마라의 죽음을 순교자의 모습으로 그려 낸 것이 그 유명한 '마라의 죽음'이라는 회화이다. 계몽사상의 평등사상을 가장 널리 확산시키고 혁명에 직접적으로 적용시킨 사람은 로베스 피에르이다. 로베스 피에르가 주도했던 94년 이후의 혁명 위원회, 공안 위원회, 공안 위원회를 중심으로 한 공안 통치는 아주 급격했다. 재판도 없었고 공안 위원회에서 로베스 피에르와 한두 명의 사람이 주도하면 단두대로 처형할 수 있었다. 혁명의 동지였던 온건파 당통까지도 그렇게 처형했다. 이렇게 급진적인 혁명으로 가게 되자 '공포 정치'라고 부르기도 했다. 이러한 사상의 기반은 계몽사상이었다. 훗날 안개 낀 달 '테르미도르의 반동'에 의해 로베스 피에르가 처형당하고 결국 보수주의자와 온건파들이 재집권하며 혁명이 보수 반동화됐다. 어찌 됐건 확산됐던 계몽사상을 거두어들일 수 있는 것은 아니었다. 그래서 프랑스 혁명을 통해 계몽사상이 널리 확산이 됐다.

이러한 분위기는 1830년대 영국의 차티스트 운동(참정권 운동)에도 큰 영향을 미친다. 물론 영국의 경우는 1918년 1차 세계대전 이후에 가서야 여성 보통권이 실시되다 보니 남성 중심의 자산가 계층에서 노동자 계층으로 확산되어가는 유형의 선거법 개정 운동이었지만 이러한 변화들이 모두 프랑스 혁명의 계몽사상의 영향이었다. 19세기는 인류의 인권에 대한 인식이 급속히 발달하는 시대였고 그 중심에 프랑스 혁명이 있었다. 그래서 많은 이론을 제시했던 계몽 사상가(홉스, 로크, 루소 등)의 이론에 덧붙여서 독일의 '칸트'까지 천부인권설을 이론화 하였다. '왕권신수설' 즉, 신으로부터 왕이 권리를 받아 인간을 통치한다라는 이론의 반대로 '천부인권설'을 내세우며 인간은 태어나면서부터 권리를 가지고 태어난다라고 주장하며 이를 불가침의 권리라고 생각했다. 프랑스 혁명 이후 계몽사상의 확산과 더불어 이러한 인식이 유럽 전체에 확산되었다.

계몽사상의 확산과 자유주의와 민족주의에 대한 각성이 프랑스 혁명, 한편으로는 나폴레옹 전쟁을 통한 주변 지역의 접촉을 통해 일어났다. 프랑스 혁명에 의한 자유주의의 확산과 더불어 1830년 7월 혁명, 1848년 2월 혁명, 영국의 차티스트 운동 등이 나타났고 나폴레옹 전쟁을 통해 각 나라들이 민족의식이 각성 됐다. 하나의 민족은 하나의 국가를 이루고 살아야 한다는 민족주의의 등장의 결과로 1830년대 그리스의 독립, 1861년의 이탈리아 통일, 1871년의 독일 통일이 일어났다. 19세기는 민족주의의 시대였다. 이러한 과정들은 프랑스 혁명이 남긴 혁명의 메시지를 통해 더욱 구체화되었다. 프랑스 혁명하면 '자유, 평등, 박애'라는 3가지 혁명의 이념을 가지고 있다. 이 이념이 프랑스 뿐만 아니라 유럽 전역에 확산되었다.

이 사진은 들라크루아가 그린 1830년 7월 혁명 시기를 다룬 「민중을 이끄는 자유의 여신」이라는 작품이다. 자유주의가 널리 확산이 되는 전형적인 모습이다. 민주적인 근대 사회의 건설 운동이 나타나

• 들라크루아의 〈민중을 이끄는 자유의 여신〉

고 자본주의의 발전도 촉진되며 근대 민족주의도 탄생 하는 그래서 국민 국가 성립의 단계로 유럽이 넘어가는 변화의 모습들이 프랑스 혁명의 이념들을 통해 확산이 되었다.

나폴레옹 전쟁

역설적으로 전쟁이 혁명의 이념들을 전파하는 역할을 하기도 했다. 바로 나폴레옹 전쟁이다. 나폴레옹은 혁명이 낳은 체제의 수혜자라고 볼 수 있다. 나폴레옹 자체는 혁명의 계승자도 혁명을 완성한 인물도 아니었다. 개인적으로 그는 궁극주의자, 전제적 지배자였지만 결과적으로 그가 일으킨 전쟁은 프랑스인들에게 위대한 프랑스라는 프랑스에 대한 자부심을 갖게 했다. 지금도 루브르 박물관에 가면 가장 크면서 가장 웅장하게 그려진 두 개의 그림이 있다. 그 중 하나는「샤를마뉴 대제의 스페인 원정」을 그린 그림이고 나머지 하나가「나폴레옹의 대관식」을 그린 그림이다. 이 그림은 로마에 가서 나폴레옹이 대관식을 하는 모습을 멋지게 그려 두었다. 프랑스인들이 가장 자부심을 갖는 두 번의 순간이라고 이야기할 수 있다. 결과적으로 나폴레옹 전쟁을 통해 유럽 국가들에 프랑스 혁명의 이념이었던 자유주의가 전파되고 혁명 군대와 반대편에서 싸우는 각국의 민족주의를 자극하여 결과적으로 자유주의와 민족주의가 확산된 것이 나폴레옹 전쟁의 영향이었다. 나폴레옹 전쟁은 프랑스의 이념을 수출하기도하고 반대쪽에는 민족주의의 감정을 불러일으키기도 한 모습이었던 것이다. 19세기 프랑스 혁명 이후의 유럽 사회에 나타난 시대의 특징이 자유주의와 민족주의 라고 할 수 있다.

1815년에 나폴레옹이 실각하고 나폴레옹 전쟁이 끝난 후 유럽이 전후 처리 문제를 협의하는 과정에서 등장한 체제가 있다. 바로 오스트리아의 메테르니히가 주도했던 비엔나 체제이다. 이 비엔나 체제는 나폴레옹 전쟁 이전의 상태로 유럽을 되돌리자고 하는 것이 기본 방침이며 이를 정통주의라고 했고 이 정통주의는 보수 반동 체제였다. 나폴레옹 전쟁 이후 어떤 국가도 유럽에서 강대국으로 등장하지 못했다. 나폴레옹 전쟁에서 영국의 유럽에 대한 외교 정책이 나타나는데 섬나라였던 영국은 나폴레옹 전쟁이나 히틀러 전쟁처럼 유럽에서 강력한 세력이 일어나면 그 반대쪽을 지원하는 것이 영국의 전

• 테르미도르의 반동과 장군

통적인 대륙 분할 정책이었다. 이 때문에 유럽의 어느 나라도 강대국의 위치를 갖지 못하고 오스트리아, 러시아, 페르시아, 영국, 전쟁에 패한 프랑스 등 5~6개의 국가가 힘이 비슷하다 보니 협상을 통해 힘의 균형을 유지하자는 정치 체제가 나타났다. 국제 정치학에서는 세력 균형 체제라고 부른다. 나폴레옹 전쟁 이후 비엔나 체제에서 메테르니히의 주도에 의한 세력 균형 체제가 나타나는 것이다. 이

체제는 전쟁이나 힘에 의한 평화가 아닌 외교 협상에 의한 평화라고 할 수 있다. 각국의 힘이 비슷하다 보니 어느 한 나라도 외부의 간섭이 두려워 이 힘의 균형을 깨지 못하는 것이다.

20세기에 와서도 닉슨 행정부의 헨리 키신저가 월남전을 끝내며 중국을 국제무대에 불러내서 이 체제를 재현하려는 시도가 있었다. 그 당시 미소 양국 체제에서 미국은 소련의 사주를 받는 월남에서 공산주의 전쟁이 일어났다고 봤다. 헨리 키신저는 5~6개의 비슷한 힘의 중심을 이끌어 내면 미소 양극 체제의 대립도 완화시킬 수 있고 군사적 무력이 아닌 국제 외교력, 정치력으로 평화를 유지할 수 있다고 생각했다. 그래서 중국을 국제무대에 불러내고 전후에 경제가 부흥한 유럽과 일본, 미국과 소련 등의 힘의 중심이 국제 질서를 나누어 갖게 되면 힘에 의한 세력 균형 체제가 가능하다는 차이나 카드이다. 그래서 유엔 상임이사국에서 대만을 쫓아내고 중국을 불러들여 새로운 질서를 모색한 적이 있다.

어쨌거나 이러한 모습이 1815년 이후 19세기의 정치 질서를 결정한 비엔나 체제였다. 비엔나 체제는 강대국에 의한 힘의 균형 체제였기 때문에 약소국들이 독립을 하기 시작하며 이 균형 체제가 무너지기 시작했다. 대표적으로 그리스의 독립, 이탈리아, 독일의 통일이었다. 이러한 과정으로 비엔나 체제의 나폴레옹 전쟁 이전의 상태로 돌아가자는 체제는 서서히 무너지게 되었다. 비엔나 체제의 100년간의 평화가 유럽의 전쟁은 막았지만 그 100년간에 과학 기술이 엄청난 발전을 이루어서 이제 평화로 국가 간의 문제를 해결할 수 없는 상황이 왔다. 그러나 유럽이 그 상황을 제대로 파악하지 못하고 전쟁으로 치달아 갔던 것이 1차 세계대전의 모습이었다. 그러한 이유로 사상자만 1000만 명이라고 하는 엄청난 희생을 치르게 되었다.

진화론

19세기에 프랑스 혁명의 또 하나의 변화 중 하나는 진화론의 등장이다. 학자들은 19세기가 '진화론의 시대'라고 이야기하기도 한다. 1859년, 그 유명한 다윈의 『종의 기원』이 출판되었다. 그림은 몇 년 뒤에 나온 다른 다윈의 책의 삽화이다. 인류가 원숭이에서부터 진화해 온 과정을 그린 그림으로 '진화론'을 잘 보여준다. 이 다윈의 진화론에서는 적자생존의 법칙(자연에 적합한 종만이 살아남는다), 약육강식의 법칙(강자만이 살아남는다) 등을 설명했고 알게 모르게 사회 전반에 확산됐다. 그러면서 인간 사회를 설명하는 이론에서도 변화가 나타났다. 대표적인 것이 '사회 진화론'이다. 사회 진화론은 다윈의 진화론에서 적자생존의 법칙과 약육강식의 법칙을 따와서 '인간 사회도 진화한다'라고 설명한다. 이 이론은 제국주의의 토대가 되었다. 진화론의 시대의 어두운 모습이다. 다윈의 진

• 다윈 책 『종의 기원』의 삽화

화론이 인류의 삶을 밝힌 횃불과 같았다면 사회 진화론은 인간 사회의 어두운 모습의 이론이었다고 할 수 있다. 이 시기는 인류가 '인간 사회는 진화한다'라고 생각하며 진보에 대한 믿음이 발달했던 시기이다. 이런 상황에서 많은 이론들이 등장했다. 대표적으로 콩트가 있다. 콩트는 "역사는 필연적으로 진보한다"라고 말했다. 현재는 역사가 퇴보와 발전을 거듭한다고 보지만 콩트는 퇴보는 없다고 본 것이다. 19세기의 진보에 대한 믿음의 전형적인 모습이다. 사회 진화론의 발전과 더불어 허버트 스펜스가 사회 진화론을 이론화했다.

1859년, 19세기 진화론의 시대에 유럽에서 인류의 역사에 중요한 책 두 권이 나온다. 하나는 다윈의 『종의 기원』이었고, 다른 하나는 칼 마르크스의 『경제학 비판 서설』이었다. 이 책에서 마르크스는 유물사관의 공식을 정식화한다.

역사주의

19세기에 나타난 또 하나의 변화는 인간 사회의 변화를 역사의 선상에 올려두고 파악하려는 태도로 역사주의가 나타났다. 특히 독일에서 가장 크게 발전했다. 독일은 1870년에 근대국가를 만들면서 통일이 이루어지고 국가 형성이 비교적 늦었다. 그래서 국가 발전의 과정을 다른 나라와 비교하려고 하였고, 그 비교 속에서 자국의 국가적 목표가 무엇인지 설정하려고 했다. 이러한 과정에서 역사주의는 국가 중심주의와 연결됐다. 역사주의는 말 그대로 역사적인 접근을 하는 것이다. 이것은 17세기에 이탈리아 '비코(Vico)'에서 시작해서 19세기 '헤겔'에 와서 완성된다고 할 수 있다. 헤겔의 변증법은 전형적인 역사주의의 표현이다. 정(正)이 있는데 모순이 생기면 반(反)이 나타나고 그 사이에 충돌이 일어나서 새로운 합(合)이 된다. 이 합은 또 다시 정이 되어 새로운 정반합이 나타난다. 이러한 역사주의는 이전에 있었던 17세기의 경험론이나 합리론과는 다른 사고방식이다.

역사주의가 하나의 학문으로서 꽃을 피운 것 또한 독일에서였다. 역사학과 경제사 연구에서 19세기에 독일 역사주의학파가 꽃을 피우게 된다. 역사주의 학파의 사고의 특징은 세 가지이다. 첫째는 '역사는 한번 일어나는 사건이다'이라고 역사의 일회성을 강조한다. 둘째는 역사를 개체 단위로 연구하며 역사는 '개체 서설적'이어야 한다고 생각한다. 개체는 일종의 기본 단위이다. 여기서 개체는 개인, 국가, 민족이 될 수도 있다. 이렇게 일회성 사건이 단위 별로 이루어진다고 생각하다 보니 보편적 진리가 도출 가능한 것은 아니었다. 그래서 셋째로 '역사연구는 상대적 진실을 밝힐 수밖에 없다'라고 역사의 상대주의를 강조한다. 역사 연구는 과거에 대한 연구에서 끝나고 과거와 현재, 미래는 관계가 없다고 생각했다. 이러한 독일의 역사주의 때문에 독일이 1차 세계대전과 2차 세계대전을 일으킬 때 역사가들이 아무 말도 하지 않았다고 비판한다. 독일 역사가 나아가야 할 방향에 대해 아무 말도 하지 않았다는 것이 독일 역사주의의 한계라고 보는 것이다.

20세기에 와서는 이러한 역사주의 학파의 단점을 극복하려는 새로운 접근 방법으로 '신 역사주의'라고 부르는 학파가 영국에서 나타났다. 대표적인 인물로는 옥스포드 대학의 Collingwood, 캠브리지 대학의 E.H.Carr이다. 이 신역사주의학파 학자들은 역사가 '현재와

밀접한 관련을 맺어야 한다'라고 말한다. 역사가 현재에 발을 딛고 있는데 왜 현재의 문제의식이 역사 연구에 반영되지 않겠냐고 되물으며, E.H carr는 '역사를 현재와 과거의 대화'라고 정의 내린다. 독일의 '국민경제학파' 역시 역사주의의 영향을 받았다. 1870년대에 독일이 통일된 이후 국민경제학파가 발달하였으며, 이들의 관점은 미시경제 수준이 아닌 거시적 시간의 좌표 위에서 국가의 발전 단계를 규정짓는 역사적 접근 방법이었다. 이러한 방식이 국민경제학파의 사고 방식이었고 이러한 생각은 당연히 국가중심주의, 국가주의의 발달로 연결됐다. 국가주의가 심해지면 국민국가건설운동으로 연결되고, 배타적 민족주의도 발달하게 되며 폐쇄적으로 다른 민족이나 다른 국가를 거부하는 폐단이 나타나게 된다. 바로 이런 모습이 1차 대전이 발발하는 1914년의 유럽에서 너무 많이 나타났다. 즉 1차 세계대전은 폐쇄적 민족주의의 폐단에 의한 민족주의 전쟁이었던 것이다. 독일에서는 2차 세계대전의 주역이었던 히틀러 같은 사람들에 의해 인종적 민족주의로 발전한다. 독일 민족이 가장 우월한 민족이라고 하는 아리안족의 우월성을 강조하는 나치즘이 발전한다. 이 나치즘은 뜻하지 않은 국가주의와 민족주의가 낳은 비극이었다. 인류는 이제 이러한 편협한 이데올로기들을 극복해야 한다. 이것이 인류의 앞으로의 삶의 과제라고 할 수 있다.

과학과 예술

19세기에는 유럽의 과학과 의학이 놀라울 정도로 발전했다. 인류의 삶은 19세기에 올 때까지 평균 수명이 40세 정도밖에 되지 않았다. 현재는 평균 수명 80세에, 곧 100세 시대를 맞이한다. 1800년 무렵 지구상의 인구는 10억 정도이지만, 오늘날은 불과 200년 사이에 70억, 75억을 바라보는 상황으로 변했다. 이 모든 것이 19세기에 일어난 의학의 발달에 의한 것이다. 퀴리 부인, X선의 발견 등이 모두 19세기였다. 사람들이 사물을 인식하고 표현하는 예술사조에서도 사실주의, 자연주의의 발달, 인상파의 발달도 19세기 유럽에서 나타나서 전 세계로 확산되었다. 이렇게 19세기는 역사학의 시대, 진화론의 시대, 인권의식이 발달하는 시대, 민족주의의 시대, 사실주의의 시대 등 다양한 큰 변화들을 경험한 시대로 정의된다.

지나간 미래와 다가오는 교훈 • • • 4

이야기 하나

현대로 가는 길목

1. 19세기의 지적 조류

여기서는 19세기의 예술, 그중에서도 19세기의 미술에 대해서 살펴보려고 한다. 19세기는 어찌 보면 여러 가지로 풍성했던 시기였다. 사상적으로나 과학기술의 발달에서나 예술에 있어서도 상당한 발전이 있었던 시기였다. 예술의 중심에 미술의 발전이 있었고 바로 사실주의와 인상파의 등장의 시대라고 이야기를 할 수 있다. 특히 인상파 미술이 지금도 우리의 많은 사랑을 받고 있지만, 이 외에도 19세기에는 많은 작품들이 만들어졌다. 그래서 여기서는 19세기의 사실주의를 살펴보고 후기 인상파에 대해서 전체적으로 살펴보고 그 속에서 인상파 중에서도 새로움을 추구한 예술가들인 밀레, 클림트 그리고 뭉크에 대해서 좀 살펴보도록 하겠다.

19세기에 나타난 미술 화풍의 대표적인 특징의 하나는 사실주의이다. 사실주의는 그 예전의 아카데미즘 화풍의 정형적인 그림을 그려야 하는 것과 비교한다면 있는 그대로 현실을 그리려고 했다. 그래서 사실주의라고 한다. 바로 이 사실주의 화풍은 19세기 중엽 프랑스 혁명 이후에 7월 혁명, 2월 혁명, 프러시아에서 2월 혁명이 일어났으나 많은 개혁들이 실패하자 현실에 대해 불만이 쌓이게 되었다. 지금의 있는 현실 그대로를 작품으로 그리고 한편으로는 고발을 시도하려고 했던 작품들이 많이 나타나면서 등장했다.

이 리얼리즘 시대의 대표적인 작품은 이른바 1850년에 사실주의를 연 화가라고 평가를 받는 쿠르베의 작품이 대표적이다. 특히 1850년에 「오르낭의 매장」이라는 작품은 마치 사진 찍은 듯하다. 장례식 풍경을 이렇게 사진을 찍은 듯이 그려 놓았다. 그 당시만 해도 왜 이런 그림을 그리는지 이해하지 못한다는 평이 많았다. 쿠르베가 이야기하기를 꿈이 없는 현실을 그리는 것이 중요하다고 생각한다고 했다. 그리스 조각이나 르네상스 작품을 보듯이 이상화해서 그리는 게 아니라 있는 그대로 눈에 보이는 그대로 꾸밈이 없는 현실을 그리는 것이 중요하다고 했다. 쿠르베의 「화가의 아틀리에」 같은 작품에도 여전히 잘 나타난다. 화가의 아틀리에가 가운데에 그려져 있고 오른쪽에는 부유한 사람들 왼쪽에는 가난한 사람들을 있는 그대로 그렇게 묘사를 하여 말 그대로 사실주의 작품이다. 또 이런 종류의 작품이 그 당시에 드미에 작품에도 나타나는데 대표적으로 3등

• 귀스타브 쿠르베의 〈오르낭의 매장〉

• 오노레 도미에의 〈3등열차〉

열차의 3등칸의 묘사이다. 한눈에 봐도 상당히 열악한 조건의 객실인 삼등칸을 그렸는데 요샛말로 무슨 인증샷 비슷하다. 이런 사실주의 화풍은 나중에 현실에 있는 사회 현상 묘사에서 자연에 대한 사실적인 묘사로 이행을 하면서 파리 근교에 있는 바르비종에서 그 많은 화가들이 활동을 하게 된다. 그 대표적인 사람은 역시 마네겠지만 이후 바르비종에서 자연을 그린 많은 작품들을 가리켜 바르비종 화파라고 부른다. 바르비종 화파에서 풍경화를 그리기 시작하면서 서서히 인상주의로 발전하기 시작한다. 사람이나 정물을 가만히 세워 놓으면 변화가 없지만 바깥에 가서 그림을 그리면 자꾸 바뀐다. 햇볕의 방향도 바뀌고 바람도 바뀌니 어느 순간에 딱 받은 그 인상을 중심으로 그리게 되었다. 이제 풍경화로부터 인상주의 화풍이 발생하기 시작한 것이다. 사실주의는 예전에 정형화된 작품에서 이제 좀 더 사실 그대로를 그리고 거기에서 어떤 순간의 인상을 중심으로 그린 작품으로 넘어가는 과정의 중간 단계에 있었다. 그래서 사실주의는 우리 주변에 항상 있는 건데 사람들이 무심코 잘 깨닫지 못하는 순간을 스냅사진 찍듯이 캐치를 해서 우리에게 일깨워 주는 그런 역할을 했다. 이것이 사실주의 시대의 특징이다.

19세기 회화하면 가장 대표적인 것이 인상주의라고 할 수 있다. 20세기까지 아주 중요한 특징을 보여주는 화풍들이다. 인상파의 특징은 어떤 고정된 것을 깨뜨리고 새로운 시도를 한 작품들이다. 특히 19세기 중반 프랑스에 아케디미즘 화풍, 즉 정형화된 고정관념을 깨뜨리고 새롭게 시도된 작품들이 등장하는데 가장 처음한 사람은 마네였다. 마네의 「풀밭 위의 점심」은 파리의 살롱에서 전시가 되자 당시에 엄청난 비난을 받았다. 작품 자체가 옷을 다 벗은 여성 주변

• 마네의 〈풀밭 위의 점심〉

• 모네의 〈인상: 해돋이〉

에 남자들이 둘러서 있는 점심 풍경을 그려서 당시에는 외설스럽다고 생각해 상당히 많은 비판을 받았다.

한편으로는 당시 미술계의 센세이션을 불러일으킨 작품이었다. 언제나 새로운 작품이 시도되면 항상 기존의 것에 익숙했던 평론가들은 혹평하고 비평하는데 마네의 작품도 마찬가지였다. 그러나 그 당시에 프랑스에 뭔가 새로운 것을 그리고 싶고 새로운 것을 담고 싶은 시도를 하고 싶은 그런 젊은 화가들에게는 바로 이 마네의 작품들이 정말 새롭게 와 닿았고 곧 마네 열풍이 일었다. 그래서 모네나 르누아르가 젊은 작가일 때 정말 마네는 그들의 선구자이고 영웅이었다. 바로 이러한 데서 인상주의가 등장한다. 인상주의라는 말은 모네의 작품에서 시작된다. 모네는 말년에 부유해지고 정원을 잘 꾸며 놓아 지금도 파리 여행을 가면 베르사이유와 함께 모네의 정원도 많이 찾는다. 모네 말년에 정원에 핀 아름다운 수련들이나 풍경을 많이 그리는데 모네의 작품에서 인상파라는 이름이 유래하게 된다. 모네는 빛이 변하는 현상들에 대해 아주 관심이 많았다. 그래서 모네는 똑같은 장소에서 그림을 그려도 시간과 날씨에 따라 다른 그림을 그렸다. 모네의 그 유명한 작품 「인상: 해돋이」라는 작품은 강가에 해가 뜨는 모습에 대한 인상을 그린 작품인데 여기서 인상파라는 이름이 유래되었다. 모네의 「인상: 해돋이」가 처음 그려졌을 때도 아주 혹평을 받았다. 왜냐하면 사실적이 아니었기 때문이다. 해가 뜨는 장면을 묘사를 했는데 사실적이지 않았다. 분명히 새로운 시도였을 것이다. 인상파 작품을 완성하고 사람들에게 가깝게 다가간 사람은 르누아르다. 르누아르 자신이 그림은 즐거워야 한다는 생각을 가지고 있던 사람이라서 좀 더 아름답고 따듯하고 평화롭게 그리는 그

• 르누아르의 〈갈레트 무도회장〉

• 르누아르의 〈세느강에서의 점심〉

림들을 그렸다. 정말 빛의 예술가라고 하는 르누아르의 작품들이다.

이렇게 르누아르, 드가, 세자르, 세잔느로 이어지는 인상파의 흐름이 이어진다. 이들의 공통된 특징은 "그림은 한 가지 틀에 맞추어서 그려져야만 한다"는 이른바 아카데미즘의 미술 양식을 완전히 탈피해 그림을 표현하는 데 개개인의 자유와 개성, 그리고 다양성에 상당한 의미를 부여했다. 이런 화풍은 문학과 음악에도 영향을 미쳤고 인상파 음악 드뷔시의 〈달빛 인상주의〉가 그 예이다. 이렇게 여러 다양한 분야의 예술에 영향을 미치는 것이 인상파라고 할 수 있다. 그 내용을 좀 더 몇몇 화가들을 중심으로 한번 살펴보도록 하자. 르누아르가 그린 「갈레트 무도회장」이 몽마르트 언덕 올라가는 길에 있다. 지금은 풍차 같은 것이 많은데 예전에 무도회장이 있었고 파리의 캉캉 춤은 바로 이 무도회장에서 나왔다. 당시에 갈레트라는 무도회장이 제일 유명했고 바로 갈레트의 무도회장에 대해서 그린 그림이 르누아르의 아주 유명한 작품이다. 1876년 작인데 이 그림을 그리기 위해서 르누아르는 몇 달을 무도회장을 갔다고 한다. 작품에 등장하는 사람들이 르누아르의 친구들이라고 한다.

르누아르의 「세느 강에서의 점심」이라고 하는 또 다른 작품이 있는데 거기에도 몇몇 사람이 등장한다. 르누아르의 단골 모델인 셈인데 작품을 보면 나타나는 특징들이 있다. 얼굴과 옷에 얼룩덜룩한 자국은 나무 사이로 햇빛이 비쳐서 나타나는 그 모습을 이렇게 묘사를 했다. 밝은 낮을 묘사하는데 파리는 아주 적당한 기후였다. 영국에 있다가 파리로 넘어오면 상당히 화사하고 밝다는 느낌을 받는데 이탈리아 쪽으로 내려오면 훨씬 더 밝다. 마치 약간 빛바랜 듯한 느낌을 준다고 하면 파리는 일조량이나 색감 같은 것이 아주 적절하다. 그래서 어찌 보면 사실주의나 인상주의 작품들이 발달했던 19세기에 파리가 문화적으로 앞서 있었던 이유도 있지만 기후나 이런 요건에서도 우리가 보는 아름다운 작품이 많이 나올 수 있는 날씨나 환경 조건을 가진 듯하다. 스페인 같은 경우는 작품들이 아주 어두운데 스페인 마드리드에서 톨레도로 버스를 타고 여행을 해 보면 거기는 정말 하늘과 땅이 맞닿아 있어서 막 해가 지거나 하면 아주 어둡다. 그래서 스페인의 어두운 그림들은 지형과 자연하고도 관련이 있다. 그러나 르누아르 작품에 나타나는 세느강에서 두 명의 여성이 보트 타는 작품은 햇빛이 튕기는 느낌을 준다. 정말 강이 찰랑찰랑 햇빛을 탁 튕기는 모습을 붓으로 묘사해 내어 감동을 준다. 르누아르의 작품들은 상당히 편안하고 평화롭고 밝고 따듯하다. 전체적인 색감 처리도 그렇다. 사람들 표정도 밝아 보는 사람을 편안하게 만드는 작품이다. 감미롭고 따듯한 색채로 정말 행복한 파리 시민들의 평범하지만 행복한 일상을 스냅 사진 찍듯이 찰칵 그려 놓은 모습은 어느 순간 자기가 느꼈던 그 인상을 찰칵 그려 놓은 것이다. 르누아르는 평생 슬픈 그림을 그려본 적이 없는 사람이다. 정말 삶의 기쁨과 행복을 그리는 화가, 정말 르누아르의 작품답다. 르누아르의 작품은 인상파 작품의 절정이라고 할 수 있다. 인상파는 말 그대로 그 순간을 포착하는 것이기 때문에 빛이 와서 부딪히는 그 순간을 포착하는 그것이 생명이다.

그 다음은 밀레이다. 밀레는 말 그대로 좀 더 사실주의적이다. 그래서 19세기 화가의 아주 대표적인 사람이 밀레라고 할 수 있다. 농촌을 그리고 농부들을 그린, 농부의 화가라고 불리는 밀레의 작품이다. 나중에 밀레는 말년에 바르비종, 파리 분교에 있는 바르비종에 가서 거기서 풍경을 많이 그려서 '바르비종 회화파'를 만들어 낸 사람이다. 말 그대로 자연주의의 사람이다. 밀레가 다른 자연주의 화가들과 다른 점은 자연을 그리면서도 작품의 중심은 사람이었다. 배경은 풍경이고 자연이지만 중심은 사람이라는 메시지가 담겨 있다.

밀레의 대표적인 작품인 「이삭줍기」나 「만종」들이 그러한 모습이다. 밀레의 「이삭줍기」를 봐도 정말 풍경에서 소박하고 따듯한 평화로움이 느껴진다. 농부 아낙네들의 숭고함과 아름다운 모습을 묘사한 작품으로 보이지만 실제로는 밀레의 「이삭줍기」는 정말 가슴 아픈 모습도 담고 있다. 아낙네들이 추수가 끝난 다음에 먹을 것이 없어서 끼니를 때우기 위해서 들판에서 이삭을 줍고 있는 장면이다. 그 장면을 상당히 숭고하고 아름답게 묘사해서 정말 목가적인 풍경으로 보이지만 실제로는 상당히 가슴 아픈 현실이다. 멀리 보이는 말을 타고 있는 감독관과 하층민들이 대비가 된다. 밀레는 감독관은 조그맣게 그렸다. 중심이 되는 것은 가난한 하층민 농부 아낙네들이므로 밀레는 가난하고 비참한 이런 하층민의 삶을 자신만의 시각으로 겸허하고 평화롭게 완성한 화가이다.

또 하나 밀레의 대표적인 작품은 「만종」이다. 「만종」은 저 멀리서 종소리가 들리는 해지는 들녘의 풍경에서 아주 상당히 평화롭게 감사의 기도를 드리고 있는 모습이다. 이것이 일방적인 해석이었는데 스페인의 살바드로 달리는 이 작품을 다른 사람들하고 다르게 해석했다. 그림 가운데 보면 바구니가 있는데 대부분 바구니에 있는 것을 들판에서 캔 감자라 생각한다. 감자 캔 것을 가운데 놓고 감사의 기도를 드리는 평화로운 모습으로 생각한 것이다. 그러나 살바드로 달리는 바구니에 있는 것이 감자가 아니라 죽은 아기 시체라고 했

• 밀레의 〈이삭줍기〉

• 밀레의 〈만종〉

다. 즉 이 농촌 부부는 가난했고 그 가난 때문에 아기가 굶어 죽어서 죽은 아기를 위해서 기도하는 장면이라는 전혀 다른 해석을 내놓았다. 그래서 사람들이 달리의 해석은 엉뚱하다 해서 잘 믿지 않았는데 실제로 「만종」을 엑스선 촬영을 해서 조사해 보니 감자가 아닐 가능성이 있다는 의견이 나왔다. 네모난 박스에 뭔가 담겨 있는 그런 모습들이 묘사가 되어 있어서 지금은 조금 조심스럽게 살바드로 달리의 해석에도 힘이 실리고 있다. 어쨌거나 밀레의 작품은 가난한 농민들의 생활을 더하지도 빼지도 않고 가감 없이 그 농촌에 있는 모습을 사실 그대로 그리고 있다.

밀레는 상당히 명성 있는 작가이지만 「만종」과 「이삭줍기」는 루브르 박물관에 있지 않고 기차역을 개조한 오르세 미술관에 전시되어 있다. 밀레의 따듯한 시선, 가난한 사람에 대한 따듯한 애정을 느낄 수 있는 그런 작품이라고 할 수 있다. 밀레는 명성은 있었지만 상당히 오랫동안 가난하게 살았기 때문에 농민들에 대해 따뜻한 시선을 가지고 있었고 아주 평화롭고 아름답게 작품으로 묘사해 냈다. 밀레 작품이 좀 더 사실주의적이고 자연주의적이라고 한다면 또 한 사람은 19세기 후반에 대표적인 사람으로 클림트가 있다.

클림트는 후기 인상주의에 속한다고 할 수 있는데 클림트의 아주 유명한 대표적인 작품이 「키스」이다. 그림을 보고 있으면 금박을 입혀 놓아서 그런지 빨려 들어갈 것 같은 화려함을 가지고 있다. 화려함과 화사함, 그리고 작품 속에 빨려드는 매력을 지닌 것이 클림트의 「키스」라는 작품인데 오스트리아 국립미술관의 대표작이다. 클림트에 대해선 잘 알려진 게 없는데 클림트는 자신이 유명해지니까 "나를 알고 싶으면 내 그림을 봐라"라고 말했다고 한다. 클림트

• 클림트의 〈키스〉

• 뭉크의 〈절규〉

는 인터뷰도 한 적이 없고 자기 자신에 대한 전기 같은 것을 쓰지도 않았다. 클림트는 1862년에 빈에서 태어났는데 아버지가 금은 세공사였다고 한다. 그래서 자신 역시 젊었을 때 금은 세공일을 했다. 이 때의 경험이 작품에서 화려한 금박으로 표현된 것이다. 클림트의 작품을 보면 비잔틴 예술이 떠오르기도 한다. 하여튼 클림트는 자신만만했고 독창성이 있었다. 독창성이 있다는 것은 재능을 가지고 있다는 이야기인데 클림트 역시 그런 화가였던 것으로 알려져 있다. 클림트는 독창적인 작품들로 후에 돈과 명예를 얻는데 빈을 중심으로 빈 분리파라고 하는 화가 모임들을 결성해서 유럽의 다른 파들과는 또 다른 빈 분리파 화풍을 추구하기도 했다. 그래서 클림트의 작품 가운데 역대 최고가 중 세 번째 가격의 작품도 있고 10위권 안에 드는 작품들이 몇 개 있다고 알려져 있다. 그러다 보니 클림트 사후에 유산에 대한 소송도 많이 일어났다. 클림트가 죽고 난 다음에 열네 명의 친자 확인 소송이 벌어졌다고 한다. 그중에 실제 네 명은 친자식으로 밝혀졌다고 하는데 베일에 싸여 있는 화가 클림트는 정말 화려하고 찬란한 작품을 남겼다. 「키스」 역시 보고 있으면 마치 작품의 주인공이 되는 착각을 일으키는 작품이라 할 수 있다.

다음은 뭉크에 대해 이야기해 보자. 노르웨이의 화가 뭉크도 후기 인상주의에 속한다. 유명한 작품은 「절규」이다. 이 작품은 너무도 유명한 데 뭉크의 일기에도 「절규」에 대한 자신의 진솔한 기록이 나온다. "어느 날 나는 친구들과 산책을 하고 있었다. 그때 해가 지기 시작하며 갑자기 하늘이 피처럼 빨갛게 바뀌었다. 나는 극도의 피로를 느껴 난간에 기대어 섰다. 피와 불의 혓바닥이 검푸른 형태로 도시를 뒤덮고 있었고 낭떠러지 위로 구름은 핏빛이었다. 친구들은 계속 걸었지만 나는 공포에 떨며 멈추어 섰다. 그때 난 절규를 들었다." 뭉크의 일기에 나오는 기록인데 이것으로 미루어 본다면 뭉크의 「절규」라는 작품은 어느 날 노을이 지는 노르웨이의 상당히 아름다운 해변에서 다른 사람들은 다 아름답게 느끼고 산책하며 즐기지만 뭉크는 어느 순간에 공포감을 느끼고 자기 귀에 무서운 소리를 듣고 귀를 막고 공포에 떨며 절규하는 경험을 그린 것이다. 다른 사람들은 다 아름답게 본 자연을 마치 자연이 절규하는 것처럼 소리를 지르는 것을 듣고 귀를 막고 있는 그런 뭉크의 모습이다. 그래서 뭉크 역시 작품이 독특하다. 뭉크는 아버지가 의사였는데 가난했었나 보다. 그런데 그 아버지마저 다섯 살 때 죽었다고 한다. 그래서 뭉크는 평생을 병치레를 하고 허약해서 병과 죽음이 항상 함께 한다는 생각을 스스로 하고 있었던 사람이라고 한다. 뭉크의 다른 작품들도 병든 소녀라든지 아니면 병실에서의 죽음의 장면과 같은 그런 작품인데, 정말 할로윈데이의 핏기 없는 가면을 쓴 것 같은 방문객들의 모습이 정말 을씨년스러울 정도로 섬뜩하다. 뭉크에게는 작품의 주제가 죽음, 상실감, 그리고 슬픔으로 이것이 작품 전체를 짓누르고 있다고 얘기할 수 있다. 그래서 뭉크는 자기의 다른 기록에서 질병과 광기 그리고 죽음 이것들은 항상 자신의 침대를 지키는 천사였다고 남길 정도로 상당히 어려움을 겪었던 사람이었다. 나중에는 요양원에서 정신병 치료를 받기도 했다. 그래도 뭉크는 "나는 정신병을 고치고 싶지 않다. 왜냐하면 내가 이런 생각이기 때문에 남들과 다른 작품을 그리니까. 나는 화가이니까 남다른 작품을 그리기 위해서 정신과 치료를 받고 싶지 않다"라고 이야기했다고 하는데 조금 독특한 정신세계를 가지고 있었던 사람임에 틀림없다. 뭉크의 작품은 유명한 대작이 되어서 그 모습 자체가 지금은 신기하게 와 닿지만 이런 식으로 사람 형태를 많이 그렸다. 뭉크가 처음 작가로 데뷔하려고 베를린에서 전시회를 할 때 50개 정도의 작품을 전시를 했는데 사람들에게 혹평만 받고 일주일 만에 철수했다고 한다. 그런데 바로 그 뭉크가 현대로 넘어오는 19세기말 20세기 초 노르웨이를 대표하는 작가가 될지는 아무도 몰랐다. 그래서 지금도 뭉크 탄생 백주년 기념으로 1963년에 오슬로에서 뭉크 미술관을 개장했고 그곳에 뭉크의 「절규」가 전시되어 있다. 오늘날에는 뭉크의 작품이 현대인의 고뇌를 정말 잘 표현한 작품이라는 호평을 받고 있다. 인간 소외라고 하는 것을 심리학적으로 다룬 심리학적으로 분석하고 인정하고 다룬 작품이라고 현대에 와서 새롭게 평가받고 있다. 이러한 모습들이 19세기 회화의 다양한 모습들이다.

지금까지 19세기 회화의 다양한 모습을 살펴보았다. 인상파, 후기 인상파의 작품들이 상당히 인상적이지 않은가? 그리고 우리가 알고 있던 밀레나 클림트, 뭉크의 작품들이 우리가 알고 있던 것과는 다르게 또 다른 해석들이 있었음을 알게 되었다. 그래서 이 작품들을 보면 정말 멋지게 잘 그렸다고 느껴지는가? 답은 글쎄이다. 유명한 화가가 된다는 것은 잘 그린다기보다는 새롭게 그린 사람들, 남들과 다르게 그린 사람들이라는 것이다.

개성을 추구했던 후기 인상파의 작품들은 잘 그려서가 아니라 새로움을 추구해서 유명해졌다. 이렇게 명장이 된 예술가들을 보면 지금 우리가 사는 시대에서도 무엇이 중요한가 한번 다시 생각해 보게 만든다. 정말 새로움을 추구하는 그런 도전정신을 19세기 회화에서 느낄 수 있다.

2. 독일 통일과 국민국가의 시대

19세기 국민국가 시대의 독일 통일에 대해서 살펴보자. 역사에서 보는 프로이센과 19세기의 통일 과정, 그리고 통일 이후의 비스마르크의 정책의 변화를 보게된다. 그리고 이탈리아 통일과 비교해 1870

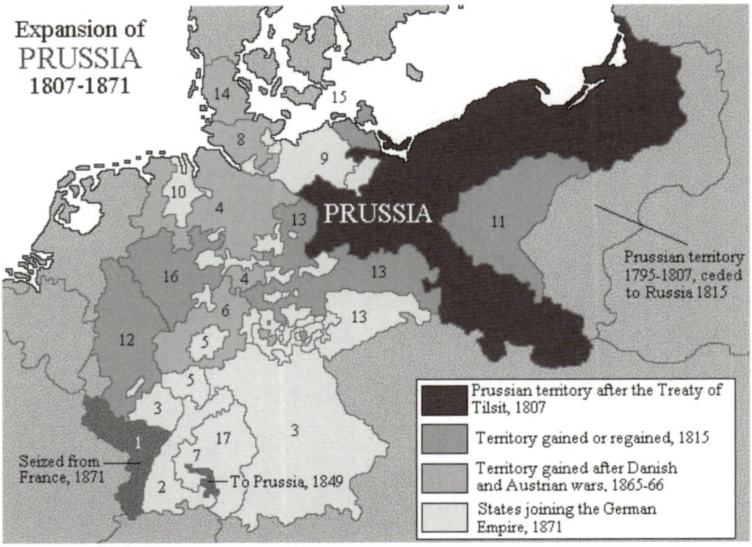

• 프러시아의 팽창(1807–1871)

년 독일 통일을 살펴 보고, 1989년 사회주의권의 몰락 및 베를린 장벽의 붕괴에 의한 20세기의 통일을 비교해본다. 19세기 독일 통일의 중심에는 프러시아가 있었다. 영어로는 프러시아, 독일어로는 프로이센인 19세기 프러시아의 출발점이 되었던 것은 17세기 빌헤름 시대였다. 빌헬름에 의해서 프로이센 중흥의 기초가 놓이게 되었는데, 빌헬름은 엘리트 관료들을 등용하는 제도를 채택하고 전문 기술자, 지식인을 우대하고 존중하는 국가 정책을 실시해서 프로이센 산업과 프로이센 중흥의 기초를 놓았다. 프로이센은 지도에서 보듯이 동쪽의 동프로이센이 있는 폴란드 지방에서부터 서쪽으로 오늘날의 베를린이 있는 지역까지 확장되는 모습을 가지고 있다.

프로이센의 팽창과정은 19세기의 비스마르크 시대의 역사라고 볼 수 있다. 독일 통일 과정의 첫 번째 배경은 1833년 프로이센 중심으로 뭉쳐지게 된 것이다. 1848년 오스트리아의 메트리니히의 보수반동 체제에서 독일의 자유주의 통일의 시도가 있었지만 1848년 혁명은 실패하게 되었다. 가장 큰 이유는 반(反)부르조아를 지향했기 때문인데 독일에서는 부르조아가 융커 계층이어서 스스로 자기의 팔을 자를 수 없으니 부르조아 혁명이 성공하기 힘들었던 것이다. 그래서 칼 마르크스가 이런 과정을 보고 독일에서는 부르조아 혁명이 성공할 수 없다는 얘기를 했던 것이다. 독일 통일은 다음 시대로 넘어가게 되고 그것을 담당하는 비스마르크라는 인물이 등장한다.

독일 통일 과정의 2단계는 비스마르크가 중심이 된다. 비스마르크는 지주 계층 출신인 융커 계층 출신이고 기본적으로 자유주의에 반대하고 국가와 왕에게 충성하는 보수주의자였다. 그래서 1848년 혁명도 반대를 하는 모습을 보인다. 빌헬름 1세는 1861년 즉위하자 염두에 두었던 비스마르크를 수상으로 임명한다. 말하자면 비스마르크의 보수주의적인 코드가 빌헬름 1세의 정책과 부합했던 것이다. 수상이 된 비스마르크의 가장 큰 과제는 바로 의회를 중심으로 한 진보주의자들과의 갈등이었다. 비스마르크는 의회에서 빌헬름 1세가 추진하려고 한 군비확장정책을 의회의 연설을 통해서 뒷받침했다. 비스마르크의 유명한 연설인데 잠깐 한번 읽어 보자.

비스마르크는 이렇게 이야기한다. “연설이나 과반수의 찬성만으로 우리의 당면한 문제가 해결되지는 않습니다. 그것이 1848년과 49년의 우리의 실수였습니다. 문제 해결은 무엇보다도 철과 피를 통해서 가능한 것입니다.” 이른바 비스마르크의 철혈정책인데 바로 철이란 국가의 힘을 키워야 한다는 것이고, 피는 국민들의 희생이 필요하다는 것이다. 비스마르크의 철혈 정책이 연설에 나타나게 되고, 비스마르크는 진보주의자들의 반대를 무시하고 빌헬름 1세와 함께 군비확장정책을 강력하게 추진한다. 내부적으로 국가의 힘을 키우고 이러한 과정을 거친 다음에 비스마르크는 덴마크와 갈등이 생긴 슐레스비히 홀슈타인 문제를 해결하기 위해서 오스트리아를 끌어들인다.

오스트리아와 연합을 해서 바로 덴마크에 대한 군사 행동을 즉각 전개를 해서 두 공국을 쉽게 획득하는 과정을 겪는다. 이러한 과정을 보면 비스마르크는 강력한 힘의 행사에 의한 이른바 강경파이기도 하지만 또 한편으로는 오스트리아를 끌어들이고 그것이 가능하다고 판단한 외교적인 안목도 있었던 인물이다. 그래서 1866년 오스트리아와의 전쟁에서 승리하고 1870년 보불 전쟁에서의 대승리를 통해서 프랑스를 굴복시킴으로써 독일 통일을 반대하는 주변의 강력한 세력을 모두 제거했다. 그래서 독일 통일이 가능하게 되었다.

1871년 1월 18일 빌헬름 1세는 바로 프랑스의 절대왕정의 본산이었던 베르사이유 궁전에서 70여 개의 거울이 햇빛을 반사하고 있는 '거울의 방'에서 독일 황제로 즉위식을 거행했다. 이른바 독일의 제2제국의 탄생이다. 흔히 제1제국을 962년의 오토 대제의 신성 로마제국이라고 하지만, 신성 로마 제국은 황제가 거처도 없이 떠돌아다니는 정말 이름만의 제국이었고 오늘날 우리가 보는 독일, 진정한 독일의 탄생은 제2제국의 탄생에서 부터라고 할 수 있다.

이렇게 통일된 이후에도 비스마르크는 계속해서 수상직을 역임하는데 통일 이후에 비스마르크의 정책은 변화한다. 독일 제국의 총리로서 비스마르크는 우선 현상유지정책, 평화유지정책을 실시한다. 과거와 같은 팽창정책이 아니라 국제적으로는 현상을 유지하는 평화유지정책을 실시하고 프랑스에 대해서는 고립정책을 추진한다. 그 과정에서 삼제동맹, 독일-오스트리아 동맹, 삼국 동맹 그리고 이중보호조약 등 집단동맹체제에 의한 동맹과 협상관계의 조약들을 체결해 나가면서 프랑스를 고립시키고 반영국적인 정책들을 추진한다. 1877년 러시아와 투르크 전쟁이 벌어지자 베를린 회의를 추진해서 국제 사회에서 공정한 중계자임을 마치 예전에 비엔나 체제의 메트르니히가 추진했던 것과 같은 현상유지의 세력균형 정책을 비스마르크는 추진한다. 이게 비스마르크의 통일 이후의 변화한 정책의 모습이다.

대외적으로 현상유지 정책과 함께 비스마르크는 국내의 경제 발전과 함께 사회보장 정책을 추진하게 된다. 사회주의자들이나 남부 독일 지역의 카톨릭교도들과의 갈등이 유발되어서 문화투쟁이나 사회주의자 진압법 같은 정책들이 나타나게 된다. 그 과정에서 슈물러 같은 이른바 강단사회주의자들의 사상을 부분 도입해서 사회보장법을 추진하기도 한다. 그래서 위로부터의 사회보장 정책을 추진함으로써 한편으로는 좌파가 단결하는 과정을 막아내는 아주 노련한 정책의 모습을 비스마르크가 보여준다. 이후, 빌헬름 2세가 즉위하면서 아주 강한 독일, 즉 독일이 이제 현상 유지에만 머물 것이 아니라 세계 식민지 획득을 위한 '세계 정책'으로 나가야 한다는 정책과 충돌하게 된다. 1890년 비스마르크 사임 이후에 빌헬름 2세 주도의 팽창정책이 또 한편으론 1차 세계대전으로 이어지는 유럽의 긴장을 유발하게 된다. 한편 세력 균형정책을 유지하려는 비스마르크와 식민지 획득을 위한 세계 팽창을 추진하는 빌헬름 2세의 갈등 속에서 비스마르크가 사임하고 이후 1차 대전으로 가는 갈등, 긴장 관계가 나타나서 비스마르크의 대한 재평가, 즉 비스마르크의 판단이 옳았다는 새로운 해석이 나타나게 된다.

이탈리아 통일과 독일 통일의 공통점 세 가지 정도를 이야기할 수 있다. 첫 번째, 이탈리아의 통일이 비스마르크에게는 독일 통일에 대한 하나의 롤 모델이었다. 말하자면 이탈리아에서 카부르가 했던 정책을 사실은 비스마르크는 많이 따르려고 해서 공통점도 많았다. 이밖에 국내에 통일운동이 지속적으로 존재했다는 사실이다. 두 국가 모두 다 통일을 바라고 있었다. 두 번째는 통일운동의 구심점이 존재했다는 것이다. 중심 국가로서의 샤르데냐 왕국과 프로이센이 있었고, 통일 의지를 지닌 리더와 현실정치가들이 있었다. 그 중심으로 따진다면 샤르데냐의 수상 카부르와 프로이센의 수상 비스마르크 같은 인물을 들 수 있다. 물론 샤르데냐의 엠마뉴엘레 2세, 그 다음에 프로이센의 빌헬름이란 황제들의 역할도 들 수 있다. 여기서 통일 의지를 지닌 지도자들이 있었다는 것은 대단히 중요한 부분이다. 세 번째, 두 나라 모두 외세의 개입을 물리치고 통일을 이룩했다는 것이다. 이러한 점이 상당히 공통된 특징이다. 바로 '하나의 민족은 하나의 국가를 이루어야 한다'는 민족국가 지향의 통일운동이었다.

이제 19세기와 20세기의 독일 통일을 비교해 보자. 먼저 공통점이라고 한다면 어쨌든 외세의 개입이 없어야 하고, 최소한 통일을 반대하지 말아야 한다는 것이다. 즉 통일을 반대하는 세력의 제거나 묵인이 있어야 한다는 것이다. 헬무트 콜의 동방정책도 바로 이러한 모습에서 비스마르크의 정책과 비슷하게 나타난다. 한편, 19세기 통일운동과 다른 점이라고 한다면 독일 내에서 통일을 바라는 세력들

• 동·서 베를린을 막고 있던 장벽을 전시

• 냉전시대의 베를린의 동서 분단 경계선

의 합의점이 마련되어 있지 않았다는 것이다. 20세기 통일은 우선 동서독이 이데올로기적으로 분열돼 있었고 사회주의권의 공동 몰락이 먼저 선행하고 난 다음에 통일이 가능했던 것이다. 두 번째 독일 통일 과정의 현실을 보여주는 사진이다. 이 사진은 독일을 막고 있던 장벽을 전시해 놓은 것이다. 사람 키 높이를 넘는 장벽을 설치하고 그 위에는 고압선을 흘려 못 넘어가게 하는 무너진 베를린 장벽의 모습이다. 그 다음 사진은 그 베를린 장벽이 철거된 지역에 벽돌로 표시를 해 놓았다. 그래서 한쪽 발은 서 베를린에 또 한쪽 발은 동 베를린에, 동서 분단의 경계선에 양발을 걸치고 통일된 베를린에서 있는 모습이다. 이것이 독일 통일이 가지고 있던 또 하나의 현실이었다. 그래서 독일이 통일되는 과정에 서독이 상당히 오랜 기간

동안 준비한 과정을 눈여겨봐야한다.

세 번째는 한반도 통일에 주는 교훈이다. 1989년에 사회주의권이 몰락하면서 1990년에 독일 통일도 아주 급격하게 이루어졌기 때문에 통일은 갑자기 올 수 있으므로 통일에 대한 준비를 꾸준히 해야 한다는 것이다. 그런 점에서 본다면 통일 이후 한반도 역시 가장 큰 문제는 통일 비용이다. 한반도 통일의 경우에는 독일보다 워낙 경제 격차가 크고 사회 인프라가 아주 낙후되어 있다는 점에 주목해야 한다. 동독 지역만 해도 통일 전에는 상당히 낙후가 되어 있었고, 20년 동안 통일 후에 돈을 쏟아 부었는데 한 10년은 더 쏟아 부어야 동서 간에 비교적 균형을 이룬다고 한다. 독일의 경우에도 약 30년간의 시간이 필요한 것이다. 그런 점에서 본다면 한반도의 경우에는 통일 이후에 훨씬 더 큰 시간과 돈이 요구된다. 또 통일된 이후의 동질적 아이덴티티를 확보하기 위한 많은 노력도 필요하고 경제적으로도 여러 가지 준비를 함께 해야 한다. 독일의 통일이 주는 교훈은 통일은 갑자기 오지만 통일에 대한 준비는 꾸준히 해야 한다는 것이다.

여기서 간단하게 정리를 해 보면, 독일 통일의 중심엔 프로이센이 있었고 그 프로이센의 지도자의 역할이 있었다. 예컨대, 1861년의 이탈리아 통일에서도 사르데냐왕국의 역할과 카부르, 가리발디 등 지도자의 역할이 있었다. 이탈리아 통일과 독일 통일의 공통점, 또 19세기 및 20세기 통일의 차이점 등은 아직까지 통일 민족국가 완성이라는 역사적 과제를 안고 있는 한반도에도 많은 시사점과 교훈을 준다고 할 수 있다.

이야기 둘

현대의 '단기지속'의 과제들

1. 1차 세계대전과 국민국가의 시대

흔히 역사에서 1, 2차 세계대전에 대해 많이 언급하는데 사실 어찌 보면 2차 세계대전은 1차 세계대전의 전후 처리 문제가 잉태한 결과이다. 그런 점에서 1차 세계대전은 20세기 인류의 삶의 방향을 새롭게 바꿔 놓은 대변혁의 사건이라 할 수 있다. 여기에서는 1차 세계대전이 일어나게 된 원인을 알아보고, 1차 대전의 중요한 특징과 결과, 그리고 1차 대전이 지닌 역사적 의미를 살펴보도록 할 것이다.

1차 세계대전을 두고 흔히 역사에서 '역사 이래 미증유의 사건'이라고 표현하는데, 이 표현은 쉽게 찾아보기 힘든 대변혁을 이룬 사건을 가리킨다. 1차 세계대전에 유럽인 6,500만 명이 전쟁에 동원되어 전사하거나 부상당한 사람이 1,000만 명이었다고 하니 유럽 역사, 아니 인류 역사에서도 유래를 찾아보기 힘든 대사건이었다. 1914년에 일어난 이 전쟁은 빨리 끝나리라는 예상과는 달리 무려 4년 동안 진행되었다. 왜 이런 일이 일어났을까?

1차 세계대전이 끝난 다음 파리 강화회의에서 베르사이유 조약이 체결된다. 여기서 주목해야 할 일은 베르사이유 조약의 규정 중에 '전쟁은 독일에게 책임이 있다'라는 내용이 명시되어 있다는 것이다. 사실 이런 단독 책임론의 규정은 다른 휴전 조약에서는 찾아보기 어렵다. 포에니 전쟁이 일어났을 때 카르타고에게 전쟁 책임이 있다고 로마가 전쟁 배상금을 물린 사례라든가 당시 로마 측 역사가들의 기록 등 사례가 없는 것은 아니지만 근대에 와서 이러한 편향성을 보기는 힘들다. 그런 점에서 베르사이유 조약은 정말 말 그대로 복수의 조약이라 할 수 있다. 그래서 1920년대에 들어 정말 전쟁의 책임이 독일에게만 있었는가라는 문제를 놓고 역사가들 사이에 논쟁이 일어났는데 바로 그 유명한 '피셔 논쟁'이다. 결말은 쌍방 간에 책임이 있다는 것이고 결국 1차 대전은 유럽 열강의 헤게모니 싸움이었다고 할 수 있다.

한편, 1차 대전 원인에 대해 많은 학자들의 연구와 논쟁이 있었다. 그 중 제국주의와 체제 위기의 상호 관계 속에서 전쟁의 원인이나 배경을 찾으려는 노력이 주요했다. 먼저 제국주의 문제이다. 제

• 3B정책과 3C정책

국주의는 레닌이 규정한 것으로 알려져 있다. 사실 1870년대 이후 유럽열강들의 식민지 쟁탈전은 더욱 가열되어 1890년 무렵에는 전 세계적인 규모의 식민지 분할이 거의 종료되었다. 결국 남은 것은 식민지 재분할 경쟁인데, 그 와중에서 전쟁이 일어났다. 독일의 3B 정책과 영국의 3C정책의 충돌 같은 것이 대표적 사례이다. 베를린–비잔티움–바그다드를 잇는 독일의 남방 팽창정책과 카이로–케이프타운–캘커타로 이어지는 영국의 아프리카 종단정책 및 인도 식민지 경영 전략의 충돌이 전형적인 식민지 재분할 경쟁의 모습이다. 여기에 덧붙여진 것이 바로 유럽의 화약고라고 불리는 발칸문제이다. 러시아, 프랑스, 영국으로 이어지는 삼국 협상 세력 대(對) 독일 오스트리아–헝가리 제국, 이탈리아의 삼국동맹 간에 체제대립 상황을 볼 수 있다. 그리고 남쪽에 있는 오토만 제국이 상당히 힘이 강할 때는 문제가 되지 않았지만, 힘이 약해지니 발칸 지역에 열강들이 개입을 하게 된다. 러시아의 범슬라브주의와 독일, 오스트리아-헝가리 제국의 범게르만주의가 충돌하는 접점이 바로 세르비아였다. 오스트리아-헝가리 제국의 황태자가 세르비아의 사라예보에 방문했을 때 세르비아의 젊은 민족주의자가 총탄으로 황태자를 저격하는 사건이 발생한다. 1914년 6월 28일 바로 1차 세계대전으로 가는 '사라예보 사건'이다. 모든 혁명이나 대규모의 전쟁에는 반드시 전쟁이 일어나는 배경이 되는 구조적인 요인이 있고, 거기에 불꽃을 붙이는 사건이 있기 마련이다. 유럽의 제국주의와 민족주의 발칸 반도의 갈등이 맞물린 구조적 상황에 불을 붙인 사건이 바로 6월 28일의 사건이다. 이것이 1차 세계대전으로 가는 과정이다.

이렇게 촉발된 전쟁은 그 이후에 전혀 예상치 못한 방향으로 흘러갔다. 무려 4년 동안 전쟁이 지속되었다. 전쟁이 일어난 과정도 아주 빨랐다. 6월 28일에 사건이 터진 후, 7월 28일 오스트리아가 최후통첩을 하고 8월 1일 독일이 참전선언을 하면서 한 달도 채 되지 않는 시간 동안 다국가 간의 전쟁으로 확전된 것이다. 여기에 미국까지 개입하면서 1차 대전은 세계전쟁으로 그 규모가 확대되었다.

1차 세계대전의 진행 과정에는 몇 가지 특징이 있다. 첫째는 1차 세계대전은 전쟁에 대한 환상이 있었던 전쟁이다. 1815년에 나폴레옹이 축출되고 나서 이른바 비엔나체제가 등장한 이후, 약 백 년간 유럽은 힘이 비슷한 5~6개국 간의 외교협상에 의해서 갈등을 조절하는 이른바 '세력균형체제'가 등장한다. 세력균형체제는 무력 충돌이 아니라 국가 간의 힘(세력)에 의해서 조절되는 Balance of Power 시스템인데, 이런 체제 덕분에 백 년 동안 큰 전쟁이 일어나지 않았던 것이다. 그런데 그 백 년 동안에 과학 기술이 급속도로 발달해 총기류, 화약류, 심지어 비행기, 잠수함 등이 개발되어 유럽인들은 전쟁에 대한 환상을 가지게 되었다.

현재 인류는 1, 2차 세계대전이라는 큰 전쟁을 치렀기에 어떤 전쟁도 용납되어서는 안 된다는 생각을 가지고 있다. 그러나 1914년의 유럽인들은 정당한 전쟁은 가능하다는 생각을 가지고 있었다. 그리고 전쟁이 빨리 끝날 것이라고 생각했다. 이 부분이 1차 세계대전이 보이는 두 번째 특징이다. 둘째는 전쟁이 빨리 종식될 것이라고 생각했다는 점이다. 영국이나 프랑스나 독일의 슐리펜 계획에서 보듯이 전쟁의 전형적인 특징은 공격중심의 전투대형이었다. 사실 그 전까지는 모든 전쟁이 이런 형태로 일어났다. 앞으로 돌격해 상대 진영을 정복하고 깃발을 꽂으면 전쟁이 끝났다. 그런데 막상 1차 대

• 전선으로 떠나는 병사들. "크리스마스는 집에서!"

• 참호전투의 모습

전은 더 이상 과거의 전쟁이 아니었다. 프랑크프루트에서 전쟁터로 가는 독일 병사들을 실은 기차에는 '파리로 가자', '크리스마스는 집에서!' 등의 낙서가 적혀있다. 8월 1일 전쟁이 터졌으니 12월 25일 크리스마스는 집에서 지낼 수 있을 것이라고 생각했다. 그런데 전쟁은 4년 동안 지속되었다. 그리고 전방과 후방이 없는 정말 총력전쟁의 형태로 새로운 양상을 보여 주었다. 바로 참호전투이다. 참호전투에는 명중율이 높은 엄청난 살상무기가 등장했다. 사진에 보이는 것과 참호에서 병사들이 적이 쳐들어오는 것을 기다리면서 참호에 숨어서 손만 위로 올려 총을 막 쏘는, 정말 말 그대로 하늘로 총알과 대포가 날아 가는 전투가 되었다. 전형적인 참호 전투의 모습이다. 그러다 보니 전쟁이 장기화되고, '서부전선은 이상 없다'는 신문 제목처럼 후방의 경제력이 전쟁의 승패를 결정짓는 새로운 전쟁이 생긴 것이다. 결국 역사가 보여 주었듯이, 국가 체제가 취약했던 러시아와 독일은 전쟁 중에 국가가 무너진다.

한편 후방에서 군수물자를 생산하기 위해 공장에서 일하는 여성 노동자들에 대한 신문기사나 사진들 역시 흔히 눈에 띈다. 이제 전방과 후방이 없는 전쟁이 시작된 것이다. 결국 한 국가의 경제력이 전쟁의 향방을 결정짓는 전쟁이 되었고, 전쟁 와중에 자본주의 자체는 '국가독점 자본주의'로 넘어가게 된다.

이렇게 1차 세계대전은 몇 가지 새로운 특징을 갖는다. 첫째, 역사상 최초의 세계대전이란 점. 둘째, 국민 전체를 전쟁 속에 동원한 총력전이란 점. 셋째, 많은 사람이 전쟁에 동원되다 보니, 결국 일반 민중의 정치적인 발언권이 더욱 신장이 되었다는 점이다. 그래서 1차 대전을 겪으면서 역설적으로 유럽은 일반 대중의 영향력이 더 커진 대중사회로 나아가게 된다.

1918년에 전쟁이 끝난 다음 영국에서는 처음으로 '여성보통선거권'이 도입되었다. 또한 전쟁으로 유럽의 패권이 저물고 미국 중심의 시대가 열린다. 이미 1890년부터 미국은 세계에서 제일 경제력이 강한 자본주의 국가로 부상하고 있었다. 그래서 윌슨의 14개 조항이 전후 처리 문제, 즉 파리강화회의에 가장 중요한 원칙으로 자리 잡게 되었다. 그런데 1차 대전이 일어난 원인 중의 하나에는 상층 지배계층 간의 비밀 외교, 즉 실패한 외교 협상들 때문에 서로 오해가 커져서 악화되었다고 보는 시각이 있다. 그래서 바로 비밀 외교를 폐지하고 누구나 다 바다로 나갈 수 있도록 공해(公海)라는 개념이 도입된다. 또한 해양의 자유, 관세 장벽의 철폐, 민족자결주의 원칙의 천명이 이루어진다. 그리고 진영 간의 집단 대립이 아니라 인류 전체의 공동의 평화가 가능한 조직을 만들려는 운동, 즉 국제연맹이 추진되었다. 그러나 윌슨이 중간선거에서 패배하면서 의회의 비준 거부로 결국 미국이 전후 문제 처리에 직접 개입하지 못하게 되자, 영국과 프랑스가 주도한 베르사이유 체제는 독일에게 가혹한 전쟁 책임을 묻는 '복수의 조약'으로 변질되어 버린다. 이것이 또 다른 전쟁을 잉태하는 원인이 되었다고 보는 역사가도 있다. 1차 대전은 상당히 이상적으로 마무리하려고 했지만 아주 철저하고 명확한 현실주의로 마무리되었다고 할 수 있다. 우선 윌슨이 주장했던 무병합·무배상의 원칙이 지켜지지 않는 복수의 조약이다. 우리가 잘 아는 독일은 기본적으로 석탄, 철강으로 비스마르크 시대 이래로 공업이 발달한 군수공업 중심의 국가였는데, 석탄. 철강 지대를 독일로부터 빼앗아 버리고 군대도 최소한의 경찰 병력인 십만 명 이상으로 유지하지 못하게 하고 막대한 전쟁 배상금을 물게했다. 실제로 이런 전쟁 배상금을 독일은 갚지도 못했다. 사실 역사에서 보면 너무 지나치게 막대한 전쟁 배상금은 오히려 그 빚을 갚으려고 하는게 아니라 그 빚을 피하기 위한 핑계로 실제로는 새로운 전쟁이 터지는 모습을 많이 보게 된다. 한가지 사례는 2차 포에니 전쟁인 한니발 전쟁이다. 한니발 전쟁 때도 로마가 그 당시의 1000탈렌트라고 하는 도저히 갚기 힘든 배상금을 요구해 전쟁이 일어났고, 1차 세계대전도 막대한 전쟁 배상금을 요구하니 독일이 결국 갚지 못하고 전쟁 배상금 지급을 계속 미루었다. 그러다가 1929년부터 세계대경제위기 공황이 닥쳤고 엎친 데 덮친 격으로 1933년 독일 선거에서 히틀러의 녹색당이 급격히 부상했다. 히틀러 녹색당의 구호는 국제 질서가 잘못됐다는 것이다. 쉽게 말하자면 전쟁 배상금을 무시하고 독일 경제를 되살려 왜곡된 국제 질서를 바로 잡아야 한다는 주장이다. 그래서 왜곡된 국제 질서를 바로잡아야 된다는 선거 구호로 독일 국민의 3분의 1에 가까운 30퍼센트가 넘는 지지를 받아냈다. 바로 이것이 복수의 조약이 안고 있는 폐단이었다.

두 번째로 민족자결의 문제도 원칙적으로 지켜지지 않았다. 전쟁

이후에 오스만 투르크와 오스트리아-헝가리 제국의 영토들이 잘게 쪼개져서 많은 신생 국가들이 등장했다. 그러나 전쟁에 이긴 영국이나 프랑스 등은 여전히 자신들의 식민지를 유지하고 있었다. 이것이 1차 세계대전의 또 다른 모습이었다. 1919년 3.1운동이 성공하지 못한 것도 이런 전 세계적인 분위기와 연결되어 있었다. 세 번째는 전쟁을 치르면서 전쟁 전보다도 더욱더 민족주의가 강해졌다. 사실 1차 대전은 민족주의 전쟁이라고 할 수 있다. 1차 세계대전 이후 2차 세계대전 역시 민족주의 전쟁으로 가게 된다. 우리가 잘 알듯이 공산주의에서는 민족개념을 부정하는데 스탈린은 독일의 히틀러와 싸우게 되니 "슬라브 민족이여, 단결하라"라고 말했다. 히틀러의 정치 또한 한마디로 '인종적 민족주의'라고 말한다. 영화 〈25시〉에 보면 아주 전형적인 아리안 인종을 뽑아서 독일 병사 옷을 입혀서 게르만족을 광고하고 선전하는 모습을 볼 수 있다. 이 영화는 불가리아의 한 평범한 농부가 영문도 모르고 아리안 족의 이상적인 모델로 선발되어 막 끌려다니는 모습을 담은 소설을 바탕으로 한다. 신이 만든 시간은 24시간인데 인간이 만든 광폭한 시간인 25시를 다룬 이야기이다. 바로 히틀러의 인종적 민족주의의 폐단으로 나타난 것이 유대인 학살이다. 인종적 민족주의는 2차 세계대전에서 민족주의를 더 강하게 만들었다. 그리고 세계사에서 유럽 시대의 종말이 다가오고 미국과 소련을 중심으로 한 새로운 시대가 열렸다. 말 그대로 유럽 문명의 해체가 가속화되었다. 이러한 것이 1차 세계대전의 중요한 결과들이라 할 수 있다.

1차 세계대전의 문명사적 의미를 살펴보자. 우선 오스트리아-헝가리 제국이 차지하고 있던 땅들이 아주 작은 신생 독립 국가들로 분열되었다. 위쪽으로는 핀란드에서부터 폴란드, 체코슬로바키아, 유고슬라비아에 이르기까지 작은 신생 독립 국가들이 등장해 유럽의 대분열이 일어났다. 슈펭글러는 이런 과정을 보면서 『서구의 몰락』이라는 책을 썼다. 또 유명한 역사가 부르크하르트는 1차 세계대전은 '유럽 문명의 자살전쟁'이라고 했는데 일리가 있는 말이다. 흔히 '1914년의 세대'라는 표현을 쓰는데 이 전쟁을 겪은 유럽인들을 가리키는 것이었다. 자신감도 잃고 비관적이고 움츠러들어 급격하게 부상하는 미국과 러시아에 대해 자신감을 상실한 세대들이다. 즉 1914년의 세대 속에서 니체가 이야기했듯이 '신이 우리를 버렸다', '신은 죽었다'라는 허무주의적 세계관도 이 때 나타나게 된다.

1차 세계대전을 계기로 미국과 러시아가 새로운 세계사의 주역으로 등장한다. 그리고 전쟁이 장기화되고 총력전으로 바뀌다 보니 국가의 인프라가 약한 지역에서는 단순히 전선이 무너지는 것이 아니라 국가 시스템 자체가 붕괴되는 현상이 나타난다. 대표적으로 러시아에서는 러시아 혁명이 일어나고 독일에서는 키힐 군항에서 수병 반란이 일어나서 프러시아 제국이 무너지게 된다. 이 역시 1차 세계대전의 또 다른 모습이다. 독일은 바이마르 공화국의 혼란기를 겪지만 러시아는 유럽 과학문명이 갖지 못했던 새로운 무기를 갖추게 된다. 그것이 바로 정신적 무기였던 볼셰비키 혁명이다. '평등'을 강조한 러시아는 나르디니끄 운동 등 서구를 모방하려는 개혁을 추진해 보지만 서구의 과학기술을 따라 잡을 수 없다는 것을 깨닫게 된다. 그 중심에 레닌과 같은 볼셰비키파가 있었다. 이들은 러시아는 다른 길로 가야한다고 주장하면서 볼셰비키 혁명을 일으켰다. 볼셰비키 혁명으로 러시아에 사회주의 체제가 등장하면서 자본주의를 대표하는 미국과 세계를 양분하는 새로운 질서를 만들어 가는 미소 냉전체제가 열리게 된다.

'평등'을 강조한 볼셰비키 혁명으로 구축된 사회주의 체제는 70년 동안 지속되었지만 1989년에 몰락하고 만다. 평등한 사회라는 것은 하나의 이상으로는 가능하지만 현실로는 불가능하다는 것을 보여 준 결과이다. 자본주의는 아주 냉혹한 경쟁을 강조하지만 결국은 이러한 경쟁 속에서 나타나는 그 폐단들을 사회정책으로 잘 보완해 나갈 수 있다면 자본주의가 사회주의 보다 훨씬 우월한, 인류의 삶에 발전과 행복을 가져다주는 사회라는 사실이 증명된 것이다. 헤겔이 '세계사는 세계의 법정'이라고 말한 것처럼 역사가 진행되기 전에는 그 상황을 잘 모르지만 역사의 진행 결과를 보면 무엇이 옳은 판단이었는지 알 수 있다.

역사를 통해 우리는 베르사이유의 체제의 복수의 조약이 갖는 폐단이 새로운 전쟁, 즉 2차 세계대전을 잉태하게 되고 그 전쟁을 통해서 민족주의를 떨쳐버려야 한다는 교훈을 얻게 된다. 흔히 민족주의는 천의 얼굴을 가지고 있다고 한다. 민족주의는 엄청난 힘을 일으키므로 스탈린조차도 '슬라브 민족이여 단결하라'고 호소했지만 한편으로는 감성적인 접근이다. 그렇게 때문에 인류 역사에 엄청난 시련을 안길 수 있다는 사실을 1, 2차 세계대전을 통해 경험한 유럽 사회는 이제 민족주의를 극복하고 인류가 함께 더불어 행복하게 잘 살 수 있는 '하나의 세계'를 만들어 가는 운동의 길로 접어들게 된다. 그것이 바로 하나된 유럽에 대한 이상이었고 유럽통합운동으로 나타나 EU라는 공동체 건설이 일어난다.

다시 말해 1차 세계대전이 가지고 있는 문명사적 의미의 하나는

'유럽문명의 자살전쟁'으로 민족주의 시대가 저물고 인류가 새로운 시대로 나아가는 계기를 마련했다는 것이다.

2. 21세기를 위한 21가지 제언

여기에서는 유발 하라리의 책 『21세기를 위한 21가지 제언』(2018)을 소개하고 논평하는 형식을 빌려서 우리 시대의 과제가 무엇인지 살펴보고자 한다.

유발 하라리의 세계관과 글의 논지

유발하라리는 채식주의자(비건)이고 대학 시절부터 명상을 해 왔던, 중세 전쟁사를 전공한 역사학자이다. 하라리의 글을 읽어 보면 학문적으로 과학적 물질주의와 진화론을 지지하는 듯이 보이지만 이 책에서 이 점이 분명히 드러나는 것은 아니다. 그렇지만 그가 서술한 내용에서 종종 이런 입장을 확인할 수 있다. 예컨대 저자는 이 책에서 다음과 같이 단언한다.

"과학적 통찰이 우리 뇌와 몸의 작동 방식에 대해 제시하는 견해는, 우리의 감정은 인간만의 어떤 독특한 영적 특성이 아니며 어떤 류의 '자유의지'도 반영하지 않는다. 그보다 감정은 모든 포유류와 조류가 생존과 재생산 확률을 재빨리 계산하기 위해 사용하는 생화학적 기제이다. 감정은 직관이나 영감, 자유가 아니라 계산에 기반을 둔 것이다."(85쪽)

즉 모든 것은 뇌에서 일어나는 계산의 결과라는 것이며 이는 의식에 대한 주류 신경학과 진화론의 입장을 지지하는 것이다. 이 점은 매우 중요하다. 왜냐하면 유발 하라리가 말하는 '21가지 제언'은 그의 세계관을 반영한 것이기 때문이다. 그는 이전 책을 포함해 이 책에서도 자신의 세계관을 명확하게 밝히지 않는다. 그런데 그가 인간을 생화학 알고리즘의 지배를 받는 유기체로 간주하면서 자유의지가 없다는 견해를 지지하고 인간의 의식은 온전히 뇌의 생화학적 산물로 보며 지능과 의식은 별개의 문제로 간주하는 점 등으로 미루어 볼 때, 그는 과학적 물질주의와 진화론을 지지한다고 할 수 있다.

하라리는 『사피엔스』에서부터 이 책에 이르기까지 일관되게 "유기체는 알고리즘"이라고 단언한다. 이것은 무엇을 의미하는가? 인간을 포함해 다세포 생명체들은 모두 유기체인데 이들을 알고리즘으로 해석한다는 것은 곧 뉴턴의 기계적 세계관을 수용한다는 의미다. 이 말은 유기체의 특성인 자기 조직화에 의한 어떤 도약을 인정하지 않거나 사소한 것으로 간주한다는 것을 전제로 해야만 성립한다.

여기서 다음과 같은 의문이 제기된다. 오늘날 과학적 물질주의와 환원주의의 한계가 드러남에 따라 이에 대한 대안으로 유기체적이 주목을 받고 있으며 일부 과학자들은 '탈물질주의'를 선언하기에 이르렀다. 이런 경향은 인간의 의식 문제에 대한 연구에도 영향을 미쳐 "의식은 오직 뇌의 산물"이라는 주류 과학계의 견해를 반박해 "뇌는 의식의 수신기 내지 필터"에 불과하다는 견해가 대두되고 있다. 이는 단순히 의식의 본질에 대한 견해차라는 차원을 넘어서 기존의 과학 패러다임을 근본적으로 바꿀 수 있는 중요한 쟁점이다. 그런데 저자는 이에 대해 전혀 언급하지 않은 채 주류 신경과학계의 입장에서 뇌에서 일어나는 전기·화학적 과정과 인간의 느낌 및 감정 나아가 의식 상태를 연관지어 말하고 있다. 그는 현재 진행되고 있는 비일상적 의식 상태에 관한 다양한 연구 결과를 전적으로 무시하거나 간과하고 있는 셈이다. 이는 앞으로 유발 하라리가 극복해야 할 과제이다.

21세기 인류의 과제: 21가지 제언의 의미

이 책은 다양한 계층의 사람들의 질문에 답하는 과정을 통해 쓴 글을 바탕으로 완성되었다. 『사피엔스』에서는 인류의 과거에 대한 내용을 다루었고 『호모 데우스』에서는 앞으로 다가올 미래에 대해 다루었다면 이 책에서는 현재 인류가 직면하고 있는 다양한 문제들에 대한 자신의 견해를 밝히고 있다. 저자는 자신이 해결책을 제시하려는 것이 아니라 함께 토론하면서 해결 방안을 모색하기를 바라는 것이라 말한다. 젊은 역사학자가 현재 지구촌 75억의 인구가 당면한 현안 과제들을 선정하고 이에 대한 자신의 견해를 피력한다는 것은 그야말로 야심찬 도전이라 할 수 있다. 이런 저자의 용기에 감탄하면서도 과연 이 시점에서 적절한 문제 제기인가 하는 의구심이 드는 것도 당연해 보인다. 그 이유는 '21가지 제언'으로 한정한 데 대해 이의를 제기하는 것이 아니라 저자가 다룬 쟁점들이 일정 부분에 집중되어 있다는 이유 때문이다. 예컨대 유발 하라리는 정보기술과 생명기술의 융합에 따른 문제에 상당한 비중을 할애하고 있다. 물론 이는 적절한 지적이다. 그런데 정작 더 중요한 것은 파괴적 기술과 금융자본의 결합일 수도 있다. 인공지능(AI), 로봇공학, 나노기술, 생명공학 등은 모두 정보기술을 바탕으로 한다는 점에서 공통적이다. 이런 의미에서 정보기술은 메타기술에 해당한다. 이와 같은 위상을 가진 정보기술이 현재 글로벌 경제에 막강한 영향력을 행사하고 있는 금융자본과 결합해 글로벌 차원에서 영향력을 강화하고자 한다면 어떤 정부도 그 힘을 제어하기 힘들다. 머지않아 이것이 현실로 다가올 것이라는 우려를 지적하는 학자들이 있다. 앞으로 세상은 점점 더 강력한 힘을 가진 극소수와 무기력한 대다수로 양극화될 가능성이 있는 것이다. 이 과정에서 금융자본은 현재의 지배력을 더욱 강화하는 전략을 추진할 것이다. 그러면 인공지능을 비롯한 첨단 정보기술로 무장한 금융자본은 향후 일반인이 상상할 수 없을 정도의 힘을 가질 것이다. '21가지 제언' 가운데는 이에 대한 논의가 전혀 없다는 아쉬움이 있다.

유발 하라리는 새로운 내용도 다루고 있다. 특히 관심을 끄는 12장에서 저자는 우리 모두 겸손해야 할 것을 강조한다. 어느 누구도 세계의 중심이 아니기 때문이다. 이는 일반인뿐만 아니라 아니라 권력자나 부자들에게도 그대로 적용된다. 특히 저자는 유대교와 기독교가 인류 역사에서 갖는 의미가 지나치게 과장되어 있다면서 다음과 같이 지적한다.

"유대인들이 지난 2,000년 동안 인구수에 비해서는 불균형할 만큼 역사에 큰 영향을 미친 것이 사실이다. 하지만 우리 종의 역사라는 큰 그림을 보자면, 10만 년 전 호모 사피엔스가 출현한 이래 유대인이 역사에 기여한 정도는 아주 제한적이다."(278쪽)

이와 같이 '빅 히스토리'의 관점에서 보면 유대인의 영향력도 그리 크지 않으니 겸손해야 한다는 것이다. 이는 유대인뿐만 아니라 모든 민족에 적용된다.

그리고 지난 2000년 동안 서구 문명을 지배해 온 기독교에 대해서도 유발 하라리는 비판적인 견해를 숨기지 않는다. 흔히 기독교가 서구의 도덕적 기반을 제공했다고 하지만 이는 진실이 아니라면서 그는 다음과 같이 말한다.

"기독교가 인류 역사에 막대한 영향을 미쳤음에도 다시 한 번 강조해야 할 점은, 이것이 인류의 보편적 윤리에 도달한 첫 사례는 분명 아니라는 사실이다. 성경이 인간의 윤리를 찍어 낸

독점적 글꼴이었던 것은 결코 아니다. 공자와 노자, 부처는 바울과 예수보다 훨씬 전에, 가나안 땅이나 이스라엘 선지자는 알지도 못할 때에 이미 보편 도덕률을 세웠다"(285쪽)

그렇기 때문에 유대교와 그 자손인 기독교인과 무슬림에게 인간의 도덕을 창조한 공을 돌리는 것은 말이 안 된다고 강조한다. 따라서 이들은 이런 면에서 겸손해야 한다는 것이다. 저자는 유독 유대인들에게 겸손하라고 말하지만 이는 보편적으로 인류 모두에게 해당되는 경고다.

14장에서는 세계적으로 유명한 무신론자인 리처드 도킨스(Richard Dawkins)와는 다른 관점에서 세속주의를 옹호한다. "스스로 세속주의자라고 하는 사람들은 세속주의를 아주 다르게 본다. 이들에게 세속주의란 이런저런 종교에 반대하는 입장이라기보다 나름의 일관된 가치 기준으로 규정되는, 대단히 긍정적이며 적극적인 세계관이다."(305쪽) 이것은 세속주의에 대한 매우 적절한 정의라 할 수 있다. 이런 점에서 유일신교 비판 중심의 도킨스의 세속주의와는 사뭇 다르다. 21세기에는 제도권 종교의 퇴조가 불가피하다고 보는 사람들이 늘어나는 추세다. 이런 상황에서 세속주의는 새로운 도덕의 원천으로 역할을 할 수 있다는 점에서 저자가 이 문제를 제기한 것은 시의적절하다고 본다. 저자는 세속주의의 가장 중요한 가치를 진실이라고 보기 때문이다.

15장에서는 개인적으로 가장 공감하는 내용을 다루고 있다. 저자의 견해는 한마디로 "당신은 당신이 생각하는 것보다 무지하다"는 것이다. 만약 사람들이 자신의 무지를 인정한다면 세상의 수많은 크고 작은 갈등은 자연스럽게 사라질 것이다. 무지에 관해서는 일찍이 20세기의 존경받는 물리학자들 중 한 사람인 존 휠러(John A. Wheeler)가 말했던 다음 구절이 떠오른다. "우리는 무지의 바다에 둘러싸인 섬에 살고 있다. 우리의 지식의 섬이 커지면 이와 함께 우리의 무지의 해변도 커진다." 저자가 무지를 언급한 취지는 휠러가 말하고자 했던 것과 대동소이하다고 본다. 누구도 무지에서 벗어날 수 없다. 소크라테스가 "너 자신을 알라"고 외친 것도 자신의 무지함을 알라는 뜻이다. 오늘날 사람들이 무지에서 벗어나지 못하는 이유에 대해 유발 하라리는 다음과 같이 말한다.

> **"사람들이 자신의 무지를 헤아리는 경우가 드문 이유는, 자신과 같은 생각을 가진 친구들로 가득 찬 반향실(反響室)과 자기 의견을 강화해 주는 뉴스피드 안에만 갇혀 있기 때문이다. 이들의 믿음은 계속해서 공고해질 뿐 도전받는 일이 거의 없다."**(327쪽)

자신이 듣고 싶은 것만 듣고 보고 싶은 것만 보는 편향된 태도를 버리지 않는 한 인간은 무지에서 벗어날 수 없다. 무지를 극복하려면 자신의 습관이나 선호하는 것을 어느 정도 포기해야 한다. 또한 다른 사람의 의견에도 귀를 기울여야 하며 심층 독서를 통해 진짜 지식을 습득해야 한다. 특히 권력이 주는 달콤함을 극복해야 한다. 이와 관련해 저자는 다음과 같이 지적한다. "혁명적인 지식은 권력의 중심에서 출현하는 경우가 드물다. 왜냐하면 중심은 언제나 존재하는 지식을 토대로 구축되기 때문이다. 구질서의 수호자가 권력의 중심에 다가올 수 있는 자를 결정하는데, 이때 전통에서 벗어난 파괴적 사상을 가진 자는 걸러내는 경향이 있다."(332쪽) 이 또한 적절한 지적으로 보인다.

이 책의 마지막 부분인 21장에서 저자는 자신의 명상 체험을 바탕으로 명상의 의미, 그리고 뇌와 의식의 관계에 대한 입장을 밝힌다. 명상에 대한 저자의 실용적인 입장이 드러난다. 유발 하라리는 처음으로 자기 자신을 포함해 주변의 모든 실체를 있는 그대로 관찰하는 비파사나 명상을 통해 얻은 통찰에 대해 다음과 같이 말한다.

"내가 깨달은 가장 중요한 것은, 내 고통의 가장 깊은 원천은 나 자신의 정신 패턴에 있다는 사실이었다. 내가 뭔가를 바라는데 그것이 나타나지 않을 때, 내 정신은 고통을 일으키는 것으로 반응한다. 고통은 외부세계의 객관적 조건이 아니다. 나 자신의 정신이 일으키는 정신적 반응이다. 이것을 깨닫는 것이 더한 고통의 발생을 그치는 첫 걸음이다."(473쪽)

이것은 불교에서 말하는 기본 교리와도 상응하는 내용이다. 즉 마음이 모든 고통의 원천이므로 집착을 버리면 고통은 사라질 것이다.

그런데 이 대목에서 저자의 독특한 해석을 엿볼 수 있다. 고통의 원천을 정신 패턴에서 찾으려는 것이다. 여기서 정신 패턴은 뉴런의 결합 방식으로 간주된다. 즉 뇌의 어느 부위가 활성화되는가 그리고 어떤 부위들이 서로 연결되는가에 따라 고통과 쾌락이 결정된다『사피엔스』에서도 이런 구절이 있다.

"실질적인 중요성을 지닌 역사적 진전은 오직 하나밖에 없다. 오늘날 우리는 마침내 진정한 행복의 열쇠가 우리의 생화학 시스템의 손에 달려 있다는 사실을 인식하게 되었다. 따라서 우리는 정치적, 사회적 개혁이나 반란이나 이데올로기에 시간을 그만 낭비하고, 대신 우리를 정말로 행복하게 해 줄 수 있는 유일한 일에, 즉 우리의 생화학 시스템을 조작하는 일에 집중할 수 있다."

이와 같이 저자는 모든 쾌락과 행복의 원천은 밖에 있는 것이 아니라 우리 내면에 있다고 일관되게 주장하고 있으며 이 책에서도 마찬가지이다. 그리고 그것은 전적으로 뇌에서 일어나는 생화학적 과정에 의해 결정된다는 것이다. 그런데 외부 자극이나 약물 등을 이용해 이런 생화학적 과정을 통제함으로써 쾌락을 느끼고 고통을 줄이는 데는 명백히 한계가 있다는 것이다. 이런 약물의 효과는 오래 지속될 수 없으며 더욱 갈증만 느끼게 만들기 때문이다. 그렇기에 유발 하라리는 붓다가 내면으로 들어가라고 한 충고를 따르는 길이 이런 상태를 오랫동안 유지할 수 있도록 해 준다는 것이다. 이것이 바로 붓다가 창안한 비파샤나 명상의 핵심이라는 것이 저자의 생각이다. 명상을 통해 저자가 얻은 또 다른 관찰 결과는 뇌와 의식의 관계에 대한 해석이다. 그런데 이에 대한 논의에서 저자는 정신, 마음, 의식을 같은 의미로 번갈아 사용하고 있는데 이는 지나친 단순화에 해당된다. 일련의 저서를 통해 하라리는 자신이 진화론의 관점을 지지한다는 입장을 밝혔다. 그런데 뇌와 의식의 관계에 대해서는 다음과 같이 말한다. "다수의 과학자들을 포함해 많은 사람들은 정신과 뇌를 혼동하는 경향이 있다. 하지만 둘은 정말로 다른 것이다. 뇌는 물질로 된 신경세포와 시냅스와 생화학 물질의 연결망이다. 정신은 고통, 쾌락, 분노, 사랑 같은 주관적인 경험의 흐름이다."(473쪽) 여기서 정신은 곧 의식을 가리킨다. 따라서 의식은 뇌의 산물이 아니며, 의식의 본질은 주관적 체험의 흐름인 감각질이라고 말하고 있다. 이 해석에 의하면 의식은 결코 진화 과정에서 나타난 부수현상에 그치지 않으며, 이것은 진화론과 정면으로 배치된다. 명상을 통해 저자가 얻은 통찰과 글을 쓰면서 일관되게 유지해온 진화론 및 과학적 물질주의 간에는 명백한 모순이 존재한다고 볼 수 있다. 어쨌든 저자는 명상을 통해 다른 사람들과는 사뭇 다른 체험을 한 것으로 보인다. 저자는 명상에 관한 개인적 체험을 기술하고 그 중요성을 강조하기 위해 이 책의 말미에서 다룬 것으로 보인다.

인공지능 AI와 인류의 미래: '인간을 해킹한다'

유발 하라리는 『호모 데우스』에서 인공지능이 인류에게 미치는 영향에 대해 비교적 상세히 다루었다. 그는 이 책에서도『호모 데우스』에서 언급했던 내용을 사실상 거의 반복하고 있다. 적어도 인공지능이 향후 인류에게 미치는 영향에 대한 내용 면에서는 그렇다는 것이다. 호모 데우스에서 그가 제시한 데이터주의(Dataism)는 이를 대변하는 용어로 적절했다.

> **"우리는 지금 엄청난 두 가지 혁명이 합쳐지는 지점에 와 있다. 한편으로는 생물학자들이 인간 신체, 특히 인간의 뇌와 감정의 신비를 해독하고 있다. 동시에 컴퓨터 과학자들은 우리에게 유례없는 데이터 처리 능력을 선사하고 있다. 생명기술 혁명과 정보기술 혁명이 합쳐지면 빅데이터 알고리즘을 만들어 낼 것이고, 그것은 내 감정을 나보다 훨씬 더 잘 모니터하고 이해할 것이다. 그런 다음에 권위는 아마도 인간에게서 컴퓨터로 이동할 것이다."**(87쪽)

현재 인공지능이 향후 인간과 사회 전반에 미치는 영향에 대해서는 의견이 분분한 것이 사실이다. 일부 전문가들은 인간 수준의 인공지능, 즉 범용인공지능(AGI)은 결코 개발되지 못할 것이라고 전망한다. 유발 하라리도 이렇게 전망하는 사람들 중 하나인 듯하다. 만약 이것이 맞는 것으로 드러난다면 의식이 있는 인공지능은 불가능하다고 말한 것은 타당할 것이다. 실제로 인공지능이 향후 수많은 일자리를 소멸시켜 "쓸모없는 계층"(useless class)을 양산할 것이라는 예상은 매우 실현 가능성이 높다. 인간 수준의 인공지능이 개발된다면 일자리 소멸의 범위는 더욱 확대될 것이다. 웬만한 인간은 더 이상 인공지능과 경쟁할 수 없게 될 것이기 때문이다. 의사, 변호사, 회계사, 판사 등 이른바 고도의 전문직에 종사하는 사람들조차 예외가 아닐 것이다. 나아가 범용인공지능은 실질적으로 인간과 구별하기 어려울 것이므로 정부의 기능을 상당 부분 대체할 수도 있다. 이것은 사실상 중요한 결정을 내리는 거의 모든 분야에서 인간이 인공지능에 의해 대체될 수 있다는 것을 시사한다.

그 다음 초인공지능(ASI)이 등장한다면 이는 인류에게는 재앙이 될 가능성이 농후하다. 제임스 배럿이 『파이널 인벤션』에서 지적했듯이 인류의 마지막 발명은 초인공지능일 것이다. 이 말은 인간은 더 이상 아무것도 할 수 없게 된다는 의미다. 초인공지능이 거의 모든 분야에서 인간을 대신할 수 있기 때문이다. 그래서 철학자 닉 보스트롬(Nick Bostrom)은 『슈퍼인텔리전스』에서 인류의 존재적 위험(existential risk)을 언급했던 것이다. 초인공지능이 자신의 이익을 위해 인류를 전멸시킬 가능성을 배제할 수 없다는 것이다. 하라리는 현재의 약 인공지능 수준에서 조금만 더 발달해도 인공지능 알고리즘이 인간을 해킹해 마음대로 조종할 수 있게 된다는 점을 우려한다.

이미 우리가 돌이킬 수 없는 상황에 접어들었다는 증거는 도처에 널려 있다. 우리 스스로 자유의지를 포기하고 알고리즘에 모든 것을 맡기는, 이른바 새로운 유형의 "자유로부터의 도피" 현상이 보편화되고 있다. 이런 상황에서 전체주의가 힘을 얻어 다시 인류를 지배할 수도 있다. 그래서 하라리는 "역사의 종언"은 연기되었다고 말한다. 자유주의는 더 이상 인류를 구해 주는 이데올로기로서 역할을 할 수 없게 될 것이다. 반면 이를 대신할 수 있는 새로운 이데올로기는 아직 등장하지 않았다. 그렇기 때문에 우리는 현재의 상황을 직시하고 지혜를 모아 파괴적 기술이 지배하는 시대를 순화시킬 수 있는 새로운 정치·경제·사회 시스템을 모색해야 하는 절체절명의 위기를 맞이하고 있다. 이런 점에서 다음 구절은 매우 시사적이다. "생명기술과 정보기술이 융합하는 시대에 민주주의는 현재 형태로는 살아남을 수 없다. 민주주의는 근본적으로 새로운 형태로 재탄생해야 한다. 안 그러면 인간은 '디지털 독재' 안에서 살게 될 것이다."(115쪽)

이야기 셋

인류의 '장기지속'의 과제와 미래

21세기 인류의 과제와 미래

21세기의 특징

21세기, 새로운 세기가 시작될 무렵에는 사람들이 설레기도 하고 다가올 미래를 기대감을 가지고 바라보기도 한다. 지난 2000년에 『가상 역사 21세기』라는 책이 출판되었다. 역사는 시간이 지난 다음에 시간을 되돌아보며 판단하는 것인데, 그런 면에서 책의 제목이 이상한 것 같지만, 알고 보면 특이한 기획으로 쓰였던 책이다. 2000년, 앞으로 다가올 21세기를 100년 후의 관점으로 쓴 글로 미국의 나사에서 일하던 연구원과 옥스퍼드 대학의 의학자가 협력해서 쓴 독특한 작품이다. 필자도 매우 흥미롭게 읽었다. 21세기가 제법 진행된 지금, 어떤 이야기가 있는지 읽어 보면서, 20여 년 전에 미래를 예측한 글이 지금 맞는지 살펴보는 것도 흥미로운 일이다.

책에 쓰인 21세기의 몇 가지 특징부터 살펴보자. '2010년에 지구의 평균기온이 100년 전보다 1도 정도 상승할 것'이라는 내용이 있는데, 실제로 진행되고 있다. 우리나라 역시 봄, 가을이 짧아졌고 아열대성 기후로 변화해가는 느낌이 있다. 복제인간의 문제와 게놈 지도 역시 21세기에 와서 모습을 드러냈다. 또 하나는 개개인의 유전자 자료를 입력해서 앞으로는 원격으로 진료하고 치료할 수 있는 단계로 갈 것이라고 하고 있다. 2022년에는 화성에서 삶의 흔적을 발견할 수 있을 것이라고 말한다. 최근에 나온 자료에 의하면 2022년보다 조금 더 빨라질 수 있다. 2020년 정도에 화성에서 지층 탐사가 가능할 수 있다는 예측이 있기 때문이다. 또 우리 주변 이야기로는 현재 일본과 중국은 갈등이 있는데 군사 협력을 할 것이라는 예측도 나오고, 2025년에는 컴퓨터가 사라지고 새로운 유비쿼터스가 등장할 것이라고 한다.

1990년대에 빌 게이츠가 앞으로 세계를 연결하는 놀라운 고속도로가 생길 것이라고 예언했다. 20여년 전, 그 당시만 해도 누구도, 필자 역시도 믿지 않았다. 그 고속도로가 인터넷일 거라고는 상상도 하지 못했다. 이렇듯 급속하게 빠른 속도로 인류의 삶이 변화하고 있다. 2031년에 세계인구가 200억을 돌파할 것이라는 진단도 있는데, 학자들이 추측하기로는 지구가 수용할 수 있는 최대 인구가 95억명이 한계라고 보고, 95억명이 되면 인구는 줄어들 것이라고 본다. 이 예상은 좀 더 두고 봐야 할 것이다.

중국이 대만을 무력 점령해서 통합한다는 예견도 나와 있는데, 지금 상황에서는 무력 통합은 의미가 없다고 본다. 현대 사회에서는 서로 경제 교류를 하면서 전 세계가 하나가 되어 가며, 정치적인 국가 경계선의 의미가 적어졌다. 21세기 중요한 특징 중의 하나로 EU가 등장하는데, 이때 쉥겐조약으로 정치적 경계선의 의미가 크게 적어졌다. 곧 경제적 통합이 일어나고, 환태평양 경제 공동체도 나타나며 많은 나라에서 무역자유협정이 맺어지는 등 동북아시아에도 조만간 정치적 경계선의 의미가 적어지는 날이 올 것이다.

2046년에는 암을 정복할 것이라고 예측된다. 그러나 이미 치매약이 개발되기 시작했고, 암에 관한 연구는 더 활발히 일어나고 있기 때문에 더 빠른 시일 내에 암을 정복할 것이라고 예상된다. 2050년에는 중국이 미국을 추월할 것이라고 말한다. 그러나 학자들은 약 10년 정도 더 빨리, 즉 2040년 정도에 추월할 것이라고 전망한다. 중국은 현재 너무 빠른 발전의 충격을 사회가 흡수하지 못할 경우를 고려해 발전 속도를 자제하는 중이다. 중국의 문제 중 하나는 경제는 발전하는데 정치가 따라가지 못하고 있다는 점이다. 경제 발달 속도와 정치 발달 속도의 거리가 멀어지면 사회가 엄청난 충격을 받고 감당을 못할 수 있기 때문에 속도를 맞춰 가는 중이다.

2069년에는 뉴욕-호주 사이를 90분 만에 가는 초음속 비행기가 나타난다고 한다. 현재도 런던-뉴욕 콩코드 비행기는 두 시간 반밖에 소요되지 않는다. 또 인터넷상으로만 하나가 되는 것이 아니라 수직적으로, 즉 우주에 엘리베이터를 건설해서 우주에서 사는 시대가 올 수도 있다. 21세기 말이 되면 한국이 일본을 경제적으로 추월하는 시대가 올 것이라는 진단도 있다.

2099년이 되면 인류의 평균 수명이 100세가 되는 100세 시대가 될 것이라고 본다. 2100년이 되면 화성에 사람이 가서 사는 인류 정거장이 건설된다는 예측도 있다. 『가상 역사 21세기』에서 예상된 상황들은 20년이 지난 지금 와서 살펴보면 어떤 이야기는 일리가 있고 또 어떤 이야기는 더 빨리 진행된 상황이다. 그때까지만 해도 유전자 복제의 윤리적인 문제가 나오지 않았다. 그러나 지금은 유전자 조작, 아기 유전자 복제 등을 과학적인 문제가 아닌 윤리적 문제로 컨트롤하려고 하고 있다.

이러한 다양한 변화 속에서도 '장기지속', 즉 거시적 관점에서 인류 역사의 과제를 생각해 보면, 아마 세 가지는 누구나 공통적으로 이야기할 것이다. 첫 번째, 인구문제이다. 지금 75억명에 도달한 인구는 95억명까지 갈 것이라는 예측이있다. 불과 200년 전, 지구인구가 10억명에 불과했었다는 것을 생각해 보면 지금과 같은 폭발적인 인구 증가는 심각한 문제이다. 두 번째는 환경문제이다. 환경오염뿐만 아니라 지구온난화 문제를 위해 전 세계가 협력하여 탄소 배출량을 조절해야 한다. 마지막으로는 자원문제이다. 인류는 지금 많은 석탄 에너지를 사용하고 있다. 전기차, 수소차가 나타나고 구글에서는 공상과학 영화에 등장하는 하늘을 나는 자동차 개발도 시도하고 있다. 인구 문제, 환경 문제, 자원 문제 이 세 가지는 앞으로도 21세기 인류가 해결해야 할 중요한 과제이다.

에필로그: '거인의 어깨 위에 올라서는 작은 난쟁이'

인류가 사회를 이루고 공동체를 이루면서 불가피하게 일어난 모순으로 빈부격차의 문제가 있다. 시간이 지나면서 빈부격차는 더 커진다. 인류의 영원한 숙제이다. 프랑스의 경제학자 토마 피케티는 『21세기 자본』에서 빈부격차의 문제를 본격적으로 다루었다. 그는 현재 인류가 극복해야 할 가장 큰 문제로 빈부격차를 지적하고, 누진적 조세 제도에 의한 해결책을 제시한다.

여기서 2045년에 대한 미래보고서를 하나 살펴보자. 2045년으로 콕 짚어 말한 이유는 인류 변화의 발전속도가 너무 빨라서 미래학자가 예측할 수 있는 한계점이 2045년이고, 그 이후는 정확한 예측이 되지 않기 때문이다. 그래서 그런지 2045년에 대한 미래보고서가 유난히 많다. UN에는 '밀레니엄 프로젝트'라는 위원회가 있다. 밀레니엄 프로젝트는 20년 단위로 보고서를 취합한다. 『유엔미래보고서 2045』는 국내에서도 번역이 됐는데, 이 보고서에 따르면, 앞으로 '인류가 도전해야 할 과제 15개'가 제시되어 있다.

• 피케티의 『21세기 자본』

•.『미래보고서 2045』

1. 기후 변화와 지속 가능성을 빨리 찾아내는 것
2. 깨끗한 수자원 확보
3. 인구 증가와 자원의 균형
4. 민주주의의 전 지구적 확산
5. 장기적 관점에서 정책을 결정할 수 있는 국제적 협력
6. 정보통신기술의 융합
7. 빈부격차 완화
8. 인류가 알지 못했던 많은 질병(에이즈, 메르스)의 등장과 그에 대한 대비
9. 계층 간의 이동을 연결할 교육
10. 전쟁 없는 사회를 위한 안보 전략과 인종, 종교 문제 등의 해결
11. 여성 인권 신장
12. 국제적 조직범죄를 어떻게 막아낼 것인가
13. 에너지 수요의 증가에 대비
14. 과학기술의 발전과 국가별 행복지수를 통한 삶의 질 향상
15. 국제적 윤리 규준 결정 체제

이렇게 『유엔미래보고서 2045』는 15가지 문제를 꼽는다. 그리고 독일의 유명한 미래연구소가 2045년까지 거대한 변화를 가져올 11가지 메가트렌드를 소개한 바 있다. 그 내용을 구체적으로 살펴보면, 다음과 같다.

1. 세계화

미국 중심의 획일화된 보편적 세계화가 아닌 국제적 세계화. 각 지역이 가진 특성이 반영되는 세계화를 말한다. 즉 획일적이 아닌 다양성을 가진 세계화인 것이다. 19세기 헤겔은 '민족적인 것이 세계적인 것'이라고 이야기했다. 한국적 특징을 가진 영화 〈서편제〉로 베니스영화제에서 여우주연상을 수상했던 것, 싸이의 '강남스

타일' 또한 국제적 세계화이다. 세계인이 공감할 만한 부분과 지역이 가진 특성을 잘 결합해 내는 것이 앞으로 중요한 과제이다.

2. 새로운 직업(지식 노동)

새로운 직업으로서의 지식 노동이 확산되는 추세이다. 전 세계적으로 연간 1%의 '지식경제'로의 이행이 점진적으로 이루어지고 있다고 한다. 선진 산업국가의 지식 노동자 숫자 역시 이 정도 속도로 증가하고 있다.

3. 여성화

UN미래보고서의 지적과 같다. 여성의 사회 참여와 지위가 올라가고 늘어가고 있다. IMF의 수장도 여성이었고 그 후임도 여성이다. 또 많은 여성 정치 지도자들이 등장하고 있다.

4. 새로운 교육

새로운 교육 패러다임으로서의 재택 교육. 즉 학교가 아닌 집에서 수업을 받는 것이다. 『유엔미래보고서 2025』에서는 2040년경, 대학에서 역사전공학과가 없어질 것이라고 예상했다. 그런데 2045에서는 그 내용이 삭제됐다. 한 가지 분명한 것은 4차 산업혁명 시대에 새로운 교육이 자리잡아 갈 것이라는 것이다.

5. 개인화

르네상스 이후 서양에서 개인주의가 발달했고, 현대에는 그 개인화가 훨씬 강하게 나타난다. 개인이 컴퓨터 앞에서 작업하고, 게임

하는 등의 개인적인 활동을 한다. 앞으로는 개인화가 더 심화될 것이다.

6. 건강문제

인터넷에서 의사와 만나서 유전자 정보를 입력하면 진단 가능한 미래가 올 것이다. 손에 차고 다니는 건강 체크기로 몸에 이상이 있으면 병원으로 바로 정보가 가는 것이 연구되고 있다.

7. 고령화

인류 전체가 고령화되고 있다. 19세기까지는 인류의 평균 수명이 40세 정도였는데 지금은 80세를 너머 100세를 바라보고 있기 때문에 노인들의 사회가 아니라고 할 수 없다. 신 생태주의가 확산되고 있다. 먹거리도 잘 재배한 채소를 먹으려 하는 등 에코 음식이 선호되고 있다.

8. 신 생태주의

전체 에너지 생산량 가운데 재생가능 에너지 비율이 연간 1%씩 증가하고 있다. 전체 생산품 가운데 유기농 제품이 차지하는 비율도 이와 유사하게 증가하고 있다.

9. 도시화

국가가 아니라 도시가 국가의 기능을 대체하는 도시 중심의 사회기능이 나타나며 도시의 영향력이 커질 것이다. 도시 그 자체로 큰 역량을 가진 새로운 도시가 나타날 것이며, 중세 도시, 고대, 근대

도시들과는 또 다른 21세기의 도시 모습이 나타날 것이다.

10. 네트워크화

지금은 인터넷뿐만 아니라 SNS, 모든 사람이 집안에 있는 가족보다 더 가까이 지내는 듯이 살고 있는 시대가 되었다.

11. 이동성

호주의 시드니에서 뉴욕까지 가는 데에 앞으로 90분밖에 걸리지 않는 시대가 오고 있다. 이미 인류의 이동성은 많이 빨라졌다. 앞으로 인류가 석탄 에너지가 아닌 저렴한 에너지를 개발하게 되면, 마르코 폴로가 평생에 걸쳐 횡단했던 유라시아 대륙을 짧은 시간 내에 이동할 날도 금방 올 것이다.

여기서 해볼 수 있는 이야기로는, 우리에게 익숙했던 사고로만 기억하거나 생각하려고 해서는 안 된다는 것이다. 알고 있던 대로 살려고 해서도 안 되며 틀을 깨고 변화해야 한다. 이것이 『메가 트렌드』나, 『유엔미래보고서 2045』에 나타난 특징이다. 21세기 인류의 삶을 해결해 나가기 위해서는 어느 사회나 도전이 있고 응전이 있게 마련이다. 인류를 가리켜 '호모사피엔스'라는 이름을 붙였듯 인간은 지혜로운 동물의 종이다. 지금 현생 인류는 '호모 사피엔스' 사피엔스(현명하고 또 현명한)종이라고 할 수 있다. 그렇기 때문에 인류는 많은 도전 과제들을 잘 극복해 나갈 것이다. 우리 모두는 그런 희망을 가지고 있다. 그런 의미에서 지금 우리가 살아가는 사회의 젊은 대학생들이 대학을 다니면서 좀 더 적극적으로 찾으려고 해야 하는 것

중 하나가 창조적 사고가 아닌가 생각된다. 이미 익숙히 알고 있던 것을 그대로 하는 것이 아니라 새로운 생각을 하려고 하는 도전이 중요하다. 『논어』에 이런 말이 나온다. “내가 몇 날 며칠을 방 안에서 생각만 하니, 생각이 더 진전이 되지 않았다. 그때 알았다. 책을 읽고 생각하고 또 생각하고 책을 읽어야 한다는 것을.” 공자님과 같은 대석학도 다른 선학들의 도움을 받고, 책을 읽지 않으면 생각이 진전되지 않는다고 하는데 하물며 우리는 어떠할까?

중세 대학가에서 회자되던 유명한 말로 공부를 한다는 것은 ‘거인의 어깨 위에 올라가는 난쟁이’와 같다는 말이 있다. 선학들이 이루어 놓은 학문에 올라서면 좀 더 멀리 보인다는 것이다. 이 말은 아이작 뉴턴이 만유인력의 법칙을 발견한 후 그의 책 『프린키피아』 서문에서 인용해서 유명해진 말이다. “내가 남들 보다 좀 더 멀리 볼 수 있었다면, 그것은 거인의 어깨 위에 올라설 수 있었기 때문이겠지요.” 이 말은 21세기에도 여전히 유효하다. 그리고 특히 4차 산업혁명 시대에는 다양하게 읽어야 한다. 그래야 융합된 창조적 사고가 가능하다. 어느 한 분야만 공부해서는 절대 창조적 사고가 나타날 수 없다. 대학에서 다양한 이야기를 듣고 융합된 창조적 사고를 하기 좋은 과목이 인문학이다. 그 예가 스티브 잡스이다. 스티브 잡스가 다녔던 러트거스 대학은 다른 미국 대학들과는 달리 1학년 때 고전에 대한 교양강좌를 필수로 듣게 했다. 그 결과로 스티브 잡스는 기계를 만들면서도 인간의 냄새가 나는 휴대폰을 만들려고 했다. 사실 스티브 잡스 이후 전세계적으로 인문학에 대한 새로운 관심이 많이 생겨났다. 19세기에도 혁신적인 화가들에게는 남다른 새로움이 있었다. 그들은 그림을 잘 그렸다기보다는 남다르게 그렸기 때문에 명화를 남기고 거장이 되었다. 4차 산업혁명 시대를 살아가는 우리 모두가 한번쯤 되새겨 볼 만한 이야기들이다. 진정한 창의력이란 '거인의 어깨를 빌려서' 남들보다 더 멀리, 더 새롭게 융합적 창의력을 발휘하는 것, 그것이 진정한 4차 산업혁명 시대의 창의력이다.

찾아보기

ㅎ

참고문헌

- 가일스 밀턴, 『향료전쟁』, 생각의 나무, 2003.
- 강대진, 『신화와 영화』, 작은이야기, 2004.
- 강석영, 최영수, 『스페인/포르투갈사』, 대한교과서주식회사, 1988.
- 고든 차일드(강기철 역), 『인류사의 전개』, 정음신서, 1959.
- 권용준, 『명화로 읽는 서양미술사』, 북하우스, 2003.
- 김덕수, 『그리스와 로마』, 살림, 2004년.
- 김복래, 『서양 생활 문화사』, 대한교과서, 1999.
- 김봉철, 『영원한 문화도시 아테네』, 청년사, 2002.
- 김정하, 『지중해 다문화 문명-분배와 융합의 역사』, 산지니, 2014.
- 김진경 외, 『서양고대사이야기』, 한울, 1996.
- 김진경, 『그리스 비극과 민주정치』, 일조각, 1991.
- 김창성(편저), 『세계사산책』, 솔, 2003.
- 남궁원, 강석규 엮음, 『연표와 사진으로 보는 세계사』, 일빛, 개정판: 2004.
- 노버트 쉐나우어(김연홍 역), 『집-6,000년 주거의 역사』, 다우, 2004.
- 다니엘 리비에르, 『프랑스인의 역사』, 까치, 2000.
- 대니얼 J. 부어스틴(이민아, 장석봉 역), 『창조자들』 1권, 민음사, 2002.
- 드류스(김경현 역), 『고대 그리스 사』, 이론과 실천, 1991.
- 레비 스트로스(임옥희 역), 『신화의 의미』, 이끌리오, 1999.
- 로베르 플라실리에르(심현정 역), 『고대 그리스의 일상생활』, 우물이 있는 집, 2004.
- 로제 폴 드르와 외(임왕준 역), 『그리스 로마 철학자들의 삶과 죽음의 명장면』, 샘터, 2003.
- 루카 모자티 외(조인자 역), 『그리스』, 예경, 2004.
- 뤼시앵 보이아(김웅권 역), 『상상력의 세계사』, 동문선, 2000.
- 리차드 리키(황현숙 역), 『인류의 기원』, 동아출판사, 1997.

- 마셜 호지슨(이은정 역), 『마셜 호지슨의 세계사론-유럽, 이슬람, 세계사 다시보기』, 사계절, 2006.
- 마스다 요시오(신금순 역), 『이야기 라틴 아메리카사』, 심산, 2003.
- 마티아스 호르크스(배진아 역), 『메가트렌드 2045』, 한국경제신문, 2014.
- 마티아스 호르크스, 『메가트렌드 2045』, 한국경제신문, 2014.
- 마틴 버낼(오흥식 역), 『블랙 아테나I』, 소나무, 2006.
- 몬타넬리(김정하 역), 『로마제국사』, 까치, 1998.
- 몽고메리(송영조 역), 『전쟁의 역사』, 책세상, 1996.
- 미셸 푸코(이승철 역), 『푸코의 맑스』 (둣치오 뜨롬바도리와의 대담), 갈무리, 2010.
- 미야자키 마사카츠(이영주 역), 『하룻밤에 읽는 세계사』, 중앙M&B, 2004.
- 민석홍, 『서양사개론』, 1984, 삼영사.
- 박상진, 『지중해학: 세계화 시대의 지중해 문명』, 살림지식총서, 2005.
- 발터 샤이델(조미현 역), 『불평등의 역사』, 에코, 2017.
- 발터 샤이델, 『불평등의 역사』, 에코리브르, 2017.
- 배영수 외, 『서양사 이야기』, 한울 아카데미, 2004년.
- 번즈 외(박상익 역), 『서양문명의 역사』, 소나무, 1-4권, 1994.
- 베아트리체 마시니(이현경 역), 『그리스 신화 속의 여성들』, 현대문학, 2003.
- 브라이언 타이어니, 『서양중세사』, 집문당, 2015.
- 브래들리(차전환 역), 『로마제국의 노예와 주인』, 신서원, 2001.
- 샹플뢰리(정진국 역), 『풍자 예술의 역사』, 까치, 2001.
- 서규석(편저), 『이집트 사자의 서』, 문학동네, 1999.
- 세람(오흥식 역), 『발굴과 해독』, 푸른역사, 1999.
- 수잔나 D. 월터스(김현미 외 역), 『이미지와 현실 사이의 여성들』, 또 하나의 문화, 1999.
- 스티픈 앨 해리스, 글로리아 플래츠너(이영순 역), 『신화의 미로찾기』 v.1~2, 동인, 2000.
- 시오노 나나미(김석희), 『로마인 이야기』, 한길사, 1995~2005년.
- 신상화, 『로마』, 청년사, 2004.
- 아나톨 칼레츠키(위선주 역), 『자본주의 4.0』, 컬쳐앤스토리, 2011.
- 아다 가부치(정은진 역), 『로마』, 예경, 2004.
- 안나 마리아 리베라티 외(김숙역), 『고대 로마』, 생각의 나무, 2003.
- 안드레 프랑크, 『리오리엔트』, 이산, 2003.
- 안병직 외, 『오늘의 역사학』, 한겨레신문사, 1998.

- 알렉산더 데만트(이덕임 역), 『시간의 탄생』, 북라이프, 2017.
- 알렉산더 데만트, 『16일간의 세계사여행』, 북로드, 2005.
- 앙리 피렌느(강일휴 역), 『마호메트와 샤를마뉴』, 삼천리, 2010.
- 앙리 피렌느(강일휴 역), 『중세 유럽의 도시』, 신서원, 1997.
- 양병우, 『아테네 민주정치사』, 서울대학교출판부, 1975.
- 에드워드 사이드, 『도전받는 오리엔탈리즘』, 김영사, 2002.
- 에드워드 사이드, 『오리엔탈리즘』, 교보문고, 2002.
- 에렌버그(김진경 역), 『그리스국가』, 미음사, 1991.
- 에릭 홉스봄(이경일 역), 『세상을 어떻게 바꿀것인가』, 까치, 2013.
- 에릭 홉스봄, 『극단의 시대』, 상·하, 까치, 1997.
- 에이미 추아, 『제국의 미래』, 비아북, 2008.
- 오가와 히데오(고윤선 역), 『3일만에 읽는 고대 문명』, 서울문화사, 2002.
- 오인탁, 『파이데이아』, 학지사, 2001.
- 오카다 히데히로, 『세계사의 탄생』, 황금가지, 2002.
- 왕첸(홍성화 역), 『중국은 어떻게 서양을 읽어왔는가』, 글항아리, 2017.

- 왕첸(홍성화 역), 『중국은 어떻게 서양을 읽어왔는가』, 글항아리, 2017.

- 움베르토 에코, 『미의 역사』, 열린책들, 2005.
- 월 뱅크(김경현 역), 『헬레니즘 세계』, 아카넷, 2002.
- 윌리엄 L. 랭어 외(박상익 역), 『호메로스에서 돈키호테까지』, 푸른역사, 2001.
- 윌리엄 레너드 랭어, 『뉴튼에서 지요지 오웰까지』, 푸른역사, 2004.
- 윌리엄 레너드 랭어, 『호메로스에서 돈키호테까지』, 푸른역사, 2001.
- 유발 하라리(김명주 역), 『호모 데우스』. 김영사, 2017.
- 유발 하라리(조현욱 역), 『사피엔스』, 김영사, 2015.
- 유발 하라리, 『21세기를 위한 21가지 제언』, 김영사, 2018.
- 유발 하라리, 『사피엔스』, 김영사, 2015.
- 유발 하라리, 『호메로스 데우스』, 김영사, 2017.
- 윤진, 『스파르타인 스파르타역사』, 신서원, 2002.
- 이성형 편, 『라틴 아메리카의 역사와 사상』, 까치, 1999.
- 이양기, 「문명론이란 무엇인가」, 영남대출판부, 1986.
- 이언 모리스(최파일 역), 『왜 서양이 지배하는가』, 글항아리, 2014.
- 이언 모리스, 『왜 서양이 지배하는가』, 글항아리, 2013.

- 이영석, 『그리스 로마의 신화와 전설』, 경상대학교출판부, 2004.
- 이종호, 『세계사를 뒤흔든 발굴』, 인물과 사상사, 2004.
- 이진성, 『그리스 신화의 이해』, 아카넷, 2004.
- 자크 르 고프(유희수 역), 『서양 중세 문명』, 문학과 지성사, 2003.
- 자크 르 고프(최애리 역), 『중세의 지식인들』, 동문선, 1999.
- 자크 르 고프, 『유럽역사 이야기』, 새물결, 2010.
- 장 보테로, 『메소포타미아(사장된 설형문자의 비밀)』, 시공사, 1998.
- 장베르쿠테, 『잊혀진 이집트를 찾아서』, 시공사, 1995.
- 장영란, 『신화 속의 여성, 여성 속의 신화』, 문예출판사, 2001.
- 쟈크 르고프(주명철 역), 『유럽역사 이야기』, 새물결, 2010.
- 정기문, 『한국인을 위한 서양사』, 푸른역사, 2004.
- 제러드 다이아몬드(김진준 역), 『총,균,쇠』, 문학사상사, 2005.
- 제러드 다이아몬드, 『나와 세계-인류의 내일에 대한 중대한 질문』, 김영사, 2016.
- 제러드 다이아몬드, 『문명의 붕괴』, 김영사, 2005.
- 제롬 카르코피노(류재화 역), 『고대 로마의 일상생활』, 우물이 있는집, 2003.
- 제인 가드너(이경희 역), 『로마 신화』, 범우사, 1999.
- 조르주 뒤비(양영란 역), 『서기 1000년과 서기 2000년 그 두려움의 흔적들』, 동문선, 1997.
- 조르주 뒤비, 『프랑스 사회사』, 동문선, 2000.
- 존 루이스 개디, 『역사의 풍경』, 에코, 2004.
- 존 엘리엇, 『스페인 제국사 1469-1716』, 까치, 2001.
- 죠셉 보그트(이양기 역), 『새로운 역사관』, 형설출판사, 1985.
- 주경철, 『문화로 읽는 세계사』, 사계절, 2005.
- 주디 코핀, 로버트 스테이시(손세호 역), 『새로운 서양문명의 역사』, 소나무, 상/하, 2014.
- 주디스 코핀 외, 『새로운 서양문명의 역사』, 상/하, 2014.
- 주디스 코핀, 로버트 스테이시, 『새로운 서양문명의 역사』, 상/하, 소나무, 2014.
- 지동식, 『로마 제국은 왜 멸망했는가』, 대학문화사, 1982.
- 지요셉 폰타나, 『거울에 비친 유럽』, 새물결, 2000.
- 지중해지역원, 『지중해 문명교류학』, 이담, 2017.
- 진 시노다 볼린(이경미 역), 『우리 속에 있는 지혜의 여신들』, 또하나의문화, 2003.
- 진 시노다 볼린, 『우리 속에 있는 여신들』, 또하나의문화, 2003.

- 차영길 외, 『G세대를 위한 서양의 역사와 문화』, 경상대학교출판부, 2011.
- 차영길(공역), 『고대세계사론』, 고려대학교출판부, 1986.
- 차영길(공역), 『서양 고전고대 사상가와 사상사론』, 법문사, 1984.
- 차영길(공역), 『서양 고전고대 역사가와 역사서술사론』, 법문사, 1982外.
- 차영길(공저), 『서양 고대와 중세의 사회』, 신양사, 1993.
- 차영길(공저), 『인물로 본 서양고대사』, 도서출판 길, 2006.
- 차영길(편역), 『고대 지중해 세계로의 탐구』, 동남기획, 2001.
- 차영길(편역), 『사료로 보는 서양고대사』, 경상대학교출판부, 2018.
- 차영길, 『억눌린 자의 역사』, 법문사, 2001.
- 차영길, 『역사이론으로 본 고대세계』, 동남기획, 2001.
- 찰스 레드먼(최몽룡 역), 『문명의 발생』, 민음사, 1994.
- 최몽룡, 『고고학에의 접근』, 신서원, 1990.
- 최몽룡, 『인물로 본 고고학사』, 1997, 한울아카데미.
- 최병조, 『로마법연구(I)』, 서울대학교출판부, 1995.
- 최영보, 『유럽사의 해석-유럽중심주의 사관의 재고찰』, 고려대학교출판부, 2010.
- 최자영, 『고대 아테네 정치제도사』, 신서원, 1995.
- 최재훈, 『지중해, 전쟁과 교류』, 이담, 2016.
- 최혜영, 『그리스 문명』, 살림지식 총서 115, 2004.
- 카토(김진경 역), 『그리스 문화사』, 탐구당, 1984.
- 칸트(이한구 편역), 『칸트의 역사철학』, 서광사, 1992.
- 콜린 존스, 『케임브리지 프랑스사』, 시공사, 2001.
- 크리스토퍼 도슨, 『세계사의 원동력』, 현대지성사, 1999.12.
- 크리스티앙 들라캉파뉴(하정희 역), 『노예의 역사』, 예지, 2015.
- 클라우스 헬트, 『그리스 로마 철학 기행』, 백의, 2001.
- 클로드 모세(김덕희 역), 『고대 그리스의 시민』, 동문선, 2002.
- 키케로(오흥식 역), 『노년에 관하여』, 궁리, 2002.
- 타케미츠 마코토(이정환 역), 『세계지도로 역사를 읽는다』, 황금가지, 2002.
- 토마스 마틴, 『고대 그리스사』, 책과함께, 2015.
- 토마스 마틴, 『고대 로마사』, 책과함께, 2015.
- 토마스 볼핀치(최혁순 역), 『그리스 로마 신화』, 범우사, 2001.
- 티모시 메이슨(김학이 역), 『나치스 민족공동체와 노동계급』, 한울, 2000.

- 패리 앤더슨, 『절대주의 국가의 역사』, 소나무, 1997.
- 페르낭 브로델(주경철 역), 『지중해 펠리페 2세 시대의 지중해세계–환경의 역할』, v.1, 까치, 1917.
- 포레스트(김봉철 역), 『그리스 민주정의 탄생과 발전』, 한울, 2001.
- 폴 메이슨(안진이 역), 『포스트 자본주의 새로운 시작』, 더퀘스트, 2017.
- 폴 벤느(김지영 역), 『그리스인들은 신화를 믿었는가』, 솔, 1993.
- 폴 벤느, 『역사를 어떻게 쓰는가』, 새물결, 2004.
- 폴 케네디, 『강대국의 흥망』, 한국경제신문사, 1989.
- 푸리오 두란도 외(노혜숙 역), 『고대 그리스』, 생각의 나무, 2003.
- 푸스텔 드 쿨란즈(김응종 역), 『고대도시』, 아카넷, 2000.
- 프란체스코 티라드리티(권영진), 『이집트』, 예경, 2004.
- 프란체스코 티라드리티, 『이집트, 불멸을 이루다』, 예경, 2004.
- 프란츠 요제프 브뤽게마이어 외, 『서기 1000년의 세계』, 이마고, 2004.
- 프랑수아즈 뒤낭(이종인 역), 『미라, 영원으로의 여행』 총서32, 시공디스커버리, 1997.
- 피에르 레베크(최경란 역), 『그리스 문명의 탄생』 총서5, 시공디스커버리, 1997.
- 피에르 비달나케(이세욱 역), 『호메로스의 세계』, 솔, 2004.
- 피터 A. 클레이턴 외(김훈 역), 『세계 7대 불가사의』, 가람기획, 2002.
- 피터 버크(박광식 역), 『이미지의 문화사』, 심산, 2005.
- 피터 벤더, 『제국의 부활』, 이끌리오, 2006.
- 피터 브라운(서원모, 이은혜 역), 『고대 후기 로마제국의 가난과 리더십』, 태학사, 2012.
- 핀리(송문현 역), 『고대 노예제도와 모던이데올로기』, 민음사, 1998.
- 핀리(지동식 역), 『서양 고대 경제』, 민음사, 1975.
- 필립 마티작(박기영 역), 『로마 공화정』, 갑인공방, 2004.
- 하이켈하임(김덕수 역), 『로마사』, 현대지성사, 1999.
- 하트(박성식 역), 『스키피오 아프리카누스』, 마니아북스, 1999.
- 한동일, 『법으로 읽는 유럽서』, 글항아리, 2018.
- 한스 로슬링(이창신 역), 『팩트풀니스(Factfulness)』, 김영사, 2019.
- 한스 크리스티안 후프 외, 『임페리움』, 말글빛냄, 2005.
- 허승일 외, 『로마 제정사 연구』, 서울대학교출판부, 2000.
- 허승일, 『로마사 입문–공화정편』, 서울대학교출판부, 1993.
- 허승일, 『스파르타 교육과 시민생활』, 삼영사, 1998.

- 허승일, 『증보 로마공화정 연구』, 서울대학교출판부, 1995.
- 헨리에타 맥컬, 『메소포타미아 신화』, 범우사, 1999.
- 호르스트 푸어만, 『중세로의 초대』, 이마고, 2004.
- A.토인비, 『역사의 교훈』, 범조사, 1981.
- A.파르누(이혜란 역), 『크노소스: 그리스의 원형 미노아 문명』, 시공사, 1997.
- C.도슨(민석홍, 나종일 공역), 『역사의 원동력』, 삼성문화문고, 상 · 하, 1974.
- C.도슨(이길상 역), 『세계사의 원동력』, 현대지성사, 1999.
- C. H. 해스킨스(이희만 역), 『12세기 르네상스』, 혜안, 2017.
- E. M. 번즈, 『서양문명의 역사』 v.1-4, 소나무, 2003.
- F. 블뤼슈 외, 『프랑스 혁명, 한길사』, 1999.
- G. 트뤽(이재형, 도화진 역), 『세계여성사』 1권, 문예출판사, 1995.
- J. 브로턴(윤은주 역), 『르네상스』, 교유서가, 2018.
- J. 해리슨(오병남, 김현희 역), 『고대 예술과 제의』, 예전사, 1975.
- S. 그린블랫(이혜원 역), 『1417년, 근대의 탄생』, 까치, 2013.

교양으로 읽는 유럽 역사 이야기

2019년 8월 30일 초판 1쇄 발행
2021년 8월 31일 초판 2쇄 발행

지은이 차영길
펴낸이 권순기
부장 박현곤
편집 이가람
디자인 이희은

펴낸곳 경상국립대학교출판부 | 출판등록 1989년 1월 7일 제16호
주소 경남 진주시 진주대로 501
전화번호 055) 772-0801(편집), 0802(디자인), 0803(도서 주문)
팩스 055) 772-0809
전자우편 gspress@gnu.ac.kr
홈페이지 http://gspress.gnu.ac.kr
페이스북 https://www.facebook.com/gnupub
블로그 https://gnubooks.tistory.com

책값은 뒤표지에 있습니다.

이 도서의 국립중앙도서관 출판시도서목록(CIP)은 서지정보유통지원시스템 홈페이지(http://seoji.nl.go.kr)와 국가자료공동목록시스템(http://www.nl.go.kr/kolisnet)에서 이용하실 수 있습니다.
(CIP제어번호: CIP2019032453)